Principios de filosofía de la praxis

JOSÉ RAFAEL HERRERA

Edición Junio de 2021.

Esta nueva edición en formato digital (.pdf, .epub y .mobi) y en tapa blanda devuelve al lector una explicación clara de la filosofía política, encarnada en Hegel y Marx.

Índice

Introducción

Necesidad de la Filosofía

El poeta Novalis, uno de los mayores representantes del romanticismo alemán, afirmaba que la filosofía se identifica con la nostalgia, ya que también en ella está presente el deseo ilimitado precisamente, nostálgico —de tener "el hogar en todas partes—. En efecto, al igual que la nostalgia, la filosofía se sustenta en la escisión que se pone de manifiesto entre la vida interior y la exterior, entre la vida finita y la infinita, siendo ella, en cuanto tal, un "signo de la diversidad esencial entre el yo y el mundo, un signo de la incongruencia entre el alma y la acción"[4]. No es, pues, de tiempos felices el deseo de querer abrazar la filosofía.

Es así como este sentimiento de nostalgia, según Novalis, permite comprender el significado más hondo de la filosofía. Un significado que, más allá de las formas especiales con las que dentro de cada tiempo se ha presentado, permite entramar toda su historia. Y sin embargo, parece necesario preguntarse: ¿nostalgia de qué? La respuesta, obviamente, no es sencilla. A pesar de ello, conviene recordar que la nostalgia es un sentimiento que aparece cuando se sufre una pérdida. En este caso, para Occidente, la filosofía surgió en el momento en el cual el mundo griego llegó a perder su capacidad para vivir en armonía, cuando los ciudadanos de la Polis presenciaron, no sin asombro, el fin del preciado elemento unitivo, es decir, la plenitud que hasta entonces lo había caracterizado, aquella dicha de "tener el hogar en todas partes": lacónico momento, en el cual los antiguos ciudadanos de la Polis llegaron a comprender -acaso demasiado tarde- que la tragedia no era asunto de espectáculo, y que, más bien, era un modo de expresar, no sin belleza, la última actuación de la "perfecta unidad", entonces devenida antinomia.

Antes de la tragedia, cada hombre se consideraba unido inescindiblemente a los demás, en pensamiento, palabra y obra, no existiendo separación alguna entre él y su comunidad: él era su comunidad y su comunidad era él. A esto los griegos del siglo V a.c., lo denominaban "Ethof" que quiere decir "Eticidad" o "Civilidad". Cuando los griegos perdieron aquella unidad orgánica entre ellos mismos, cuando comenzó a aparecer entre ellos la idea de que cada uno era socialmente distinto de los otros porque tenían entre sí diferentes intereses, en ese preciso momento, apareció la reflexión filosófica. Y, entonces, la epopeya se transformó en tragedia.

Su aparición, por un lado, se presenta como un intento de explicación de aquella separación y, por el otro, como la posibilidad de reencontrar la unidad perdida mediante los así llamados *Elementos* (p.ej., el Agua, el Aire, el Apeirón, el Fuego o el Ser). De ahí que la propia expresión Filosofía, que es una contracción de "Filo" (amor) y "Sofía" (sabiduría), contenga en su propio concepto aquel sentimiento de nostalgia o de pérdida del que hablaba Novalis.

De hecho, en un conocido Diálogo titulado *Banquete*, Platón narra el mito de la aparición de la filosofía de la siguiente manera: "Cuando nació Afrodita (la Belleza) los dioses celebraron un banquete y entre ellos estaba también el hijo de Metis (la Prudencia), Poro (el Recurso). Una vez que terminaron de comer, se presentó a mendigar Penía (la Pobreza) y quedóse a la puerta. Pero, como estaba embriagado, penetró en el huerto de Zeus y en el sopor de la embriaguez se puso a dormir. Penía entonces, movida por su escasez de recursos, tramando hacerse un hijo de Poro, del Recurso, se acostó a su lado y concibió al Amor. Por esta

razón el Amor es siervo y encubridor de
Afrodita, de la Belleza, por haber sido
engendrado en su natalicio, y a la vez
enamorado por la naturaleza de lo bello, por ser
Afrodita también bella. Pero como hijo que es
de Poro y de Penía, el Amor, en primer lugar, es
siempre mendigo y estoy muy lejos de ser
delicado y bello, como lo supone el vulgo, por el
contrario, es rudo y escuálido, anda descalzo y
carece de hogar, duerme siempre en el suelo y
sin lecho, acostándose al sereno en las puertas y
en los caminos, pues por tener la condición de su
madre, es siempre compañero inseparable de la
pobreza. Mas por otra parte, según la condición
de su padre, acecha a los bellos y a los buenos,
es valeroso, intrépido y diligente; cazador
temible, que siempre urde alguna trama; es
apasionado por la sabiduría y fértil en recursos:
filosofa a lo largo de toda su vida y es un
charlatán terrible, un embelesador y un sofista.
No es ni inmortal ni mortal, sino que en un
mismo día a ratos florece y vive, si tiene
abundancia de recursos, a ratos muere y vuelve a
revivir revivir gracias a la naturaleza de su
padre...No es pobre jamás el amor, ni tampoco
rico. Se encuentra en el término medio entre la
sabiduria y la ignorancia... Entonces...¿quiénes
filosofan, si no son los sabios ni los ignorantes?

...: son los intermedios entre los unos y los otros entre los cuales está también el Amor... de suerte que es necesario que el Amor sea filósofo..., intermedio entre sabio e ignorante...".

Con base en el texto citado, conviene concluir en el hecho de que Platón, utilizando el recurso metafórico, no habla en él de otra cosa más que del propio concepto de la filosofía, abriendo así las puertas de un de las disciplinas constitutivas e imprescindibles de la historia di la humanidad. Nada más estimulante que la reflexión filosófica cuando los pueblos parecen haber perdido su rumbo, y con él su eticidad y su destino.

En consecuencia, la filosofía surge como un intento por restablecer, en un determinado período de la historia, la *armonía desgarrada*, siendo, ella misma, la más acabada expresión de esa determinada forma asumida por el desgarramiento. De ahí que *la escisión* -lo que está desgarrado en cuanto tal- pueda ser definida, propiamente, como el manantial de donde brota la necesidad de la filosofía. En efecto, *la necesidad de la filosofía* se pone de manifiesto cuando ha desaparecido la unidad entre los hombres, cuando los opuestos pierden su acción interactiva y cada uno comienza a llevar una vida aparte. Así, lo que en un momento del devenir de la cultura logró unirse, es decir, asumir la *forma de la unidad*, de pronto, se aísla de la unidad misma, para ser fijado en su autonomía e indiferencia, transformándose, de este modo, en algo particular. Ya la unidad no se manifiesta en la plenitud de su verdad, como una unidad completa y efectiva, contentiva tanto de sí como de la diversidad, sino como un elemento separado, ajeno y distante de lo diverso —y por ende, diverso en sí mismo—, para convertirse en *la otra parte.*

En suma, la totalidad deviene una imagen congelada, sometida al control del entendimiento reflexivo; pero esa imagen congelada llega a controlar, a su vez, a la otra parte de aquella otra parte. Y, a la luz de esta duplicación de las imágenes, en medio de semejante distorsión reflexiva, surgen las oposiciones entre *lo universal y lo particular; el espíritu y la materia, el alma y el cuerpo, la fe y el entendimiento, la libertad y la necesidad,* como esferas separadas y concentradas en sus intereses particulares, las cuales, a medida que se desarrolla la separación, dentro de una determinada formación cultural, pasan a la forma general de la contraposición, entre *Razón y Sensibilidad, Espíritu y Naturaleza*; para, finalmente, resumirse en la abstracción, bajo la contraposición entre lo que es *objetivo y lo que es subjetivo*, o entre *Objetividad y Subjetividad*, o entre *Sujeto y Objeto*.

Llega así el entendimiento a asumir el puesto de la razón, colocando fuera de sus límites todo aquello que le resulta ajeno e indomable. Empero, y por su parte, lo que el entendimiento rechaza, aquello que concibe como lo distinto y distante de sí, por el hecho mismo de ser concebido y puesto como lo separado y rechazado, comienza a considerarse, igualmente, como lo auténticamente unido en sí mismo, con base en lo cual se separa para terminar rechazando al entendimiento y autoproclamándose como la verdadera y auténtica unidad.

Como puede verse, se trata de dos unidades en sí mismas, cada una de las cuales cree hallarse por encima de la otra, negándose recíprocamente, enfrentándose entre sí y luchando por el dominio y la supremacia absoluta. Todo lo cual no hace más que poner en evidencia la separación en cuanto tal, colocando entre uno y otro término barreras infranqueables, a pesar de que los sustenta una misma e idéntica lógica: la lógica del entendimiento reflexivo.

Es así como la superación de la oposición
de *sujeto y objeto* se convierte en la tarea
esencial que se propone llevar adelante la
filosofía. Pero cabe advertir que dicho propósito
no puede tener como fundamento la simple
maroma del *saltimbanqui* especulativo, o, lo que
resultaría igual, el resbaladizo y premeditado
interés por escurrir el problema, evitando
cualquier enfrentamiento con la oposición. Por
el contrario, sólo asumiendo con plena
consciencia y valentía la necesidad de la
oposición para la reconstitución de la unidad,
puede, la filosofía, superarla. Más bien, es
llevando la oposición hasta sus extremos y
demostrando, en consecuencia, que lo que cada
uno de ellos considera que los separa del otro es
por cierto lo que lo une con él, como puede
resurgir la unidad auténtica, absoluta y total.

Es por ello que dado el poder de atracción del
entendimiento reflexivo, el camino de la
filosofía no puede estar exento de tropiezos y
fracasos en este propósito suyo. No pocas veces
a filosofía renuncia para caer tendida ante los
encantos del entendimiento. Todo depende de la
dimensión del conflicto y de la necesidad que
tenga una determinada época de restituir la
totalidad. Es por eso que la filosofía debe hacer
un esfuerzo por no sucumbir ante las

simplicidades y presuposiciones del entendimiento —siempre abstractas y por ello mismo siempre falsas— el cual se ufana por el hecho de disolver las diferencias y de diluir las oposiciones por la vía de la anulación precisamente, de las determinaciones que le son propias a cada uno de los miembros de la oposición, haciéndole creer —a la filosofía— que coopera en la preservación de la unidad. La vanidad del entendimiento reflexivo recuerda los diagnósticos del loquero, quien pretende resolver el furor de una vida inquieta —probablemente envuelta por los conflictos de la adolescencia— con la simple y efectivamente automática imposición de la ya tradicional camisa de fuerza y, acto seguido, una vez superada la crisis, mediante el tratamiento barbitúrico de rigor. Para tales filosofías, inducidas como lo están por las abstracciones del entendimiento, lo que debería ser expresado como un resultado se convierte en un presupuesto, que opera tanto de un lado de la oposición como del otro.

En efecto, de un lado, se concentran las voces de la fe en lo objetivo, de lo heterónomo "purificado" y liberado de toda eventual experiencia subjetiva, pero condicionado nada menos que por la propia subjetividad que lo presupone. De otro lado, se concentran los ecos de la fe en lo subjetivo, de la rebelde autonomía, no menos "purificada" y liberada, de la conciencia, que se enfrenta a un mundo cristalizado e inmóvil, convencida de que la reconciliación de los términos de la oposición no pertenece a este mundo, con lo cual termina presuponiendo la existencia de un mundo objetivo, perfecto, tal y corno debería ser. En este caso, tanto lo objetivo como lo subjetivo parecen «olvidar» el hecho de que el fundamento sobre el cual erigen sus respectivos puntos de vista —sus respectivos dominios— es, precisamente, el otro término que se afanan en rechazar. De modo que la diferencia que los separa se transforma, primero, en indiferencia y, después, vía negationis, en la más absoluta identidad.

Tal es, en este caso, la tarea esencial de la filosofía a saber: la demostración de la identidad de los términos de la oposición siempre que se logre sorprender la participación activa de lo subjetivo en lo objetivo y de lo objetivo en lo subjetivo en su recíproca penetración, superando así, las presuposiciones tanto de uno como de otro *térmirx* o; para lo cual es menester partir de los mismos supuestos que cada uno de ellos profesa de sí, reconstruyendo sus trayectorias, para, finalmente, y como resultado expresar lo que ni lo uno ni lo otro son capaces de reconocer. Todo ello dentro de ciertas y determinadas formas que le son características a una formación cultural específica, no a cualquiera; pues de lo contrario nuevamente se caería en *La Ley* de la fe que alimenta la oposición en el presupuesto y las abstracciones, es decir, se estaría retrocediento hacia la *camisa de fuerza*, ya citada, propia del entendimiento reflexivo. Por lo cual, si es verdad que son infinitos los *caminos que conducen a Dios*, habrá que decir que no son menos infinitas las formas de la reconciliación, siendo, la reconciliación misma, apenas un *principio general*, o una búsqueda incesante, en los confines de la acción humana, pero, de ningún modo, una *Ley*, rígida e inquebrantable, para la conciencia.

Es verdad que cuando se habla de reconciliación se habla, al mismo tiempo, de *positividad*. En tal sentido, la idea de la superación de los puntos de vista es una respuesta —si se quiere, radical— ante la duda escéptica y ante la fe del dogmatismo, las cuales surgen de la experiencia y de los más diversos contrastes que la vida va presentando en su devenir. No obstante, la filosofía no pretende eliminar los contrastes. Su

propósito es establecer un diálogo necesario
entre quienes se han habituado a concebir lo
absoluto como una abstracción transcendente y
entre quienes confunden la acción del
pensamiento con los hechos de la experiencia.
De ahí que una coherente concepción del mundo
en general y de la historia en particular no pueda
no ser optimista, aunque no pueda negar el dolor
y su prosecución, las abstracciones del errar o
las fisuras del mal.

Se trata, pues, de ser idealista, sin que ello
signifique renunciar a la realidad inmediata y,
por ende, a la multiplicidad de sus impresiones;
de ser espiritualista, sin cerrar los ojos ante la
sucesión *natural*, o ante las férreas leyes de su
mecanicismo. Porque, en última instancia, se
trata de penetrar las fronteras tanto del dualismo
como del monismo, que solo se sienten seguros
de sí mientras se encuentran en la condición de
prisioneros del discurso de la lógica del
entendimiento reflexivo: solo dentro de sus
mazmorras los opuestos pueden excluirse
recíprocamente, sólo en ellas el ser es el ser y el
no-ser es el no-ser; sólo en ellas las antinomias
permanecen irresolubles.

Es imposible dar respuesta a las antinomias si el
pensamiento no se abstrae de los objetos que

piensa; objetos que el propio pensamiento va soldando progresivamente, en una férrea cadena que se transforma, poco a poco, en un pesado sistema de vida. Es necesario que, bajo ciertas condiciones espaciotemporales, los hombres se dirijan a sí mismos, para descubrir su más auténtica verdad: ser los constructores de la objetividad misma, por lo cual el ser ya no es sino que, más bien, viene a ser; no siendo ni algo dado ni algo inmediato. Saber es, en consecuencia, aprender desde el principio, lo que sólo es posible mediante la reconstrucción del propio proceso.

De ahí que pueda decirse que no exista lo bueno, lo bello o lo verdadero como tal y desde siempre. Porque lo bueno, lo bello y lo verdadero son el resultado, siempre histórico, de la acción humana, es decir, del hacer de los hombres. Lo bueno, por ejemplo, no es una especie de esencia mágica que siempre ha vivido por encima o más allá del quehacer social. No es tampoco sólo lo que ha sido hasta el presente, lo que ya existe, sino que es lo que los hombres siempre están dispuestos a hacer, en virtud del conjunto de las relaciones que son capaces de construir entre ellos. Por lo cual lo bueno es en realidad un hacer permanente, siempre renovable y reconstruible.

Tampoco la alegría es lo que se ha disfrutado, sino más bien lo que impulsa a su término opuesto, lo que no permanece en la monotonía de un abstracto disfrutar o en la obscuridad que impulsa y produce la muerte, sino en aquello que se renueva y reconquista con nuevos ímpetus, con nuevas fatigas y, precisamente por ello, mediante el sacrificio y el sufrimiento.

Como ha indicado Giulio E Pagallo, la labor de la filosofía va, pues, *Desde el hombre hasta el hombre. Dilatado y arduo viaje, aquel del conocimiento con el cual el hombre atraviesa, no sin valiente curiosidad, el océano del ser de una naturaleza multiforme y "camaleónica", la cual nunca es, aunque continuamente nace y continuamente muere; para retornar siempre de nuevo, a sí mismo; de tal manera que el universo entero de la naturaleza pueda reflejarse en la mente del hombre, para que le sea concedido al devenir y a la multiplicidad traspasada de las creaturas que en la naturaleza produce sin pausa, rencontrar en la inteligencia, que permanece siempre idéntica con sigo misma, la finalidad y el orden de un "epílogo" sin fin.*

I. PRINCIPIOS FILOSÓFICOS.

Teoría y Praxis, Sujeto y Objeto, Pensamiento y Realidad

Por lo general, se cree que el término de *Praxis* es no solamente algo distinto del término de *Theoria*, sino que es, incluso, su contrario. Bajo semejante óptica la *praxis* viene a ser definida como la parte activa y subjetiva de la relación, mientras que la teoría sería, en consecuencia, la parte pasiva y objetiva. Como resultado de este prejuicio, la *praxis* es presentada en identidad con la acción, por más inconsciente e irracional que ésta pueda llegar a ser; mientras que la teoría sería idéntica con la cognición, por más pasiva e inoperante que fuese, no existiendo lugar ni para una acción consciente ni para un conocimiento activo. Tal posición tiene su fundamento en formulaciones de origen empirista. Pero no debe descuidarse el hecho de que, al presuponer una separación originaria entre uno y otro elemento, dichas formulaciones ponen de relieve sus estrechos vínculos con doctrinas de ascendencia religiosa, basadas en la fe, y más concretamente, en la creencia de que el Edén ya había sido formado por Dios antes de la aparición del hombre.

Conviene hacer notar, además, que por este camino a lo más lejos que se puede llegar es a la formulación de una suerte de asociación o de entrelazamiento, en el cual, bajo ciertas y muy precisas circunstancias, lo uno y lo otro se ponen de acuerdo a fin de llevar adelante, y con éxito relativo, una determinada empresa. De suerte tal que si, por ejemplo, un hombre, una corporación o una Nación entera se propusieran alcanzar exitosamente determinadas metas, tendrían para ello que establecer un pacto de mutuo acuerdo entre la pasividad del conocimiento y la actividad de la acción. En este eventual acuerdo estaría la garantía del éxito. Tal es en resumen la noción más atrasada y pedestre que existe de la relación de la teoría con la *praxis*. Pero precisamente por ello no es la única.

Hay también quienes han llegado, desde una concepción más sólida y menos trivial -pero sin llegar a abandonar del todo la posición antes expuesta-, a manejar la hipótesis de que existiría, de un lado, un conocimiento de la práctica, que sería el lugar en donde residiría el estudio de la voluntad humana y, por lo tanto, del conocimiento de las leyes de la moralidad del hombre; mientras que, de otro lado, existiría un conocimiento de la teoría, que sería el lugar depositario del estudio del saber humano, y por ende, del conocimiento de las posibilidades y de los límites del conocimiento mismo. De manera tal que, cuando se teorizara acerca de la práctica, se estaría discurriendo en el ámbito de la ética; mientras que, cuando se teorizara acerca de la teoría, se haría lo propio, pero en el ámbito de la teoría del conocimiento. De modo que, cuando se estudiara la teoría cognoscitiva, se hablaría de la posibilidad de conocer el fenómeno ; mas, cuando se estudiara la teoría moral, se hablaría de la posibilidad de conocer el *noúmeno*.

Dos teorías, por lo tanto, nunca correlativas, siempre distintas y paralelas entre sí: la una abocada al conocimiento fenoménico; la otra abocada al conocimiento nouménico. Y cabe hacer notar que sería contradictorio, según este punto de vista, que la teoría del conocimiento fuese utilizada para el estudio de la actividad nouménica o viceversa. De ahí que el mayor alcance de esta meticulosa operación consista en haber permitido que la práctica pudiera llegar a expresarse en términos teóricos. Lo que la práctica misma como tal, y por su propia naturaleza, no se encontraría en capacidad de apuntalar, siendo necesario, para poder expresarse en el plano de su propio conocimiento: recurrir a los auxilios de la teoría.

Sin embargo, para llegar a una definición, por lo menos, más justa de los conceptos
de *Theoria* y *Praxis*, será necesario abandonar estos supuestos, que provienen de consideraciones parciales y abstractas para emprender el camino que, sin llegar a desechar completamente dichas suposiciones, logra superarlas, ubicándolas en su justo lugar.

A tales fines, será menester recordar el hecho de que el conocimiento -en su más amplia acepción— está compuesto por dos términos, a saber: por quien conoce y por la cosa que se quiere conocer. En efecto, si la cosa no llegara a ser conocida, el conocimiento perdería su propia condición, por lo que no se produciría conocimiento alguno. De igual modo, suponiendo que existiera la cosa, pero no quien la conozca, el conocimiento, de nuevo, se vería frustrado. De modo, pues, que no puede haber conocimiento si no hay objeto de conocimiento; pero tampoco puede haber conocimiento sin sujeto que conozca. Para que pueda haber conocimiento es inevitable la presencia de un *sujeto* que quiere conocer y de un *objeto* conocido, de un sujeto y de un objeto en Inseparable correlación.

Dichos términos, en virtud de su necesaria relación, nacen, por cierto con el nacer del conocimiento mismo, poniendo de manifiesto su presencia en cada *acto* cognoscitivo, partiendo del hecho de que lo uno y lo otro conforman sus elementos esenciales. La diferencia se presenta en relación con el tipo de objeto que se pretenda conocer, el cual será más importante en la medida en que sea más importante para la sociedad dentro de la cual se estudia. En efecto, el conocimiento de una especialidad determinada tendrá más importancia dependiendo de la categoría de objeto de estudio a la cual se dirija, siempre y cuando resulte esencial para una igualmente determinada sociedad humana, con lo cual este tipo de conocimiento se convertirá en el conocimiento esencial de tal sociedad. Es de ahí de donde proviene la idea de que lo que más importa en el conocimiento sea el estudio de la cosa que se quiere —en tanto que se necesita— conocer.

Pero si esta idea ha sido predominante en el sentido común, conviene advertir que también, y con el mismo entusiasmo, ha sido recogida por ciertas filosofías, en las cuales, si bien figuran los dos elementos constitutivos del conocimiento —es decir, el sujeto y el objeto—, no obstante, la naturaleza del sujeto se presenta como inadecuada a la del objeto. Es así como un cierto pavor recorre por sus mentes, cuando se les recuerda que entre el sujeto y el objeto existe una relación necesaria, pues piensan que al objeto le puede ocurrir lo mismo que al sujeto, esto es: caer en una situación de inadecuación, con lo cual su conocimiento del objeto se vería seriamente afectado, desvaneciéndose así la posibilidad de conocerlo. Ciertamente, tales doctrinas parten de la convicción, es decir, de la creencia, de que el hombre, considerado como individuo, es quien conoce. Sin embargo —sostienen estos autores—, como los individuos siempre se encuentran aislados, ya que su condición natural es la de ser independientes entre sí, se encuentran en situación de contingencia, es decir, nacen y mueren, unos llegan a conocer más y otros menos. De tal manera que son y no son, conocen y no conocen. Por lo que, si el objeto estuviese ligado a los individuos cognoscentes, sería como ellos, a saber: contingente, de modo que perdería su carácter necesario para adquirir un carácter azaroso. Todo lo cual, como se ha dicho, les llena de suma preocupación.

No obstante, cuando se dice que una cosa es conocida, cabe decir, que es *objeto*, al mismo tiempo se está diciendo que ella *es*. En otros

términos, una cosa que no es, no puede ser
objeto de conocimiento. Lo que quiere decir que
el ser de las cosas es, en realidad, el objeto del
conocimiento. Por otra parte, ¿es posible pensar
que el ser de las cosas sea contingente? Si el ser
fuera contingente, esto significaría que también
podría no-ser, lo que sería un absurdo, pues el
ser como tal, en su propia negación, contiene su
afirmación, dado que el ser del no-ser es,
igualmente, el ser, o, dicho en otros términos, es
el ser del ser.

De tal manera que, si para algunos resulta
riesgosa o cuando menos incómoda la relación
de unidad que existe entre el sujeto y el objeto
entre el ser y el pensar, como en efecto sucede,
será menester insistir en el hecho de que si el ser
es absolutamente necesario, el pensamiento no
lo es menos, por que, de igual modo, es
necesaria la relación del uno con el otro para el
conocimiento, no existiendo ser sin pensamiento
ni pensamiento sin ser.

Pero si bien el sujeto del conocimiento no puede
ser confundido con el individuo particular, cabe
resaltar que tampoco el objeto del conocimiento
puede ser confundido con los objetos o las cosas
particulares. Ni siquiera se podrá confundir con
algún objeto que pueda llegar a ser conocido por

uno o por más individuos, dado que, cuando se
habla del sujeto o del pensamiento, o cuando se
habla del objeto o del ser, se está hablando,
siempre, tanto del sujeto como del objeto en
cuanto tal, es decir, de su carácter sustancial,
aunque se esté indicando una muy precisa y
particular manifestación suya, en un espacio y
en un tiempo determinados. Se estará hablando,
en consecuencia, de su efectiva condición
universal. Y, en efecto, pueden llegar a ser
innumerables las experiencias o apariciones del
conocimiento a lo largo del tiempo y del
espacio; pero cada una de ellas, siempre,
expresará su carácter universal, es decir, su
condición sustancial.

Con base en estos primeros resultados, será
preciso entonces estudiar en qué consiste
esta *naturaleza inmanente* del conocimiento. Tal
es, por cierto, la labor esencial de la Filosofía.
En efecto,mientras que las formas particulares
del conocimiento -las ciencias especiales, las
artes, la técnica y la tecnología- se sirven de él
como de un instrumento para alcanzar sus
propósitos, la filosofía se asegura de que éste
adquiera legitimidad y, en último análisis,
confirme su condición esencial. Su propósito
consiste, por lo tanto, en investigar, como ya se
ha indicado, su naturaleza inmanente y, por ello

mismo, su presencia nuclear y efectiva en cada forma históricamente dada que pueda llegar a asumir, es decir, dentro de cada una de sus manifestaciones particulares.

En este sentido, si algo ha demostrado la historia de la filosofía —la cual sin duda algo ha llegado a demostrar, en virtud de que; no sin paciencia, ha sido la artífice de la reconstrucción de la unidad de las diversas formas adquiridas por el pensamiento en su incesante devenir- ha sido la confirmación del carácter inescindible, universal y necesario del sujeto y del objeto para el conocimiento. De hecho, en un primer momento, la filosofía de la antigua Grecia dirigió su interés hacia el objeto; más tarde, a partir del Renacimiento, se dirigió cada vez más hacia el sujeto, hasta proclamar -durante la Ilustración, con Kant— la necesidad de hacer en el pensamiento lo mismo que ya se había hecho en la astronomía, esto es: así como el sol ya no giraba más alrededor de la tierra, sino ésta al rededor del sol, del mismo modo, el sujeto ya no giraba más alrededor del objeto, sino éste al rededor del sujeto. A partir de ese momento, la historia de la filosofía pudo corroborar el necesario movimiento del pensamiento sobre sus propios pasos, a fin de llegar a exponer el recorrido esencial de la historia del espíritu humano.

Vico fue el primero en percatarse de ello [5]. Según este gran pensador, el sujeto y el objeto se traspasan recíprocamente: *Verum et factum convertuntur*, dice. Para comprender el decurso de la historia, es menester "estudiar la mente", en virtud de que, a su juicio, los cambios que ocurren en la historia tienen su origen en ella. Esto quiere decir que si la historia tiene sus fundamentos en la comprensión de "la mente", su estudio es de factura esencial y precede al estudio de todas las restantes formas del conocimiento. Pero, agrega Vico, tampoco es posible comprender la "mente" sin comprender la historia, dado que en ella se encuentran, de manera efectiva, sus expresiones concretas: sus ideas y sus valores.

Es así como, a partir de estas formulaciones hechas por Vico, se hace necesario llegar a la siguiente conclusión: es posible conocer las cosas, siempre y cuando halla conocimiento; pero habrá conocimiento siempre y cuando halla pensamiento, es decir, si se piensa. Ahora bien, pensar quiere decir juzgar. El juicio es el pensamiento en actividad, nada menos que la Praxis, esto es: el acto propio y constitutivo del pensamiento. Pero no hay juicio —cabe decir, no hay Praxis— sin un objeto sobre el cual se pueda actuar, porque el objeto se convierte en materia de la *Praxis* cuando existe un sujeto que lo estudia. El objeto es tan necesario para el sujeto como éste para aquél. No es posible, en consecuencia, suspender al objeto y presentarlo como algo independiente de la acción del sujeto.

No obstante, *presupone* el sentido común, alimentado por la doctrina materialista —y, en última instancia alimentado por la fe— que el objeto existe con independencia de la acción cognoscitiva. Pero, en realidad, el objeto no llega a ser tal si no es objeto de la acción del conocimiento. Antes de hacer efectivo el reconocimiento del sujeto no es ni objeto ni no objeto: simplemente, no es nada.

Cuando el sujeto o el objeto son colocados por separado, o cuando se le atribuye a uno de ellos mayor consistencia e importancia que al otro, tanto el uno como el otro son sometidos a una ficción, a una especie de juego de imágenes especulares, tal y como ocurre en el cuarto de tos espejos, que se exhibe en las ferias o en los circos. A este fenómeno, la *Filosofía de la Praxis* lo denomina alienación, extrañamiento o rectificación. En dichas imágenes, de un lado,

los individuos aparecen reflejados como si
fueran seres diminutos, frente al gigantesco y
desproporcionado espejo en el que se reflejan.
Aquí se pone en evidencia el hecho de que los
individuos no puedan ser considerados como
entidades inferiores frente al objeto que los
representa. Habrá que decir, más bien, que aquél
objeto de la representación no es más que un
espejismo. Lo mismo sucedería en el caso
contrario, esto es: cuando, en la imagen
proyectada por el espejo, el objeto adquiriere
una forma desproporcionada y gigantesca, frente
al diminuto sujeto reflejado. También en este
caso, el fenómeno de la alienación se pone de
manifiesto, aunque los signos se encuentren
invertidos. Empero, en ambos casos, el creador
aparece como lo creado, la imagen proyectada
adquiere vida autónoma y ejerce su dominio
sobre su auténtico demiurgo.

En realidad, las cosas son en la medida en que
ellas puedan ser predicadas ; pero no pueden ser
predicadas sin la acción del sujeto, es decir, sin
la presencia determinante de la Praxis.

Sólo mediante un enorme esfuerzo de
abstracción es posible suponer que pueda existir
un objeto sin un sujeto que lo predique. Pero,
con ello, nuevamente tendríamos que concebir al

objeto sin su respectivo predicado, es decir, sin el ser, lo que sería un absurdo, dado que, como ya se ha intentado mostrar, el ser de las cosas depende del pensamiento y viceversa.

Ser y pensar son términos correlativos e inescindíbles. La naturaleza de cada uno depende de la naturaleza del otro. Podrán ponerse, al objeto o al sujeto, en situación especular ; al uno por encima del otro, como términos independientes. Pero entonces, parafraseando a Kant, será un objeto ciego, sin sujeto; y será un sujeto vacío, sin objeto.

Que el objeto sea sólo puede significar que sobre él se ha predicado el ser; pero la predicación es un acto subjetivo, ya que sólo el sujeto puede predicar. La Praxis, como movimiento de aprehensión del objeto por el sujeto y de éste por aquél, tiene la función de diluir la dureza de las abstracciones y, por ende, de hacer consciente el carácter inescindible de esta relación; en otros términos, su tarea es la de iluminar al objeto, a fin de que salga de su estado inmediato de ceguera. Pero, a la vez, la de dar consistencia al sujeto, a fin de *plenar* su no menos inmediato estado de vacuidad.

Qué puede ser entonces la *Filosofía de la Praxis*, sino la consciencia y el sistema de la correlación existente entre el sujeto y el objeto, la comprensión, en clave teorética, de esta mediación que está presente entre los términos y sin la cual se revelan como meras abstracciones?

El nervio central de esta concepción filosófica está en el concepto de Praxis. Se trata de un concepto crítico tanto del materialismo —el cual sólo llega a concebir al objeto de un modo sensible— como del idealismo —el cual "no conoce la actividad real sensorial como tal" [6]. A partir de de esta doble operación crítica, el hacer del pensamiento deviene la condición esencial del conocimiento. Y, más aún, la verdad se revela como el resultado último del hacer, es decir, Ia actividad consciente de los hombres, ya que la realidad se descubre como una producción subjetiva, cuyo soporte y continuidad está en su incesante hacer histórico. Es este un realismo, pero que confirma en sustancia, lo mejor del idealismo.

Nada puede ser verdaderamente conocido si no se construye. Empero, su construcción deja de ser algo «natural», algo puesto -un pre-supuesto de la reflexión, o, como se ha dicho, un *espejismo*- para asumir su condición de producido, bien intelectual o bien materialmente. En todo caso, conviene advertir

que siempre la reconstrucción de un hecho
determinado resultará mucho más difícil y
compleja que su construcción inmediata, de la
misma manera que, viceversa, la simple lectura
de un libro siempre resultará más fácil que el
haberlo escrito. Y sin embargo, quien lee
tampoco permanece pasivo, como si fuera un
simple receptor; por el contrario, su lectura
deberá ser un esfuerzo por comprender el
desarrollo y la profundización de lo leído,
siguiendo, en tal sentido, la ideas expuestas por
el escritor en cuestión, por lo que la simple
lectura impone también un esfuerzo y, en último
análisis, un *hacer*.

Queda claro pues, el hecho de que tanto el
pensamiento como la acción —tanto el sujeto
como el objeto, tanto la teoría como la
práctica— son una producción continua, un
hacer incesante, en tanto que los hombres
poseen la facultad de juzgar, esto es: de pensar
lo que hacen y de hacer lo que piensan. Por lo
que son, en sustancia, Praxis. Cuando se piensa
se hace y a la inversa. Pensar y hacer conforman
una inseparable relación. Se piensa para
producir reproduciendo. Se hace para reproducir
produciendo. La *praxis* es la síntesis originaria
de esta relación.

En este sentido, tanto la teoría del conocimiento como la metafísica tradicional son abiertamente superadas, porque quedan reconocidas en sus abstractas y reflexivas posiciones, en la pureza de la otreidad de cada una de ellas, como presupuestos que separan al artífice (el sujeto histórico) de su propia construcción (el objeto historizado).

Más allá de las dicotomías irresueltas, o de los argumentos a favor de uno de los términos o en contra del otro, se puede sorprender, en dichas tendencias, la naturaleza escindida de la real y concreta correlación del sujeto y del objeto. Y descubierta esta necesidad, es posible comprender la íntima relación existente entre ellos. La primacía de uno de ellos sobre el otro pierde su razón de ser, para poner de manifiesto su carácter abstracto y, por ende, falso. No más, pues, un objeto de la teoría y un objeto de la práctica, sino la *Praxis* entendida, en sí misma, como saber en actividad, como crítica que mide la existencia individual en la sustancia y la realidad particular en la idea. La Praxis, así comprendida, logra liberarse dialécticamente de su primitiva determinación como "práctica", o actividad material opuesta a la teoría, para asumir su función como inminentemente Praxis, es decir, como sujeto y objeto del proceso constitutivo de la racionalidad y de la realidad: la verdadera síntesis activa, el Espíritu que fundamenta al saber que está presente en la historia, la unidad de la unidad y de la no-unidad de los opuestos.

La trascendencia es superada, finalmente, por la inmanencia, en eI horizonte de una filosofía crítica del pensamiento reflexivo (especular), situada más allá del materialismo y del idealismo metafísicos y del empirismo y del esplritualismo gnoseológicos. Tal es eI itinerario de la *filosofía de la praxis* como crítica de la razón histórica, o, si se quiere, como *ontología del ser social*.

Objetividad y Alienación

Para la Filosofía de la Praxis, resulta imposible aceptar la colocación del sujeto y del objeto en una relación de irreconciliable y permanente alteridad. La praxis, como *actividad sensitiva humana*, es, como ya se ha observado, la comprensión y el reconocimiento de la necesaria unidad de uno y otro términos, es decir, de la unidad del sujeto que construye la objetividad y del objeto que construye la subjetividad.

Sin embargo, este movimiento *in fieri*, sorprendido por la Filosofía de la Praxis, desde el punto de vista de su expresión lógica, está compuesto de tres momentos que son, igualmente, inescindibles entre sí. Tres momentos determinantes y necesarios que van formando el hecho lógico en su unidad inmanente: un círculo de círculos, sin el cual no sería posible llegar a comprender en su historicidad la unidad del sujeto y del objeto en toda su compleja y rica cadencia. Dichos momentos son: *la construcción*, o momento del intelecto abstracto; *la deconstrucción*, o momento dialéctico negativo; y la *reconstrucción*, o momento especulativo-racional [7]. En cada uno de ellos está contenida la

---

posibilidad de configurar el entramado mismo de la reconstrucción de la historia universal cumplido por la Filosofía de la Praxis, en su afán por remontar, una y otra vez, las variadas formas y las diversas manifestaciones que asume el extrañamiento entre el sujeto y el objeto. A ese extrañamiento también se le conoce con el nombre de *alienación*. La interpretación corriente de la relación que existe entre la objetividad y la alienación, ha intentado colocarlos en una situación de antagonismo irresoluble. En efecto, del mismo modo que sitúa al sujeto de un lado y al objeto del otro, mostrándolos como líneas paralelas, que marchan juntas —pero sin que entre ellos pueda darse compenetración alguna— de igual modo, establece un rígido y abstracto criterio de demarcación entre estos términos, exaltando la superioridad del uno frente a la del otro, y presentando a la alienación como el lado malo y a la objetividad como el lado bueno.

Ya en los *Manuscritos de economía y filosofía*, de 1844, el joven Marx se iba acercando a la construcción de una visión crítica y dialéctica del quehacer filosófico, en íntima relación con la actividad histórica y social de los hombres, siendo los Manuscritos, en realidad, una etapa esencial en el desarrollo y maduración de su pensamiento.

En esta obra, y en estrecha relación con la problemática de la dialéctica capital-trabajo asalariado, Marx desarrolla otro concepto clave del entorno social y cultural burgués-capitalista; el concepto de procedencia hegeliana, y que le había servido a Feuerbach como hilo conductor de sus escritos, dentro del planteamiento de temas y problemas de carácter religioso. Se trata, precisamente, del concepto de alienación, acaso la idea central de esos Manuscritos del '44.

En medio de sus abstracciones, la economía política considera al trabajo asalariado como un mero proceso natural. No comprende que el modo específico de producción capitalista se fundamenta en el trabajo extrañado, es decir, en aquel tipo de trabajo que altera las características naturales y humanas del trabajo mismo, la alienación, pues, viene descrita por Marx en cuatro aspectos centrales:

1. El trabajador es extrañado del producto de su actividad, la cual le pertenece a otro, lo que trae como consecuencia que el producto se consolide como una "potencia independiente" frente al

trabajador. En este sentido, apunta Marx que "cuanto más se vuelca el trabajador en su trabajo tanto más poderoso es el mundo extraño, objetivo que se crea frente a sí, y tanto más pobres son él mismo y su mundo interior, tanto menos dueño de sí mismo".

2. La alienación del trabajador respecto de su producto aparece, desde el punto de vista de la actividad del trabajador, como un extrañamiento de la actividad productiva. No se trata de una manifestación esencial del hombre, como en Feuerbach, sino de un "trabajo forzado", determinado por sus necesidades externas. El trabajo se manifiesta, pues, no como la satisfacción de las necesidades humanas, sino como un medio de subsistencia, lo que conlleva a una profunda degeneración de la vida del hombre. "De esto resulta que el trabajador —dice Marx— sólo se siente libre en sus funciones animales, en el comer, beber y engendrar, y todo lo más en aquello que toca a la habitación y al atavío; pero en cambio, en sus funciones humanas se siente como animal. Lo

animal se convierte en lo humano y lo
humano en animal".

3. Con el extrañamiento que sufre el
trabajador, en relación con la actividad
productiva, llega también a extrañarse de
su propio género. La perversión que
invierte las funciones humanas en
funciones animales y convierte a estas
últimas en el propósito de la vida,
comporta la pérdida del género humano,
ha vida se transforma en medio de vida, al
punto de que el hombre termina por
perder su objetividad real específica y
cambia su primacía sobre los animales, ya
que su cuerpo inorgánico, la naturaleza, le
es sustraída... Sólo en la elaboración del
mundo objetivo el hombre se afirma
realmente como un ser genérico.
Mediante ella aparece la naturaleza como
su obra y su realidad. El objeto de trabajo
es la objetivación de la vida genérica del
hombre, dado que éste se desdobla no
sólo intelectualmente, en su consciencia,
sino también activa y realmente, para
contemplarse a sí mismo en un mundo
creado por él, a su imagen y semejanza.
Por eso, el trabajo enajenado, al
arrancarle al hombre el objeto de su

producción, le arranca, con él su vida
como hombre, es decir, su vida genérica,
su real objetividad, transformando su
ventaja respecto del animal en desventaja,
al privarlo de su cuerpo inorgánico, de la
naturaleza.

4. Como consecuencia de este
    extrañamiento, el hombre genera su *ser
    otro*, esto es: un ser ajeno, extraño al
    hombre, que lo aleja de sí mismo. Sufre el
    hombre, de esta forma, su mayor
    desgarramiento, cuya manifestación más
    tangible se presenta en la relación obrero-
    capitalista'. "El ser extraño -observa
    Marx— al que pertenecen el trabajo y el
    producto del trabajo, a cuyo servicio está
    aquel y para cuyo placer sirve éste,
    solamente puede ser el hombre mismo".
    Pero: "si el producto del trabajo no
    pertenece al trabajador, si es frente a él un
    poder extraño, esto sólo es posible porque
    pertenece a otro hombre que no es el
    trabajador. Si su actividad es para él
    dolor, ha de ser goce y alegría vital para
    otro. No los dioses, ni la naturaleza, sino
    el hombre mismo, puede ser este poder
    extraño sobre los hombres".

El argumento desarrollado por Marx puede resumirse de este modo: el trabajo asalariado es un trabajo extrañado. En este sentido, en los Manuscritos del '44, se pone de relieve la progresiva superación hecha por Marx tanto de las tesis hegelianas, puestas en circulación por los Bauer y el resto de los miembros del *DoktorKlub*, como del punto de vista feuerbachiano y, particularmente, de los argumentos antropológico-naturalistas esgrimidos por Feuerbach en *la esencia del cristianismo* y en *La filosofía del futuro*.

Si es verdad que la *Filosofía de la Praxis* es una superación radical de toda la filosofía precedente, ello se debe, en gran medida, al hecho de que su fundador expresa, ya desde sus primeros ensayos, frente a los discípulos de Hegel y frente a Feuerbach, una posición cualitativamente novedosa, cuya consecuencia teórica más relevante es la de haber producido una verdadera revolución en el modo de concebir la filosofía.

No obstante ello, hay quienes, como Ludovico Silva, piensan de un modo muy diverso en relación con el carácter dialéctico y filosófico de la concepción marxista de la alienación. En efecto, en uno de sus últimos ensayos, titulado la

alienación como sistema (Alfadil, Caracas,
1983), Ludovico Silva intenta mostrar que la
teoría de la alienación no es, en Marx, una teoría
filosófica o especulativa, ya que Marx —dice—
no es un filósofo al estilo antiguo, es decir, al
estilo hegeliano. Por el contrario —agrega el
intérprete—, la alienación es tratada por Marx
desde el punto de vista 'científico-social',
basada en "el paso universal del valor de uso al
valor de cambio", y cuyos principios son
filosóficos sólo en el sentido de un "concepto de
máxima generalidad, aplicable al entero sistema
del pensamiento de Marx y aplicable a toda la
historia conocida. Pero sus raíces están en la
teoría económico-social de Marx" (Ibid.).

Para Silva, el concepto de alienación en Marx,
va perfilándose desde sus textos más "filosófico-
antropológicos", esto es, los textos juveniles,
correspondientes al período 1844-1845, textos
de transición, "viciados" aún, según Silva, por
un "insuficiente vocabulario" científico (p.58) y
por un excesivo "ropaje filosófico" de origen
hegeliano (Ibid), hasta sus textos 'científicos' o
de análisis "socio económico" —textos de la
madurez—, que van de 1845, época de
redacción de las *Tesis sobre Feuerbach* y de *la
Ideología alemana*, a 1865, es decir, de los
Grundrisse a la Critica de la economía política,

El Capital y las Teorías sobre la plusvalía. El concepto de alienación va pues, según Silva, desarrollándose evolutivamente, desde su infancia "filosófico- antropológica" a su madure% "científica", "objetiva", abriéndose paso entre la contaminante bazofia, que caracteriza a la metafísica hegeliana. Tal es, según Silva, el proceso de formación de la teoría de la alienación en Marx: un proceso que va de la metafísica a la ciencia y de lo absoluto a lo relativo e histórico. Y tal es la diferencia específica que surge entre el viejo concepto idealista de alienación hegeliano y el nuevo concepto marxista materialista de alienación. De ahí que la alienación para Marx no sea un predicado de la esencia humana, o como dice Silva, una " quidditas eterna del hombre" (p.16), sino un fenómeno histórico, de origen económico y social, que "puede ser superado y desaparecer" (Ibid.).

De este modo, la alienación aparece como un producto o fenómeno que tipifica a cierto período de la historia universal, particularmente el de las sociedades "pre-comunistas", cabe decir, pertenecientes a aquella parte de la historia humana que se caracteriza por la lucha de las clases sociales, según reza en el Manifiesto de 1848. Sociedades que constituyen la prehistoria de la humanidad, porque mantienen las siguientes "variables histórico-genéticas" que caracterizan los rasgos específicos de toda posible alienación, a saber: la división del trabajo, la propiedad privada y la producción mercantil "tres condiciones históricas que pueden ser superadas históricamente y que, por lo tanto, no pertenecen a ninguna supuesta "esencia humana", a menos, claro está, que se considere como "esencia" del hombre el vivir en relaciones de explotación" (p. 19). Por tanto, una vez superadas estas "variables", será posible la creación de una sociedad "históricamente" desalienada: comenzará "el cese de la alienación" (p.157): el inicio de la verdadera historia de la humanidad.

Con cierta originalidad, no exenta de un pulcro y elegante estilo, Silva mantiene la tesis de la permanencia temática del concepto de alienación en el pensamiento de Marx. De igual modo, el que Marx haya tenido la necesidad de desarrollar su concepto de alienación, a través de un minucioso y detallado análisis de la economía política, es un tema no sólo interesante sino, además, fundamental para la comprensión de la filosofía de Marx.

No obstante, si el concepto de alienación, siendo de origen fundamentalmente filosófico y hegeliano, viene tematizado y desarrollado progresivamente por Marx, a través de todo su itinerario intelectual, convendría preguntarse si dicho concepto representa una ruptura con el "pasado filosófico hegeliano" o, más bien, si es su *Slujhebung*, es decir, su superación que conserva los postulados esenciales del pensamiento dialéctico hegeliano. ¿Acaso no fue el propio Marx quien, en carta a Kugelmann, del 6 de mayo de 1868, señaló que "la dialéctica de Hegel es la forma fundamental de toda dialéctica"? Y, de no ser así, ¿porqué seguir tematizando aquel "ropaje filosófico" del que nos habla Silva, de "corte" netamente idealista?

Por otro lado, si el concepto de alienación debe entenderse, según Silva, en su valor histórico social, en franca ruptura con su pasado metafísico-antropológico, ¿no habrá más bien que considerar este pasado como un momento necesario y determinante dentro de toda historia posible, y no como una simple "falsedad" que puede ser separada de la objetivación y que estaría destinada a desaparecer con el fin de la prehistoria humana?.

En estas interrogantes parece estar contenido, en sus justas proporciones, el sentido que en Marx tiene el concepto de alienación. Su línea de discontinua continuidad con el pensamiento de Hegel es, más bien, una demostración del carácter histórico de la esencia humana, como el propio Marx lo ha señalado en la sexta *Tesis sobre Feuerbach*. De modo tal que no basta con «sistematizar» el concepto de alienación, elaborando un registro empírico y puramente extensivo —seguramente importante, pero insuficiente— del mismo en el pensamiento de Marx. Ni basta con oponer, frente a los intérpretes de la alienación como categoría antropológica, una supuesta cientificidad que resulta consecuente con la abolición histórica de esta.

Si dicho concepto es histórico, lo es justamente por que se trata de un concepto esencialmente *filosófico y dialéctico*, íntimamente vinculado con aquella tesis hegeliana según la cual la historia es siempre una construcción-destrucción-reconstrucción, como se ha dicho antes, o sea, la actividad práctico-crítica del Marx de las *Tesis sobre Feuerbach*. Una actividad que se realiza 'siempre de nuevo' y que no tiene un punto fijo, una meta absoluta de llegada, sino que cada punto de llegada es el inicio histórico de un nuevo recorrido, de una nueva lucha, de la superación dialéctica de un proceso que se ha cristalizado y que se pretende perpetuar.

Mas, de ser así, la teoría de la alienación en Marx no puede ser concebida únicamente desde el punto de vista del análisis empírico de los hechos económicos objetivables, sino como una verdadera *filosofía de la praxis* : como una nueva concepción del mundo que considera la historia como un proceso *in fieri* que crece y concrece. Una teoría de un proceso vivo, desmitificado de toda posible positividad, objetividad o alienación existente, de todo extrañamiento tanto del conocimiento como de la historia, tanto de lo racional como de lo real.

Por eso, el discurso de Silva se muestra ambiguo, porque la permanencia del concepto de alienación dentro de toda la obra de Marx, no puede ser inscrita dentro de los simples parámetros de un indefinido modelo de cientificidad que, en todo caso, se corresponde con el de una analítica sociológica de corte empirista y positivista.

No es, pues, la «sociedad futura» o «histórica» la que podrá superar la alienación de un modo absoluto y definitivo porque la alienación es un

fenómeno histórico, y sólo podrá ser superada en
su determinado grado o tipo de alienación,
característico de una determinada formación
económico-social, tal como lo expresa Marx en
la Contribución de 1859.

Empero, si por el contrario se considera, como
lo ha hecho Silva, que la sociedad comunista o
«futura» será el escenario de la superación de
todo tipo de alienación —y no únicamente del
modelo burgués de alienación—, entonces el
lector se encontrará preso en una interpretación
viciada por la metafísica dieciochesca, de corte
escatológico y perentorio, respecto de los
verdaderos problemas de la historia humana.

Sólo una interpretación inmanente y orgánica,
dialéctica y filosófica, del concepto de
alienación, puede y debe responder de un modo
enfático no sólo al carácter histórico del
concepto de alienación, sino también al
problema de la alienación universal
como *categoría crítica e histórica*, y por ello
mismo, filosófica.

Libertad, Estado e Historia

Son la Historia, la Libertad y el Estado los objetos de estudio principales y característicos de la Filosofía de la Praxis, del mismo modo que la Metafísica tiene por objetos de estudio a Dios, el Alma y el Mundo. Por lo general, el tratamiento de tales objetos de estudio es conducido en clave analítica y metódica, es decir, como objetos separados e independientes el uno del otro, como líneas paralelas que nunca logran tocarse y penetrarse entre sí. No obstante, conviene advertir que este tipo de tratamiento parte de una visión unívoca y abstracta de tales objetos. Y, de hecho, pueden ser tematizados y problematizados como entes aislados e inconexos entre sí, al punto de que, sobre el particular, existe una copiosa y abundante bibliografía. Y sin embargo, conviene preguntarse: ¿no es la Libertad aquel 'momento límite' en el cual se expresa la voluntad general? Más aún, dicha voluntad ¿no llega a objetivarse en un determinado conjunto de leyes e instituciones, al que la civilización humana ha dado el nombre de Estado? E igualmente, ¿dónde se expresa el desarrollo, avance y retroceso, de las muy diversas formas asumidas por la Libertad y por el Estado que, hasta el presente, han venido configurando el complejo tejido de las sociedades humanas si no, precisamente, en la Historia?. Es por ello que las presentes líneas intentan mostrar tales objetos en su recíproca interacción e interdependencia, a fin de exponerlos en su efectiva autenticidad, reivindicando, además, su base terrenal, más allá de los modelos conceptuales que le resultan tan gratos al entendimiento reflexivo; pero también más allá de su simple conocimiento técnico o puramente interpretativo. Lo que no quiere decir que el lector encontrará en las siguientes páginas una visión confusa, una mezcla de objetos de naturaleza diversa. Porque la sustancia que atraviesa a cada uno de estos objetos es, exactamente, la misma. De manera tal que, al tratar el tema de la Libertad, no se podrá prescindir del tratamiento de los temas relativos al Estado y a la Historia, lo mismo que al tratar el tema del Estado o el de la Historia, no se podrá prescindir del tema de la Libertad, sin que ello quiera significar el tratarlos como si se estuviera, de modo improvisado, mezclando una cosa con la otra y, a la vez, con la otra. Tiene sin embargo el lector la tarea de precisar, a fin de cumplir con los requerimientos de la sobriedad didascálica, las diferencias que entre uno y otro objeto puedan existir, para lo cual encontrará en las páginas que siguen, la clave y los rudimentos necesarios.

Retornando al tema de rigor, cabe decir que la Libertad es idéntica con la voluntad. Pero a ello cabe agregar el hecho de que la Libertad es la justa correlación existente entre el concepto del Derecho y la existencia real del Derecho. Por lo cual, para ser comprendida, la Libertad debe reconocerse en su concepto y en su existencia. Esta unidad presente entre la racionalidad y la realidad, inherente a la idea de Libertad, equivale a la inescindible correlación del Sujeto y del Objeto, o de la *Theoria y de la Praxis*, como ya antes se ha indicado.

Así, pues, el reino de la Libertad es el reino del Derecho. El sujeto pensante es el ser libre, la Libertad es un atributo de la voluntad. En consecuencia, la Libertad no es, ni más ni menos, que lo que es libre la Libertad es la sustancia y la esencia de la voluntad, es decir, del Yo quiero que se expresa en términos trascendentales, más allá de lo meramente individual, aunque lo contiene.

Ahora bien, la voluntad, el querer, es libre en tanto que es una manera especial de pensar: un

pensamiento que se traduce en realidad y que
logra convertirse en actividad práctica. En este
sentido, conviene advertir el hecho de que la
voluntad libre no es otra cosa que
la *Praxis* misma.

Pero es de la voluntad libre de donde se deriva el
Derecho, la Ley, el Derecho Individual, la
Familia, la Sociedad Civil y, por supuesto, el
Estado, siendo éstas las formas específicas, el
lugar en donde se determina la voluntad, la cual,
determinándose en cada una de ellas, se realiza
como Libertad concreta.

De este modo, la voluntad es sorprendida en sus
dos momentos o aspectos esenciales, a saber: (1)
como individuo que niega toda atadura, toda
determinación, en tanto que *sólo quiere querer*,
esto es: como pura voluntad del yo, y (2) como
la adopción de una condición concreta que el
individuo quiere, es decir, como el yo quiero
esto. La voluntad es, en consecuencia, voluntad
universal o ilimitada y, a la vez, voluntad
particular o limitada. El primero de estos
momentos contiene a la voluntad universal
abstracta. El segundo contiene a la voluntad
particular, pero igualmente abstracta. Ambos
extremos contienen, sin embargo, a la libertad
en cuanto tal, sólo que de un modo negativo.

Así pues, tiene la libertad -o voluntad- este doble carácter de ser universal y particular a un tiempo. De ahí que el Derecho tenga que ser considerado, conjuntamente, en su concepto y en su existencia, cabe decir, como pensamiento y como acción. En tal sentido, la *Filosofía de la Praxis* opera como la crítica radical tanto de las concepciones puramente formales del Derecho como de las puramente empíricas —y las cuales tienen como presupuesto la creencia de que el Derecho reposa en la autoridad—, siendo la demostración objetivamente encaminada del necesario reconocimiento recíproco de la una y de la otra, o, en otros términos, de su concrecimiento. La *filosofía de la Praxis* actúa, por lo tanto, como la autoconciencia y el sistema de la configuración de la voluntad que, desarrollando sus formas particulares, esto es, sus determinaciones, no sólo logra sacar de la abstracción a cada uno de estos momentos, sino que va dilatando su círculo hasta cumplir su cometido, a saber: la compenetración de la particularidad y de la universalidad de la Libertad. De manera tal que la Filosofía de la Praxis, más que una ciencia positiva del Derecho, se revela como el tratado del actuar con derecho, como el tratado de las formas que asume la Libertad, a través del complejo recorrido de su historia. La primera de las formas, asumidas por la Libertad, es la forma de la voluntad universal abstracta, el puro yo en sí mismo. Es el creer poder hacer lo que me da la gana, el Yo quiero puro y simple. Pero de esta pura negatividad indeterminada -el querer por el querer-, pronto el yo se hace positivo y determinado, pues al querer algo ese mismo algo se le convierte en una carga, en un algo que lo determina y esclaviza. De manera que, en un instante, lo que se creía absolutamente indeterminado deviene determinado absolutamente; lo que se creía puramente negativo deviene positivo puramente; lo que se creía infinito deviene finito, mera particularización de su yo.

Este pasaje de la pura negatividad a la pura positividad es, en realidad, un movimiento negativo, porque lo negativo, ahora convertido en positivo, niega lo negativo mismo, quedando en evidencia el carácter abstracto —y por ende, falso— de su infinitud. Una infinitud que se revela como mala infinitud, dado que se ha puesto en evidencia su finitud. Pero la Libertad, al reconocer esta debilidad suya, al querer explicar su razón de ser, logra reencontrarse en ambas determinaciones, reconciliándose en sus particulares momentos y conquistando la libertad en su efectiva concreción, es decir, dentro de un organismo capaz de abarcar lo universal y lo particular de la voluntad, haciéndolos coincidir. Este organismo es un Estado regido por el compromiso consciente, en el que los intereses sociales y los intereses políticos logran identificarse y corresponderse. Ya no es la Libertad del individuo particular, como tampoco la del Estado, entendido como pura imposición, sino un Estado ético en sí y para sí mismo, solo con sus aspiraciones, identificado con la voluntad libre. La libertad —dice Hegel— no se encuentra ni en la indeterminidad ni en la determinidad, sino que ella es ambas. A esta tercera forma, asumida por la Libertad, Hegel la denomina Eticidad y se halla, de principio a fin, presente en el pensamiento de Marx. En efecto, Marx no se opone a cualquier tipo de Estado. Se opone al Estado moderno —capitalista—, porque ha perdido la fuerza de su eticidad, para convertirse en una enajenación de la Libertad, la Igualdad y la Fraternidad que en sus orígenes proclamaba. De hecho, la Libertad cristalizó en una ficción, cuya única realidad promovió la propiedad, el libre cambio y la competencia; la Igualdad se convirtió en el templo de la injusticia; la Fraternidad en descarnada lucha de todos contra todos. Consecuentemente, el Estado moderno se transformó en una máquina de represión de la propia voluntad que la había creado, en nombre de una concepción presupuesta de la autoridad, que ya no coincidía con los intereses reales del quehacer social. Por eso, sostiene Marx, que la sociedad de su tiempo, la sociedad burguesa, es una sociedad enajenada, que predica una cosa y hace otra; una sociedad que tiene que ser transformada, a fin de reestablecer la unidad necesaria de la voluntad particular y de la voluntad colectiva, el Bloque histórico del cual hablaba Gramsci, el restablecimiento de la unidad de la sociedad política y de la sociedad civil [8].

Y cabe afirmar que se trata de una exigencia de transformación que no coincide para nada con lo que representó durante muchos años -tal vez demasiados- el modelo de sociedad socialista, el cual, en nombre de Marx, quiso reprimir la Libertad particular, engendrando un Estado no sólo enajenado sino, precisamente por ello, represor; un aparato burocrático-militar, tiránico y, en última instancia, monstruoso. Una auténtica máquina de terror: el termino opuesto, pero complementario de la sociedad burguesa moderna.

No habrá realización de la Libertad en un estado
mientras no exista una conciencia plena, cabal,
compenetrada, entre los contenidos particulares,
expresados por una determinada cultura, y las
formas jurídicas, políticas e ideológica que, en
general, la sustentan. De mantenerse esta
diferencia abstracta entre la voluntad particular y
la voluntad general, entre la sociedad civil y la
sociedad política, no será posible la concreción
de la Libertad. Por eso así como la unidad por
decreto, es decir, desde los cenáculos del poder
político carece de importancia real para la vida,
del mismo modo el así llamado Libre arbitrio, la
moralidad en cuanto tal, queda descubierta en su
condición de anhelo, como una pura y abstracta
posibilidad de llegar a ser libres, un mero e
impotente deber ser, más no la libertad misma.
Su pretensión de mantenerse aislada, indiferente,
pulcra, del lado del bien, pero siempre fuerza de
la realidad, tal y como ella es, con sus prejuicios
e impurezas, la condena a situarse en la hipócrita
aceptación de las abstracciones de la realidad
positiva, escindida, alienada, sin esforzarse
mayormente por resistir y superar todas aquellas
auténticas pruebas de fuego que son necesarias
para alcanzar la Libertad.

No pretende el libre arbitrio, en consecuencia,
reconstruír la Libertad. Por el contrario, goza

destruyendo sus reales posibilidades Sólo
cuando la voluntad como posibilidad sale de su
existencia abstracta, para penetrar las formas
que la determinan en el proceso de negación y
superación de dichas formas, o, en otros
términos, sólo conviviendo con el mal logran los
hombres superarlo.

Pero, justamente, es en la convivencia con el
mal que los hombres van convirtiendo los
eslabones de las cadenas de la opresión en
tendencias, en momentos necesarios y
determinados de la voluntad, los cuales, vistos
todos en su amplio espectro, es decir, en su
extenso recorrido en el tiempo, van formando,
nada menos, que la Historia de la humanidad.
Porque la Historia es el tribunal dentro del cual
los diversos eslabones, la totalidad del recorrido
que forma a las más diversas culturas —las
 diferente formaciones sociales y sus muy
específicos modos de producir—, se hallan en
ella sólo como idea, el cual viene a ser expuesto,
por cada tiempo, en la última forma que la
conciencia de la Libertad asume.

La Historia no es, en consecuencia, cualquier
tribunal, sino la recomposición de un desarrollo
necesario que, desde la última figura asumida
por la Libertad, expone los momentos esenciales

de su propia racionalidad a objeto de explicar el proceso que le ha dado sentido y significado. Pero la historia de dicho proceso es la historia de su actividad, dado que, como ya se ha dicho antes, los hombres no pueden conocer sino lo que hacen y lo que hacen coincide con lo que son: *Verum et factum convertuntur*. De modo que los hombres se objetivan enajenan, haciéndose objeto de su propia conciencia, y, en la medida en que se conciben a sí mismos llegan a explicarse, estableciendo, a la ve las premisas de su próxima estación en la tierra.

Además, con base en el hecho de que la Historia comporta las diversas figuras o momentos de la necesidad y de la Libertad en su acaecer, puede decirse que ella contiene la reunión de todas las culturas de los pueblos, las cuales constituyen la cultura o el Espíritu en su universalidad.

Los momentos hegemónicos esenciales, contentivos de este proceso, hasta el presente, son los siguientes: (1.) la hegemonía de la teocracia, o del momento de la inexistencia de la subjetividad (imperio de la cultura oriental-judaica); (2.) la hegemonía de la eticidad natural, o el momento del nacimiento de la subjetividad identificada con la objetividad (imperio de la cultura helena); (3.) la hegemonía de la transfiguración de lo subjetivo en principio espiritual universal, o el momento que se opone radicalmente a la objetividad (imperio de la cultura feudal); (4.) la hegemonía de la reconciliación de la subjetividad y de la objetividad, o momento del reconocimiento de la objetividad como sujeto puesto, la cual luego se escinde y convierte en Ley y en método (imperio de la cultura moderna).

En estos cuatro momentos se condensan o sintetizan todos los grandes relatos que conforman la policromía de la Historia universal, es decir, aquello que le da vida y la alimenta, con su carne y su sangre. Como dice Hegel, *vemos aquí un inmenso cuadro de acontecimientos y actos, un cuadro constituido por formas de pueblos, de Estados, de individuos, de formas infinitamente variadas que se suceden constantemente ... A. veces, vemos la amplia masa de un interés general que se desploma pesadamente y se desintegra al convertirse en presa de un conjunto infinito de pequeñas circunstancias; y luego vemos que una fruslería es el fruto de un despliegue enorme de fuerzas, o que algo enorme surge de condiciones aparentemente ínfimas; por doquier la más abigarrada algarabía que nos cautiva, y cuando*

*desaparece una cosa otra ocupa en seguida su
lugar.*

La Historia se convierte, así, en un resultado, en
medio de la bacanal de la libertad: una bacanal
en la cual la embriaguez aturde a todos y cada
uno de los imperios de la cual se compone.
Acaso el amante del orden y la claridad
presupuestas se sienta tentado a buscar esencias
intactas, lineas regulares, progresos continuos,
originados en la cadena de hechos de una acción
consciente, con independencia de la libertad y
del Estado, en cada uno de sus momentos
específicos. Encontrarán semejante presupuesto
fuera de la propia Historia, unas veces en Dios,
otras en la razón, o en el progreso. No se
resignan, estas teorías de la Historia, a la
paciente labor del quehacer inmanente, por lo
que tienen que buscar su comprensión en el más
allá. En este caso, sólo puede contarse con una
alternativa: o se busca la explicación en la
propia historia o se relatan historias particulares.
La *Filosofía de la Praxis* postula la primera de
estas alternativas: existe una conexión interna y
una acción recíproca en cada uno de los
momentos esenciales que conforman el universo
de la Historia.

No obstante, según el pensamiento débil, tanto esos grandes relatos históricos como el esquema filosófico antes expuesto, están destinados a la inminente desaparición. La última expresión filosófica del escepticismo, en esta oportunidad, absorta en la diferencia reflexiva, ha decretado la debilidad que, en sus expertas consideraciones, se esconde tras la mascarada de la dureza de los conceptos gestados durante el largo imperio del pensamiento moderno.

No resulta improbable la previsión hecha por los teóricos de la posmodernidad, sobre todo si la referencia tiene como premisa la imputabilidad de una concepción absoluta y, de alguna manera, coercitiva de los temas y problemas que han configurado el escenario constitutivo de la cultura de, por lo menos, los últimos cuatro siglos. En tal sentido, el pensamiento débil se propone resquebrajar, por la vía de la deconstrucción nihilista, la fuerza de la identidad de los conceptos que, hasta el presente, han sustentado la reflexión inherente a los estudios filosóficos de la Historia, o, más simplemente, de los estudios históricos.

La empresa posmoderna trata de demostrar, pues, la debilidad que está presente en la identidad, con el propósito de advertir que su

poder ha quedado anclado en un pasado
categorial inadecuado para el tiempo presente.
En su indiscriminado afán por dar razones a
todos y cada uno de los procesos existentes en la
historia transcurrida e, incluso, en la historia por
transcurrir, la modernidad ha apelado, por
prejuicios a visiones generalizantes y
homogeneizadoras, engañosas, según los
deconstructivistas, a objeto de ocultar aquellas
manifestaciones de la existencia que,
simplemente, no caben dentro de su esquema
homogenizador y general. Todo lo cual —
insisten— indica un distanciamiento real con la
cosa misma, es decir, con su objeto de estudio
específico: una prueba más de lo que consideran
es la *vieja Historia*, una historia invertida,
enajenada, hecha a la medida de una concepción
de la verdad estrictamente formal y
unidimensional, para utilizar una categoría grata
a la *dialéctica negativa* . De modo que, el
significado que los historiadores de viejo cuño
ofrecen para la interpretación "científica" de los
hechos históricos, se presenta habitualmente
como algo previsible y automático, como el
resultado ineludible de una cadena de montaje
perfectamente lógica y, podría agregarse,
natural.

A la luz de tales consideraciones, no ajenas, a la tradición del pensamiento de los Feuerbach, los Nietzsche y los Heidegger, cuando menos en lo que respecta a sus premisas crítico-especulativas, la simple idea de un saber de lo histórico se torna inadecuada, a causa de una complejidad fenoménica que, de suyo, no puede ser encerrada dentro de un concepto sistemáticamente establecido.

El margen delineado por la posmodernidad en su análisis de los límites del conocimiento de la Historia se presenta, en consecuencia, como el umbral de un abismo en el cual ni siquiera la nostalgia por el pasado parece ser capaz de salvarse de un inminente naufragio.

A la promulgación moderna de una gran sistematización de la Historia, la posmodernidad responde con la presencia insospechada de historias que se multiplican, y que intentan llamar la atención sobre la situación de crisis por la que atraviesa la idea misma de la racionalidad histórica, en medio de una época caracterizada por la multiplicación de las razones o, en todo caso, de los razonamientos múltiples. Es, en definitiva, la proclamación del pasaje de lo uno a lo múltiple. Lo que, en clave metafísica, podría concebirse como el sustrato de los despojos de un Sujeto insubstancial, en franca bancarrota.

En fin, el gran relato de la Historia —y con él el de la Historia filosóficamente comprendida— queda denunciado como un gran cascarón vacío. Y, de nuevo, bajo el signo de la diferencia, la Historia parece haber quedado sin las categorías necesarias que puedan ejercer su ya casi ancestral oficio, fundada, como lo fue, por la Modernidad. Tan solo queda un 'ruido de fondo' ensordecedor; "algo" desdoblado una 'X' hirviente"—, que logra "tender hacia el objeto" y, más determinadamente, hacia el mundo histórico, capaz de hablar de otra manera, distinta a la de los esquemas y presuposiciones de la identidad homogeneizadora. Ese "algo" arroja la exuberante conclusión de que, en la historia, ahora las cosas vuelven a ser —¡ descubrimiento de descubrimientos! nada menos que *"fenómenos"*...

De este modo, el gran "hallazgo" de la posmodernidad termina por presentarnos, la desdichada travesía de un concepto transhistórico o más específicamente, proveniente de las más alambicadas —pero a fin de cuentas, más ingenuas— formulaciones del empirismo naturalista. Una simple y mecánica aplicación del campo del conocimiento natural al saber de la historia. Con ello queda al descubierto, no sólo su cercanía la con la tradición del escepticismo moderno del pensamiento, de ascendencia anglosajona, sino, además, y justamente por ello, queda al descubierto su apego a la tradición del materialismo metafísico, más que a la tan publicitada superación de toda tradición.

Es cierto que una de las exigencias de la reflexión filosófica sobre la historia, en el presente, consiste en desmontar las viejas estructuras homogéneas que, acostumbradas a meter en "un mismo saco" los mas diversos procesos políticos, sociales y culturales, para terminar presentando una abigarrada y estrecha "visión de conjunto" de los más complejos problemas suscitados dentro e incluso allende las más diversas manifestaciones de la creación humana. Y que dichas "visiones de conjunto", casi siempre presentadas no sin filibustería intelectual ante los lectores desprevenidos bajo la etiqueta de "científicas", por lo general esconden viejas fórmulas: unas veces preñadas por el dogmatismo metafísico, otras por el más miope y empírico sentido común. La ilusión, presente en semejantes posiciones, está en la creencia de que la Historia es un objeto prefigurado, cerrado en sí mismo e invariable, similar a los objetos de la matemática o de las concepciones decimonónicas de las ciencias de la naturaleza

En realidad, podría decirse junto con Vico, que la historia puede ser conocida y no sólo percibida por el hecho de que lo conocido ha sido construido por los hombres. En otros términos, y siguiendo el texto viquiano de la *Scíenza Nuova*, en la Historia el conocimiento mismo tiene que crear lo que quiere conocer. El mundo social e histórico, el "mundo de las naciones", puede ser conocido por los hombres porque ha sido hecho por ellos: siendo, en efecto, una creación de "factura humana". Se trata de un argumento que convierte a Vico, nada menos, que en un precursor de la Filosofía de la Praxis.

En efecto, y con base en estas consideraciones hechas por eI fundador de los estudios histórico-filosóficos —el "*Grossvater*", como le llamaba Goethe— cabe afirmar, junto con la concepción filosófica de la praxis, que la naturaleza misma de la inteligencia histórica está en la obligación de exigir el rechazo de las concepciones puramente lineales y preestablecidas del devenir histórico. Más aún, se debe reconocer que, por lo menos en este aspecto, el pensamiento débil coincide de plano con la Filosofía de la Praxis. De ahí que sea menester coincidir con ciertas exigencias hechas por el pensamiento débil y deconstructivista, particularmente en lo que se refiere a su exhortación de restablecer el frente común de la crítica radical en contra de la homogeneidad racionalista del saber histórico. Porque, en efecto, hoy carece de todo sentido el seguir acariciando la idea de una naturaleza humana uniforme e invariable, correspondiente a un conjunto no menos invariable de ideas y valores fijos o inmutables que tratan de prefigurar "la marcha inexorable de la Historia", incluso, con la mirada puesta hacia el futuro. Como ya le sucediera en Troya, el "gran relato" Casandra ha vuelto a perder credibilidad para los estudios históricos, a pesar del riesgo de su destrucción. Todo lo contrario, la reflexión histórica en el presente nos impone el reto de asumir la diferencia —la destrucción misma— como una categoría histórica de primer orden,un ceder lugar a la predisgitación.

Dos grandes resultados aporta, en consecuencia, la posmodernidad para el saber histórico de nuestro tiempo, a saber: reivindicar la diferencia frente al absolutismo de la identidad y de todo escatologismo histórico, porque la comprensión y definición del futuro sólo puede ser la labor de los hombres del futuro.

y sin embargo, para la Filosofía de la Praxis, no puede tratarse de una simple escogencia, de una mera inversión reflexiva de los presupuestos modernos y racionalistas por los presupuestos posmodernos. y escépticos. Ello significaría, únicamente, el abandono de una abstracción por otra, más o menos, del mismo tenor. De hecho, cada una de estas posiciones siguen atadas a la lógica del entendimiento reflexivo. Por lo menos, respecto de la posmodernidad, la Modernidad asume su compromiso con el entendimiento de modo abierto y sincero. Mientras que la posmodernidad, recubierta por mitos y resabios sacados del misticismo irracionalista —recuérdese: un 'ruido de fondo' ensordecedor, "algo" desdoblado, una "X" hirviente y otras figuras similares— en la medida en que cree alejarse cada vez más de la homogeneización del entendimiento, en realidad, en esa misma medida, se le acerca más y más a él, hasta devenir uno con él, es decir, con su otredad. Modernidad y posmodernidad, por lo tanto, no son excluyentes: son términos opuestos correlativos, cada uno de los cuales tiene por detrás al otro. No son, en consecuencia, recíprocamente independientes;

más bien el uno y el otro están inescindiblemente relacionados, de modo que su realidad efectiva resulta de su relación con el organismo mediante el cual encuentran su completitud necesaria. El uno y el otro forman parte, por ende, de las posiciones del pensamiento respecto de la objetividad. Pero fuera de esta correlación no son más que abstracciones, cuerpos inertes. La vida del uno se halla en relación intrínseca con la del otro y viceversa. Al escindirse esta relación no puede no obtenerse más que la muerte del pensamiento mismo, precisamente, la nulidad de la diferencia. No se tendrán, entonces, dos términos recíprocamente correlativos, sino, en última instancia, dos posiciones abstractas. Modernidad, posmodernidad históricas son, en consecuencia, *el otro del otro*, tal vez más: *si mismos*. Hegel sigue teniendo razón: "*ahí donde el erudito pedestre disecciona, el Espíritu filosófico reúne*".

De lo dicho hasta ahora se concluye en el hecho de que la índole homogénea o heterogénea de los estudios históricos en el presente no tiene nada que ver con el contenido formal que ella pueda dar al proceso que pretende aprehender. Lo que parece haberse venido a menos es el carácter inmanente de la comprensión histórica, su carácter objetivo y necesario, desde el momento en el que se presentan las cosas como un objeto independiente de la propia concepción. De ahí la exigencia de la Filosofía de la Praxis: recordar que en la Historia no existen ni los significados rígidos, unívocos, ni las Leyes únicas, precisamente, por el hecho de que los significados y las leyes son siempre, determinaciones del Espíritu que las construye, siendo, en consecuencia, el resultante de su propia elaboración.

Como ya se ha dicho, *cuando se dice que el científico de la historia se pone en medio de las cosas y que se limita a «ver»y «diagnosticar» el hecho en su real devenir no se pronuncian sino expresiones metafóricas. Las cosas en medio de las cuales nos movemos y entendemos movernos no son más que nuestras creaciones de las cosas, el resultado de una operación de la praxis humana que se refleja en su propia conciencia.*

Las posibilidades ciertas de desarrollo y concrecimienio del estudio de la Historia, en nuestro tiempo, depende, irremediablemente de un esfuerzo serio y comprometido con esta realidad, que permite atisbarlas más allá de las abstracciones modernas y posmodernas, de las premoniciones y de las crónicas apocalípticas, es decir, de las a i m un indas". Se trata de una recuperación del saber histórico no como un simple reflejo confinado a salvaguardar la objetividad propia de la cuestión que se pretende porque ello no sería más que una concepción de corte pre-kantiano, un puro puro materialismo vulgar, el simple contenido abstracto de la forma sin ningún tipo de mediación. En otros términos, una negación del pensamiento dialéctico, que hace aparecer la subjetividad como un fantasma, cuyo papel se reduce exclusivamente al de *rerum scriptor,* un mero intérprete de los hechos históricos.

De aquí resulta la necesidad de superar los presupuestos con los cuales hasta el presente, se ha venido insistiendo dentro de los estudios históricos, pero al mismo tiempo, no parece ser inadecuado el asumir la más rica herencia legada por los historiadores e intérpretes de la historia indispensable resulta, entonces, reconstruir la Historia de la reflexión de la Historia. Una empresa que, de suyo, puede asegurar desde el presente el renacimiento de los estudios históricos.

Corso e Ricorso en medio de la cadencia cíclica, es posible apreciar con claridad el movimiento

en virtud del cual se suceden una tras otra las
civilizaciones, cada una de las cuales porta tras
de sí los aciertos y errores de todas y cada una
de sus predecesoras, en una espiral eterna.
Tiempos que se asimilan y que se suceden, para
perderse y recobrarse siempre de nuevo. Se trata
de un constante presente múltiple y diverso, pero
siempre fluido. De modo que la diferencia no
puede significar el rechazo de la identidad y
viceversa, sino el necesario traspaso de
entrambas, de su recíproca penetración.

La naturaleza humana lo es, como decía Marx
en la sexta de sus *Tesis* a Feuerbach, antes
citada, precisamente por que no es fija e
inmutable, sino por el hecho de ser "el conjunto
de sus relaciones sociales", esto es, de lo
eternamente cambiante, variado y, justamente
por ello, histórico. Mas, como se ha dicho, en
ello radica su condición de ser esencial y eterna.

El siglo XXI aguarda, no sin refrenado
nerviosismo. Pero el cambio de siglo no
significa el abandono de lo que hemos sido hasta
hoy. Ciertamente, se trata de un universalismo
de la Historia, pero muy distinto al de los
presupuestos de las doctrinas modernas y
racionalistas o de las posmodernas e
irracionalistas, aunque los conserva

superándolos. Semejante concepción de la Historia cobra nueva fuerza entre nosotros. Es, de alguna manera, la mismo que Vico describiera con estas bellas y nobles expresiones:

En la noche de espesas tinieblas que encubre las más remotas antigüedades ... brilla la luz eterna y jamás menguante de una verdad incontrovertible: el mundo de la sociedad civil ha sido creado por los hombres, y sus principios, por lo tanto, han de encontrarse en las modificaciones de nuestra propia mente humana.

Sólo resta asumir el reto y enfrentar, de este modo, el trágico encanto de las Sirenas de nuestro tiempo, ora modernas, ora posmodernas, emulando para ello la voluntad y las argucias de Ulises, quien —según Adorno y Horkheimer— fuera, en realidad, el primer gran historiador de la civilización humana.

Apostilla sobre la Dialéctica

(Breve crónica de un concepto)

El término *dialéctica* tiene sus orígenes en la filosofía clásica antigua. Inicialmente, fue utilizado como adjetivo de la expresión "Arte dialéctica". Para Platón, la dialéctica es lo que caracteriza la verdadera actitud del filósofo, ya que éste sólo busca la verdad a través del *diálogo*, tal como lo hiciera su maestro Sócrates. En tal sentido, Platón identificaba la dialéctica con la propia filosofía. En ella están contenidos dos momentos lógicos que le son esenciales: la unidad o universalidad, que posibilita el tránsito de las cosa s sensibles a las especies (es decir, a las ideas), y la división o particularidad que posibilita Ia determinación del tránsito de lo diverso (o lo diferente) a su respectivo género (esto es: no es lo mismo decir *animal* que decir animal bípedo, pero no es lo mismo decir animal bípedo que decir animal bípedo implume, lo que equivale a decir hombre). En este sentido, en sus Diálogos tardíos (como en el *Sofista* y en el *Parménides*), Platón definirá la dialéctica como aquél saber capaz de distinguir entre las ideas que están en relación y las que no lo están, desarrollando así una lógica que permite precisar la comunión del ser y del no-ser, como expresión de la infinita unidad y de la infinita diferencia de sus términos.

En Aristóteles, en cambio, la dialéctica viene a ser comprendida, en el *Organón*, como aquella búsqueda de la *base filosófica de la ciencia*, que forma una sección particular de la lógica. A diferencia del silogismo demostrativo, que partiendo de ciertas premisas que llegan a conclusiones veritativas da lugar al razonamiento científico, los silogismos dialécticos parten de premisas posibles decir, de argumentos no inmediatamente admitidos. "Dialécticas —dice Aristóteles en Confutaciones sofísticas 2-165b— son aquellas argumentaciones que, de premisas fundadas sobre la opinión, deducen una conclusión contradictoria respecto de una determinada tesis". Se trata de partir de la tesis del adversario a fin de demostrar la tesis contraria. Por lo cual, la dialéctica no tiene competencia para la razón científica, sino, más bien, para el debate político.

Durante el desarrollo de la filosofía medieval, antes de conocerse los textos aristotélicos, la dialéctica fue identificaba con la lógica, comprendida como el fundamento de la filosofía. Más tarde, durante el bajo medioevo y el Renacimiento, la dialéctica fue concebida como retórica y, en todo caso, como el *arte de la invención lógica*.

En tiempos de la Ilustración, Kant, en la *Crítica de la Razón Pura*, definirá la Dialéctica trascendental como una condición aporética o antinómica (es decir, como expresión de inviabilidad) de la razón. Una suerte de sofística de nuestra mente, que pretende sobrepasar los límites de nuestras propias capacidades racionales. De hecho, para Kant, las antinomias deben ser denunciadas como autoengaños, no deliberados, en los cuales cae nuestra mente y que deben ser corregidos por la razón.

Para Hegel, en cambio, la tarea de la razón consiste en la resolución de las antinomias. Para él, la dialéctica es el núcleo esencial de la razón, ya que reproduce en el pensamiento las oposiciones que se producen en la realidad. No se trata, como decía Kant, de una especie de ilusión humana, ni de un autoengaño, sino de reconocer que en la realidad se producen objetivamente oposiciones, las cuales la razón humana tiene la capacidad de denunciar y superar. De hecho, la razón, según Hegel, tiene

que desempeñar un doble trabajo: negativo'. es
decir, crítico, en el sentido de denunciar las
presuposiciones conceptuales que genera y fija
el entendimiento, como si se tratara de entidades
estáticas, abstractas, puestas por la reflexión del
entendimiento. Positivo', es decir, demostrar la
presencia efectiva de las oposiciones y la
necesidad de su reconocimiento recíproco, su
interdependencia, a objeto de poderlas superar.
De tal modo, la realidad —y con ella, la razón—
tienen su fundamento en las oposiciones, cabe
decir, en la dialéctica. La función de la filosofía
consiste en reconocerlas y superarlas, sin perder
de vista el fundamental papel que tienen para la
comprensión de la vida. Lo positivo, pues,
contiene en su seno lo negativo y viceversa. No
hay sujeto sin objeto, ni pensamiento sin
realidad, ni polo sur sin polo norte, pues lo que
hace posible la existencia del uno es la
determinación que sobre él mantiene el otro. Del
mismo modo, no hay padre que no sea hijo,
como tampoco hay derecha si no hay izquierda.
Por ello, no es posible interpretar el significado
de la dialéctica en Hegel si no se comprende su
visión dinámica de la realidad, es decir, su
visión histórica de la vida. Más que a Platón,
Hegel, en la *Lógica*, reconoce a Heráclito como
el gran precursor de la dialéctica.

No es verdad que a Hegel se le deba atribuir un funcionamiento metódico de la dialéctica por tesis, antitesis y síntesis. La dialéctica en Hegel, que tanta influencia tendrá para el pensamiento de Marx, e insiste en el reconocimiento de los dos aspectos que constituyen la oposición, lo cual sólo es posible cuando cada uno de los términos extrema máximamente su posición —su situación de tensión o conflicto— respecto del otro término. Y es a partir de dicho mutuo reconocimiento que ambos llegan a configurar la unidad de ambos o, como dice Hegel, la concreción de la totalidad.

Precisamente, fue esta concepción de la dialéctica —de Hegel, no así la de los hegelianos—, la que influyó en la construcción de la interpretación hecha por Marx de la realidad de su tiempo. "Hace cerca de treinta años —escribe Marx—, tuve ocasión de criticar todo lo que había de mistificación en la dialéctica hegeliana. Pero coincidiendo con los días en que escribía el primer volumen de El Capital esos gruñones, petulantes y mediocres epígonos que hoy ponen cátedra en la Alemania culta, dieron en arremeter contra Hegel al modo como el bueno de Moses Mendelsshon arremetía contra Spinoza en tiempos de Lessing: tratándolo como a "perro muerto". Esto fue lo que me decidió a declararme abiertamente discípulo de aquel gran pensador, y hasta llegué a coquetear, en el capítulo consagrado a la teoría del valor, con su lenguaje peculiar. El hecho de que la dialéctica sufra en manos de Hegel una mistificación, no obsta para que este filósofo fuese el primero que supo exponer de un modo amplio y consciente sus formas generales de movimiento".

Estas "formas generales", a saber, la lógica del conflicto, de la creciente oposición existente entre la clase burguesa y la clase proletaria, tienen en Marx su exposición conclusiva en la dialéctica de las fuerzas productivas y las relaciones sociales de producción, la cual, en *El Capital*, constituirá su nervio central la relación de oposición existente entre capital y trabajo. El reconocimiento de semejante antagonismo social, dice Marx, necesariamente tiene que concluir en un estallido revolucionario, en el que las oposiciones (o las contradicciones de clase) sean superadas, y en la cual los hombres, que se han vuelto ajenos para sí mismos, recuperen su condición humana y construyan una sociedad justa, en la que las necesidades humanas no estén ubicadas por debajo de las "razones" del mercado. Unico modo de salir, finalmente, de lo que Marx no duda en calificar como la prehistoria de la humanidad. En tal sentido, la dialéctica, para Marx, es la realidad efectiva de la historia y, por ende, del pensamiento humano.

De ahí que, según Marx, la dialéctica, "comprendida en su forma racional, provoque la cólera y sea el azote de la burguesía y de sus portavoces doctrinarios, porque en la inteligencia y explicación positiva de lo que es abriga a la par la inteligencia de su negación, de su muerte forzosa; porque, crítica y revolucionaria por esencia, enfoca todas las formas actuales en pleno movimiento, sin omitir, por tanto, lo que tiene de perecedero y sin dejarse intimidar por nada".

II. PRINCIPIOS HISTORICO-FILOSOFICOS.

Génesis y estructura de la Filosofía de Hegel

La multitud ha perdido la virtud pública, yace tirada bajo la opresión, y necesita ahora de otros sostenes, de otros consuelos para resarcirse de una miseria que no puede osar disminuir. La certidumbre interior de la je en Dios y en la inmortalidad tiene que sustituirse por seguridades externas, por ta fe en personas que lograron crear la opinión de que entienden más en estos asuntos.

El lector apasionado de la Grecia antigua, el asiduo espectador de la experiencia unitaria y fantástica de una sociedad capaz de morir por el "bien del ideal", de la Polis; el joven estudiante del Stift de Tubinga, no puede menos que sentir por su tiempo ese escalofriante -pero revelador— intervalo que ha terminado por transformar el vaivén de la historia en insalvable lejanía. Su mundo es el cristiano-burgués, cuya sustancia reside en la absoluta aparición de lo público y lo privado, en el desmembramiento de aquella totalidad constitutiva de la antigüedad y, por consiguiente, en el nacimiento histórico de lo que llama 'multitud", vale decir, de esa fragmentación radical del 'organismo viviente".

Es el mundo del galopante surgir de las diferencias dentro del escenario de la vida de una nación.

La sociedad ilustrada, o como Hegel la prefiere llamar en aquellos años, la sociedad cristiano-burguesa, es la civilización de la inversión, del reflejo del espíritu en un mundo que ha perdido la virtud y, con ella ha terminado por perderse a sí mismo; justamente por lo cual el pueblo que termina perdiéndose a si mismo tiene la necesidad de creer en 'algo' —o en 'alguien'— que le resulta superior; una potencia que el mismo sitúa más allá y por encima de su existencia inmediata y a la cual mira, angustiosamente, desde el fondo de su abismal prisión. Elevar la propia fe -extrañarse de sí- quiere decir transformar la realidad y verdad en entes separados y distantes que se enfrentan cara a cara y donde lo uno y lo otro asumen, positivamente, la constante y permanente escisión de su ser. Es esa carencia real de comunión racional entre uno y otro miembro de la realidad, lo que fundamenta y motiva en el joven Hegel el intento, casi desesperado, de redefinir la unidad (Einheit) del presente, el tiempo de superar el Trennung que ha marcado, para siempre, los destinos de la historia alemana, una vez llevada a término la colisión de la 'bella eticidad' de la Polis griega.

Entre la fe religiosa y la razón ilustrada, entre lo que ha sido y lo que es, comienza a abrirse paso en el joven Hegel la sensible e inevitable convicción crítica de "lo dado," de lo inmediatamente creído, que terminará, en los períodos sucesivos de su pensamiento, en la consideración de las diversas formas del ser en el seno de una inmanente negatividad esencial que determina su contenido y condiciona su movimiento. Y sin embargo, el optimismo por el recurso histórico que anima sus primeros escritos —bajo la ineludible influencia de la Francia revolucionaria— exhorta a la confianza en la capacidad que tiene la razón de hacerse patente, a la luz de la inexpugnable fuerza de su manifestarse, de su hacerse realidad.

"Cabalgando entre dos siglos", ha dicho Gramsci de Hegel. La indeleble huella de los tiempos parece haber concentrado en el seminario protestante de Tubinga, el pasado clásico, y al mismo tiempo religioso, en el menesteroso presente, pero no por ello vaciado de expectativas. Una huella, se decía, que ha marcado para siempre el pensamiento hegeliano. Por lo pronto, Hegel sopesa posiciones y parece preguntarse si, acaso, sea posible superar —de una vez y para siempre— el problema capital de su tiempo: la escisión que ha generado la positividad de la época. A este respecto, y antes de entrar propiamente en materia, cabe dejar bien asentado el hecho que el joven de dieciocho años que —como escribiera en 1804— "por amor a la filosofía y a la literatura clásica" decide estudiar teología en aquel Stift es "un muchacho extraordinariamente despejado y trabajador... con una extensa formación en los clásicos, que domina el latín y el griego y está perfectamente familiarizado con la literatura alemana". Más aún, según el testimonio de Leutwein —un condiscípulo del seminario— durante los cuatro años que permaneció en Tubinga, "la metafísica no le ofrecía un interés particular". "Su héroe —continúa Leutwein— era Rousseau, del cual leía constantemente el *Emilio*, el *Contrato Social* y las *confesiones*, y pensaba que estas escrituras lo liberaban de ciertos prejuicios generalizados y de supuestos tácitos. Sus opiniones posteriores las adquirió fuera de allá pues, en Tubinga, ni siquiera estaba familiarizado con el padre Kant".

Estos datos biográficos, en apariencia sin ninguna relevancia desde el punto de vista teórico-conceptual, se transforman en un hecho de suma importancia si se considera que, por ejemplo, la compleja, estructura de la filosofía hegeliana del Derecho refleja el resultado al cual el autor ha llegado con el examen crítico de la historia política del mundo antiguo y de la modernidad. En efecto, como se intentará mostrar más adelante, la configuración de la tercera parte de la Filosofía del Derecho, titulada "Eticidad" sigue esencialmente el diseño y la articulación de la teoría política platónica-aristotélica.

En otros términos, conceptos formados durante el período juvenil, como el concepto de "multitud", nos permiten conocer los precedentes de esta reelaboración de la positividad. Retorno al viejo ideal y, al mismo tiempo, anuncio de una nueva problemática en torno a la positividad y a su necesidad. Lo positivo ha dejado de ser valorado según la correspondencia con el a priori, deducido de manera que se quiere mostrar el hecho de que la formación de los conceptos fundamentales de la filosofía de Hegel, es el resultado de una temprana revisión crítica de la historia real que posibilita la gestación y el nacimiento de la sociedad de su tiempo. Contrariamente a lo que se piensa, la filosofía de Hegel no parte de categorías o conceptos previamente establecidos y ulteriormente aplicadas a la realidad; el procedimiento es exactamente al revés: no de las formas a la vida sino de la vida a las formas.

Más bien, habría que decir que vida y formas, en Hegel, van formando un entramado categorial mediante el cual su historicismo dialéctico intenta comprender, y superar, la separación radical del sujeto y del objeto, del aquí y ahora. Y sin embargo, a pesar de sus orígenes estrictamente históricos, la concepción de la dialéctica de Hegel es considerada, muy a menudo por la mayoría de sus intérpretes, como una técnica a través de la cual se impone *ab extra* un rígido y preconcebido modelo sobre el contenido concreto de la experiencia. Tampoco es por simple casualidad que, por lo menos cuatro de los más importantes intérpretes del pensamiento hegeliano -Rosenkranz y Dilthev, por una parte, Lukács y Marcuse, por la otra— fundamentan sus respectivos análisis del autor en un detallado y minucioso estudio de las condiciones históricas, sociales y políticas muy particulares y específicas dentro de las cuales se gestó la filosofía del idealista alemán. Como Lukács ha señalado, por encima de toda una fuerte tradición interpretativa, que proviene tanto del marxismo "ortodoxo" como del irracionalismo burgués, "la contraposición rígida y absurdamente violenta entre la filosofía hegeliana y la ilustración (vale decir: la tendencia histórica propiamente realista y revolucionaria de su tiempo), resulta una leyenda, del mismo modo que la aproximación de la dialéctica hegeliana con el irracionalismo". Y agrega Lukács: "como parte de la propaganda de guerra groseramente simplificados producida durante el período de Stalin, se decidió por decreto que Hegel había sido un representante de la reacción feudal contra la revolución francesa". Como puede verse, ambas tendencias -el marxismo vulgar y el irracionalismo burgués- coinciden plenamente en su juicio sobre Hegel como un pensador formalista y tergiversador de los problemas políticos y sociales más importantes de su tiempo.

Se trata, en el fondo, de negar toda conexión posible entre Hegel y Marx, unos para "curarse en salud", al querer mostrar el marxismo absolutamente desvinculado de toda tradición intelectual y moral, en especial la del idealismo alemán, y poder presentar una doctrina de profundo contenido histórico sin vinculaciones co el pasado y sin herencia, como una inexplicable "novedad". Otros, por el insano propósito de mantener a Marx aislado e

incomunicado de todo posible desarrollo
politico, cultural y conceptual del presente
siglo.

Sería insensato terminar estas estaciones
preliminares sin señalar que, más allá de todo
abstracto punto de vista o de todo prejuicio, la
filosofía contemporánea debe reconocer su
insaldable deuda con Hegel. La cultura que lo
vio nacer pudo reconocer en esa filosofía su
propia imagen y se sintió satisfecha de sí misma
pues, por un instante, se supo dueña de todo el
pasado y señora de su propia libertad y de su
propio destino. El constante e insistente intento
hegeliano de articular la historia y el sistema,
designa la topografía hermenéutica de los
diferentes procesos a través de los cuales la
'sustancia' del mundo se hizo 'sujeto'. Es esta
una verdad que se va dilatando al compás del
diferenciarse de la propia *Bildung* hegeliana y
que hoy, ante la reflexión, se ha hecho más rica
y concreta por que ha logrado vivirse más
intensamente. En otros términos: la 'paciencia
del concepto', proclamada por Hegel, no ha
pretendido más que recoger y coordinar los
signos de una razón que la negatividad del
devenir dialéctico ha sustraído de los dominios
del 'destino' histórico con el propósito de

superar el autoextrañamiento y la escisión del entorno humano.

Gramsci, cuya forma mentís jamás se caracterizó por la mezquindad, ha señalado, en coherencia con su interpretación historicista del marxismo, cómo Hegel no podría ser pensado sin la revolución francesa y Napoleón; es decir sin sus guerras, sin las experiencias vitales e inmediatas de un período histórico de intensas luchas, de miserias, cuando el mundo exterior aplastó al individuo \ le hizo tocar la tierra, lo aplanó contra la tierra; en el momento en que todas las filosofías pasadas fueron criticadas por la realidad de modo perentorio". La conclusión de Gramsci es decisiva: la relación Hegel Napoleón es la relación entre filosofía e historia, entre hacer y pensar, que concluye en la no menos perentoria consideración del proletariado alemán como legítimo heredero de la filosofía clásica alemana.

En la medida de lo posible las presentes líneas insistirán en estii estrecha relación entre 'Historia' y 'Sistema' en Hegel, lo mismo que en la unidad conceptual y hermenéutica del pensamiento hegeliano, a la luz de las diferentes interpretaciones, que se han hecho sobre el autor. Ello, mediante la confrontación de los siguientes problemas: ¿En qué consiste la relación Polis griega-Cristianismo?; 2) ¿Qué significa para Hegel 'positividad'?; 3) ¿Cuáles son las conclusiones de la primera versión sistemática, hecha por Hegel en 1800? Y, finalmente, a manera de conclusión se intentará mostrar la relación entre 'Saber Absoluto' y 'Saber Aparente', como resultado de toda una labor investigativa que concluye en el escenario de la fenomenología "experiencia de la conciencia".

***

Lukács ha señalado con énfasis cómo el así llamado por Dilthey- Nohl "período teológico" de Hegel es a lo sumo, una "Leyenda Reaccionaria". Prueba de ello son los fragmentos escritos por Hegel en sus estancias de Tubinga y Berna, entre 1793 y 1795, titulados por Nohl "Religión Popular y Cristianismo". En ellos, su autor va elaborando el perfil de su futura posición filosófica, vale decir: el programa de una filosofía historicista centrada sobre los problemas vitales de su tiempo y en relación directa y estrecha con la génesis y el desarrollo histórico de los mismos, ya que dichos problemas son considerados como el necesario resultado de situaciones distantes en el tiempo y en el espacio, y que, sin embargo, penetran en el sentido social y natural del *Hic et nunc* y lo determinan.

Cabe aceptar de hecho las filosofías de Kant y Fichte?; ¿Son estas, en realidad, filosofías de ruptura con el pasado filosófico y supresión de la razón y de la libertad?; ¿Qué significa éticamente, y en el ámbito de los 'nuevos tiempos', una "religión dentro de los límites de la razón"?, y, finalmente, ¿acaso el cristianismo la representa? Son estas las preguntas de fondo contenidas en aquellos fragmentos, y a las que Hegel responde con éste, su primer esbozo filosófico de la historia universal. Pero debe insistirse en un hecho de importancia: los temas y problemas tratados durante este período por Hegel no son el resultado de una concepción del mundo preestablecida.

Son las obras de carácter histórico, social y moral las que ocupan principalmente la atención del joven Hegel, quien ha recibido una fuerte influencia del proceso revolucionario francés y del ferviente republicanismo que, en Alemania —la 'nación dividida'— se enfrentaba con la difícil situación de un régimen feudal, cuyo último soporte reside en la divinidad del monarca, del soberano, 'descendiente de Dios,' cuya majestuosidad se divulgaba y justificaba a través de la doctrina cristiana y de su institución: la Iglesia.

Historia de La India, de Raynald; *Historia de gran Bretaña*, de Hume; *La Decadencia y caída del imperio romano*, de Gibbon; de *Iure pacis ac belli*, de Grocio; *Los Principios de la Filosofía moral* y el *Ensayo sobre la historia de la sociedad civil* de Ferguson, el precursor de los estudios sobre la división social del trabajo, citado por Marx en El Capital y en Miseria de la Filosofía', las obras históricas de Schiller, Benjamín Constant, Georg Forster, y la obra moral de Kant, son entre otras, las lecturas preparatorias para estos fragmentos republicanos, abocados al encuentro de una comprensión de la situación alemana, en particular, y Europea, en general, en relación con las posibilidades del triunfo revolucionario de la razón ilustrada sobre la tiranía feudal y su prejuiciosa y supersticiosa visión de la vida. Triunfo de la sociedad, soñada como colectividad, sobre el individualismo; del entusiasmo religioso —en el sentido de Garve, Goethe, Herder o Rousseau— por la comunidad que se enfrenta al desgarramiento y la escisión propiciados por la fe en el abstracto 'Ser Supremo', inorgánico y extraño, cuya autoridad no proviene —como dirá Hegel de la 'positividad'— del 'Amor' sino del lúgubre mandamiento y de la imposición. Lo que no significa, sin embargo, que en su pensamiento no estuviese madurando una clara actitud de crítica unitaria sobre la propia concepción.

En una carta enviada a Schelling el 2 de noviembre de 1800, se pone de mañiñesto, con suficiente claridad, el itinerario intelectual de Hegel en relación a la conversión final de su pensamiento filosófico en ''Sistema de la Ciencia''. Dice Hegel: "Mi formación científica comenzó por los intereses subalternos de los hombres; así tuve que ir siendo empujado hacia la ciencia, y el ideal juvenil tuvo que tomar la forma de reflexión, convirtiéndose en sistema. Ahora, mientras aún me ocupo de ello, me pregunto como encontrar la vuelta para intervenir en la vida de los hombres".

Tal es el desarrollo real de la concepción filosófica hegeliana: de la vida 'subalterna', subalterna de los hombres, al 'sistema' y, desde éste, el intento de reinterpretar aquella. Desarrollo del cual estos fragmentos representan apenas el preludio. De ahí el interés comparativo entre la situación en la que vive y la Polis griega, lo que, como constante estribillo, promueve la relación entre presente y pasado, cuyo interludio —no tan breve como intrincado y tortuoso— está representado por el obscuro y negativo período del imperio del cristianismo sobre el mundo de los hombres.

En el primero de aquellos fragmentos, Hegel se propone verter las enseñanzas del punto de vista ilustrado y, en especial de la Crítica de la Razón Práctica a los problemas históricos y sociales, ya que para él, más que para Kant, es indispensable la comprensión de los problemas morales no solo como asidero de los problemas particulares, sino —y aquí comienza a cobrar importancia la influencia de la antigüedad y de su *ethos*— como problemas de factura social, cuyo fin ultimo consiste en su realización práctica, en su traducción a la realidad, o, en otros términos, en su concreción.

Contra toda forma de racionalización integral, bien iluminista, en sentido formal y calculista, bien kantiano propiamente dicho o incluso, teologal, Hegel revalúa el puesto que en la religión encuentra la sensibilidad, la imaginación y el sentimiento, comprendidos como Iamasia e impulso. Mientras, la religión puramente racional es un capital muerto", independiente del hombre, la religión de lo viviente es una religión que reivindica lo sensible, o, como el propio Hegel mala, "la masa principal, la materia de lo cual todo se forma". La religión iluminista y racional, que Kant intenta llevar hasta sus últimos postulados y principios, se escinde de la sensibilidad y termina invocando una divinidad exterior, escindida del mundo.

Como lo ha señalado Ripalda, "la vibración entre la escisión de la sociedad y el intento de superarla en un 'nuevo sistema de la fantasía' como tarea "nacional" será un factor determinante en la próxima evolución de Hegel. Este planteamiento de la identidad nacional sostiene Ripalda—, de la reconciliación, es típico de Herder" y de la influencia que su pensamiento ha tenido sobre Hegel.

Así como los griegos sintieron la religión como parte integrante de su vida; así como identificaron lo divino con lo humano; así como los dioses vivían y compartían sus angustias, alegrías, guerras y festines en la tierra, de la misma forma aquella fantasía se transforma en un necesario programa de la sociedad alemana hasta entonces aislada, interior, personal.

La nueva religión del pueblo alemán debe consistir no en la fe hacia lo externo y lejano, hacia el más allá, sino en el "reconocimiento y sanción pública". Nación significa, en este contexto, proyecto de vivencia solidaria frente al despotismo y a la aristocracia. La nueva religión, en suma, es una concepción liberadora, productiva, infinita, análoga a la de las antiguas repúblicas, previas a la existencia de la religión cristiana, la religión de la esclavitud. Su eje es la fantasía, la imaginación antecesora de las formas de la razón moderna. Elemento sintético y revolucionario capaz de hacer descender el ideal de una república unitaria al pueblo, de construir una nueva totalidad. Más allá de los intereses particulares y de la acción pragmática, Hegel postula con esta religión de la fantasía la solidaridad humana y la liberación de los individuos del yugo religioso de la objetividad del 'Ser Supremo' y de sus representantes en la tierra.

Con Kant y Fichte, la fe viene a ser considerada por Hegel como forma de prejuicio incapaz de sostener al examen crítico del intelecto. Pero, frente a Kant y Fichte Hegel se propone revalorar el rol de la sensibilidad en el ámbito religioso estableciendo una bien definida distinción entre la religión privada y la pública. De este modo, la religión privada resulta "el desarrollo de lo singular conforme a su carácter, la conflictiva enseñanza en medio se debe en diversos, el comportamiento y la consolación de los sufrimientos y las desgracias singulares". Contrariamente, la religión pública que Hegel pretende recuperar es la religión de la *Bildung*, su obrar o actuar real de los conceptos de Dios y de inmortalidad; o, en otras palabras, la relación de convicciones religiosas de todo el pueblo en estrecha vinculación con su cotidiano hacer social. Con el iluminismo y Kant, Hegel es esencialmente precursor antropocéntrico. Aborrece la trascendencia divina, la concepción del pecado, la adoración y la redención. Pero, más allá del punto de vista ilustrado, en el joven Hegel se va perfilando una concepción de la vida que encuentra en la constitución de la nueva fe un incuestionable valor formativo, o educativo.

La religión no puede seguir siendo la satisfacción del individuo aislado, como en Kant, sino el fundamento de la conciencia creativa. La *Volksreligion* es ya, del suyo, un pensamiento social y, en última instancia político e histórico. Entre la fe supersticiosa y la pura religión racional, Hegel abre el camino intermedio de la *Volksreligion*, sobre el cual, por lo pronto, comienza sus investigaciones teóricas e históricas, con el propósito de superar el esquema ideológico de la época moderna en aras de una nueva civilización.

En tal sentido, la nostalgia por el mundo griego, es afirmada al final del fragmento con énfasis. Pero como Lukács ha señalado, la antigüedad sirve al joven Hegel para equipararla con la época presente para, en fin, contraponer la libre moral de la religión popular griega con la religión cristiana y su incapacidad totalizante, por su repugnante destino escisivo, su exigencia de sacrificios y martirios en favor de la divinidad. El cristianismo no es una religión situada al lado del pueblo, sino que es la religión de la tristeza y de la pena, pues termina por contradecir lo que constituye la esencia misma de una religión popular: su razón práctica, su capacidad colectiva de hacer y superar.

En el segundo, tercero y cuarto de los fragmentos —escritos por Hegel en Berna a partir de 1794— esta problemática será desarrollada in extenso. Con esto se quiere mostrar cómo la mayor parte de la crítica hegeliana comete la imprudencia de considerar, en forma mecánica, los cambios de residencia de Hegel como cambios no solamente decisivos en su trayectoria sino, incluso, en extremo diferentes y distantes entre sí. De tal modo, y por lo general, se presenta a un Hegel empirista en Tubinga, kantiano en Berna, místico en Frankfurt y, a partir de Jena, un idealista que termina, en la consagración de su carrera en Berlín, como padre de la reacción. Visto de esta manera, enmohecida por el prejuicio y la falta de objetividad, no queda mucho por decir. En cambio, si se mira con detenimiento tal recorrido, acaso los propios hechos revelen sorpresas no del todo carentes de significado.

En efecto, en el segundo fragmento, así como en el tercero y cuarto, la investigación se concentra, cada vez más, en el examen crítico de la religión cristiana, determinando con ello, el inicial punto de partida, cuyo *Leitmotif* consistía en la oposición de religión objetiva y religión subjetiva. Más aún: no sólo el cristianismo en su forma de entonces es sometido a crítica sino, incluso, el cristianismo en su forma originaria.

La refutación hegeliana de identificación hecha por Kant de la pura religión racional con el cristianismo se transforma en el tema central. El cristianismo no es una religión racional, su imagen de Dios es, más bien, la ausencia de racionalidad. Esta concepción no puede no incluir en la precognización del fin de la religión positiva, ya que todo lo que contrasta con el

principio de una religión racional, todo lo que a
la luz de la razón práctica se hace moralmente
inadmisible e inútil debe ceder su puesto a la
razón. Las doctrinas del paraíso y del infierno
son inadmisibles, insignificantes y dañinas.
Como se ve, en el discurso de un kantiano más
consecuente que Kant, que coloca en tela de
juicio la hipocresía de considerar que la religión
purificada de elementos positivos pueda
identificarse con el cristianismo.

Es imposible pensar en un cristianismo
desprovisto de sus fundamentos, como lo son la
fe en la encarnación de Cristo y la presencia de
la vida privada, independiente de la pública. Un
cristianismo que prescinda de tales "misterios"
no puede llamarse cristianismo.

La historia de la religión cristiana muestra cuán
dañina ha sido para el progreso de la humanidad.
Religión originalmente privada, al extenderse a
la sociedad formó las más aberrantes y
despiadadas instituciones de violencia y de
mistificación capaces de incomunicar y expiar
sobre el género humano. Ni su ingenua e
incipiente manifestación escapó de este destino.
También la iglesia más primitiva descuidó las
diferencias culturales y sociales y terminó por
encerrar las más diversas costumbres y

manifestaciones multiformes de los pueblos y
naciones con sus rígidos preceptos y sus
abstractos esquemas. En alusión directa contra la
doctrina kantiana de la religión, Hegel sostiene
el hecho de que todo el que refute la doctrina
positiva del cristianismo y muestre los absurdos
e incoherentes dogmas de la trinidad, del perdón
de los pecados, o del pecado original, para
entusiasmarse después con la ética cristiana —
exaltada por sus "beneficios" a la humanidad—
cree poder distinguir en el interior del
Humanismo un cristianismo objetivo, positivo,
de un cristianismo esencial, moralmente
racional. Sin embargo, continúa Hegel, no sólo
su desarrollo histórico, como se ha dicho, es
contrario a la razón, también lo es el hecho de
ser cristiano, vale decir, el hecho de sentir por el
propio Cristo fe, de ser su siervo, de creer en él
como un Ser Supremo, por el hecho de haber
sufrido como si, dice Hegel, "millones de
personas no hubiesen también sufrido y no
hubiesen entregado su sangre, incluso con
alegría por su rey o por su patria"; "Detrás del
inmaculado desprecio por los bienes y honores
—dice el autor— se esconde la envidia contra
los que los poseen. Ese desprecio es
frecuentemente rabia; la privación por los
honores es considerada como un error, una

insuficiencia, por lo que se espera un reparo. Así, muchos hombres, presos en estas convicciones, viven en el sufrimiento, pues todo goce tranquilo está ligado al cumplimiento de los deberes; viven llenos de vigilancia hacia la virtud, plenos de angustia, procurándose la mayor cantidad de sufrimientos posibles, lamentándose por este mundo como en un valle de lágrimas".

La sustancia misma del cristianismo es contraria a la pereza de la religión racional. La fe en Jesús se presenta como la positiva substitución de la moralidad, la base sobre la cual es puesta la posibilidad de la beatitud eterna. De ahí derivan las consecuencias cristalizantes y las sectarias limitaciones que prometen, a algunos privilegiados en tales ritos, conquistar el bien supremo. Sólo después en Frankfurt, vendrá la modificación de este punto de vista.

El cristianismo devela en estos fragmentos toda su positividad. Este concepto se define, de pleno acuerdo con Lukács, como "histórica y filosóficamente decisivo", ya que es la forma de contraposición entre la actividad autónoma, subjetiva, libre y la muerta objetividad, la coagulación del hacer, a lo que justamente Hegel llama positividad, y que a pesar de las modificaciones, pérdidas y enriquecimientos, sufridos por el pensamiento hegeliano, será sin embargo base para el ulterior desarrollo de la dialéctica y del correlativo problema de la alienación, dentro del cual se halla contenido "todo el problema de la coseidad y objetivación en el pensamiento, en la naturaleza y en la historia".

De la denuncia de la historia del cristianismo como la historia de la inmortalidad, hasta el señalamiento de que la fe es la barrera qué separa al cristianismo de una religión racional, Hegel muestra el antagonismo que envuelve al presente. Cosa, como se ha mencionado, equidistante del mundo antiguo en el que la virtud se desplazaba libremente de la identidad a la diferencia, de lo idéntico a lo múltiple en forma biunívoca, mientras que, pese al mundo cristiano la virtud se ha transformado en un hecho externo, independiente de la vida misma, ya que es atribuida a un ser superior que mudó el infinito de entre los hombres y lo situó en el más allá; que se transformó en un extranjero que es, al mismo tiempo, el modelo representativo de vivientes que carecen de vida propia, autónoma.

Para Hegel, en cambio, el modelo no debe ser Cristo sino Grecia; no debe ser Jesús sino

Sócrates, pues, "nuestra fantasía —dice— no se escandaliza con la mitología de los griegos... seguimos a *Homero* cuando sus dioses andan de aquí para allá por el cielo, deliberan, se hacen la guerra y se abandonan a sus humanas pasiones. La pasión de sus orantes —continúa— y de sus sacrificantes no es sagrada. Y hasta sus bárbaras costumbres eran la fe general de un pueblo, basada en la tradición y en la fantasía. Las crueldades de la Inquisición, la intolerancia, no es cosa de fantasía, sino que se pretende basada en derechos y legitimidad demostrada racionalmente con argumentos eternamente viejos y eternamente nuevos. La abolición de estas costumbres —concluye— no fue obra de la razón..., sino casualidad y vergüenza, mera afirmación de irracionalidades, artículos de fe y acciones humanas, valiéndose de la razón y el derecho".

Ciertamente, la separación que Hegel establece entre ambos modelos, lleva una fuerte carga ilustrada y, en última instancia, de clara influencia kantiana, toda vez que fe y razón son puestas en contradicción. Pero no menos cierto es el hecho de que Hegel comience delinear en estos hechos juveniles, y dentro de su visión de una "religión racional", una perspectiva orgánica y viviente, teórica e histórica que tome partido, cada vez más, por la totalidad constitutiva del mundo griego, al tiempo de considerar la filosofía de Kant como la más avanzada arquitectura del pensamiento moderno, ilustrado, expresión de los nuevos tiempos. Y sin embargo, esta filosofía, por lo pronto, parece no colmar las expectativas omniabarcantes que la nueva generación intelectual alemana pretende y aspira colmar.

El último de los fragmentos republicanos —escrito en los primeros meses de 1795—, como ha notado Perpezak, es un esbozo de filosofía de la historia 21. Dicho esbozo contiene los elementos más importantes de la futura filosofía de la historia del pensador alemán, pero por supuesto, se trata todavía de una primera aproximación, sobre la cual Hegel trabajará durante toda su vida, elaborándolo y reelaborándolo de infinitas formas, de la misma manera que un lienzo es pintado y es vuelto a pintar hasta conseguir la meta deseada, y sin embargo, nunca alcanzada ya que Hegel es el filósofo del hacer y del rehacer, del *Immer wieder*; del 'siempre de nuevo*. Jacques D' Hont dice en su *Hegel filósofo de la historia viviente.* "su hostilidad al cristianismo tenía que ver ante todo con la pasividad cristiana. De ahí que, a veces, prefiriera los trabajos de Hércules a la Pasión de Cristo" 22.

El fragmento en cuestión se desarrolla en tres momentos, donde la condición política deviene en el momento decisivo de la historia de un pueblo, mientras la religión se presenta como condicionante de sus etapas. El tiempo histórico se divide en tres momentos: la antigüedad, época de la república libre, dentro de la cual el ciudadano, satisfecho de su destino, era capaz de sentir honor frente al sacrificio por su patria y, pleno de virtud, entregaba su vida por ella si era necesario, ya que esa era en sí el telos de su existencia. El hombre de la *pólis* se sentía libre en el cumplimiento del deber por el deber, como digno representante de lo divino en la tierra, gozaba de la vida infinita en el eterno descanso de los campos elíseos. Mas el antiguo héroe ha desaparecido: el libre ciudadano de la antigüedad ha sido sustituido por una religión que predica la humildad y la ciega obediencia, incapaz de hacer el bien, que implora al cielo signos y milagros, "seguridades externas de una vida futura". "Una religión, dice Hegel, que no teniendo» fe en los ideales de libertad, extraña esta fe en un individuo excepcional, en un hombre divino".

Sin embargo, una nueva época ha comenzado: ya que °la humanidad nuevamente está en capacidad de tener ideas" y el hombre vuelve a tener respeto por sí mismo, pues, en la era cristiana sólo llegaba a sentir su propio desprecio. Pero —continúa— el hombre está en condiciones de superar la era de la servidumbre con el reconocimiento de su propia naturaleza, que es el resultado de su propia obra, que es de nuestra propiedad: "El sistema de la religión —concluye Hegel— cuya suprema virtud era la humildad, la conciencia de su incapacidad, que espera todo de otra parte, recibirá ahora una dignidad propia, verdadera, independiente".

"Nuevo punto de vista", según Haering, respecto al pensamiento fundamental; crítica del individualismo que pone en tela de juicio los pequeños intereses; anuncio de la desaparición del cristianismo y de la fe en Jesús, concluye el intérprete alemán. "Documento de raro interés histórico" que revela al Hegel romántico, secreto, según De Negri.

Más objetivo en sus afirmaciones, Peperzak vincula el fragmento a la carta enviada por Hegel a Schelling el 16 de abril de 1795, en la cual el autor del fragmento comenta al amigo el hecho de que del sistema kantiano de la razón

práctica "y de su último perfeccionamiento"
espera una "revolución en: Alemania" basada en
los principios del deber, pues, según Hegel, "el
nimbo de las cabezas de los opresores y dioses
de esta tierra" está desapareciendo. Los filósofos
muestran esa dignidad, los pueblos llegarán a
sentirla y, antes de exigir sus derechos
pisoteados, se los volverán a tomar por sí
mismos". De ahí la importancia de la relación
contradictoria entre religión y política para el
joven Hegel: pues la primera "ha enseñado lo
que quería el despotismo: el desprecio del
género humano y su incapacidad para nada
bueno". Mientras, la segunda, mediante "la
diifusión de las ideas sobre como deben ser las
cosas desaparecerá la Indolencia con que la
gente pasiva lo toma siempre todo como es". El
texto sorprendente por su kantismo. Pero resulta
poco sorprendente si se piensa en la decisiva
influencia de la revolución francesa y de Kant
sobre la joven generación alemana de la época,
ya que, como Lukács ha señalado, "positividad
significa supresión de la autonomía moral del
sujeto" y, en tal sentido, tal concepción se halla
"íntimamente emparentada con la moral
kantiana". Más con una importante salvedad: eI
sujeto en el cual Hegel piensa no es individual
sino histórico y social. El objetivo del joven

Hegel es la renovación de la democracia de la Polis, de su libertad y de su grandeza, y de ahí el que tal objetivo requiere una fundamentación histórica, la cual consiste en descubrir e interpretar los movimientos sociales y políticos y su decadencia como consecuencia de la religión cristiana.

Su intento —dice Lukács— es "buscar las causas de su origen para poder precisar la perspectiva de su hundimiento".

La influencia de la revolución francesa es decisiva y todas sus reflexiones de la época brotan de la savia revolucionaria. Berna es el período de la férvida pasión republicana aún en sentido ilustrado. La filosofía de Kant es radicalmente potenciada y conducida contra la representación religiosa del cristianismo. La superación de la positividad de esa religión halla, en este fragmento, su formulación en esta dirección. Pero pronto, más de lo que muchos intérpretes consideran, Hegel emprenderá también contra el kantismo, finalmente interpretado en su autonomía racionalista, en abierta y directa relación con el judaísmo y el cristianismo, del que no logra librarse.

Hegel culmina así un período que le abre nuevas expectativas y posibilidades, y en el que el fracaso revolucionario francés no deja de ser decisivo. Para dar respuesta a los nuevos problemas que la historia le plantea se verá obligado a reformular estas conclusiones preliminares. Así surgirá la necesidad de volver a trabajar sobre el tema de la positividad. Por ello centrará sus investigaciones subsiguientes en una labor reconstructiva de la positividad de la religión cristiana.

Así, "Para poder declarar positiva una religión o una parte de ella —escribe Hegel en la segunda versión de la *Positividad de la religión cristiana*, del 24 de septiembre de 1800—, se debe antes determinar el concepto de naturaleza humana y su relación con la divinidad. Muchos se han ocupado recientemente de este concepto, y se ha creído tener suficientemente claro el concepto del destino del hombre para poder- pasar con él como unidad de medida para cribar la religión. Y —Hegel insiste— se ha debido transcurrir una larga serie de etapas en la cultura, extendiéndose en los siglos, antes de que se pudiera alcanzar un período en el cual los conceptos han devenido muy abstractos, al punto de dal la convicción de haber abarcado la infinita multiplicidad de los fenómenos de la naturaleza humana en la unidad de pocos conceptos universales. Dichos conceptos —concluye Hegel— que son simples, por su universalidad, se transforman, al mismo tiempo, en conceptos necesarios, en caracteres de la humanidad. Cada remanente variedad de costumbres, hábitos y opiniones de los pueblos o de los individuos singulares, por el hecho de que dichos caracteres son fijados, deviene accidentalidad, prejuicios, errores, y con ello, la religión que se ha adaptado a esta realidad deviene religión positiva, ya que su misma religión con la accidentalidad es una accidentalidad, pero como parte de la religión, es al mismo tiempo sagrado mandamiento. Y sin embargo —comenta el autor— el concepto universal de la naturaleza humana permite infinitas modificaciones: y no hay necesidad de reclamarse a la experiencia para demostrar rigurosamente que las modificaciones son necesarias y que la naturaleza humana nunca ha existido en estado puro, ¿será entonces suficiente establecer qué es la pura naturaleza humana? Dicha expresión no debe contener otra cosa que la correspondencia con el concepto universal. Pero la pura naturaleza viviente es eternamente otra que su concepto, por lo cual aquello que para el concepto era simple modificación, pura accidentalidad, algo superfluo, deviene en necesario, viviente, tal vez aquello que únicamente es natural y bello".

A la luz de los acontecimientos políticos y sociales de su tiempo, Hegel ha comenzado el proceso de enriquecimiento de la original postura encarnada en los fragmentos republicanos, vale decir, de las primeras formulaciones de su crítica histórica aún impregnada de ilustración. Ahora, Hegel considera que la positividad consiste en la detención, en la coagulación, del proceso conceptual que termina despreciando 'lo accidental', es decir, las determinaciones, y pretende encerrar la realidad en el purismo de la abstracción universal moderna. Por cierto que tal concepto de positividad, en la medida en que el pensamiento hegeliano se desplaza en dirección de la identificación de la filosofía y la historia, deviene —en el entramado categorial fenomenológico— en el concepto de alienación. Por el momento, se trata de un cambio significativo, toda vez que el inicial problema del desgarramiento entre el pensamiento alemán y la realidad alemana, entre el sujeto y el objeto alemán, comienza a encontrar, en estas páginas, un más elaborado y sólido tratamiento. El texto de la Positividad cobra así una importancia significativa, si se toma en cuenta que resume años de labor continúa, de dedicación y perseverancia, en la solución de la problemática inicialmente indicada. Más aún si se considera que sobre este documento histórico de la originaria conformación de la concepción hegeliana de la dialéctica, su autor trabajó durante más de cinco años, esto es, desde 1975 hasta 1800, toda vez que el grueso de escritos intermedios entre la redacción original de Berna y esta reelaboración, de Frankfurt, tienen como finalidad, precisamente, el tema de la positividad, incluyendo el ensayo sobre "El espíritu del Cristianismo y su destino" y "El Fragmento de Sistema" de 1800, respecto del cual esta reelaboración es una consecuencia.

En estos años no solamente ha madurado el distanciamiento con Kant, al punto de mostrar los vínculos necesariamente existentes entre criticismo y positividad, sino que Hegel ha venido desarrollando la idea de la superación de toda escisión de con su reconducción a la separación de finito e infinito, lo que, obviamente, anuncia el surgimiento mismo del concepto capital de la filosofía hegeliana: el concepto de dialéctica. El autor de la positividad centra, pues, sus esfuerzos en la superación de la escisión kantiana entre ley e inclinación, entre autonomía y heteronomía, con la clara denuncia de que la moralidad no representa, a pesar de Kant, una alternativa real frente a la legalidad, así como tampoco lo es la pura religión racional frente a la religión positiva. Persisten, ciertamente, importantes motivos de continuidad en relación con los escritos precedentes, contenidos sustancialmente en la segunda mitad del ensayo y relativos a la originariedad de la positividad del cristianismo en cuanto a su carácter escisivo, lo que —como ya Hegel había señalado— está presente en Jesús. Toda doctrina, todo mandamiento, es positivo porque su propia enunciación es, de antemano, violencia, dominio y autoridad, lo cual equivale a la supresión de la libertad y de la razón y se sitúa en contradicción con el 'ideal de la humanidad' que dicha religión reclama para sí. Pero, a diferencia de los textos precedentes, el 'ideal de humanidad' deja de ser un precedente ilustrado, esto es: ahistórico y apriorístico para dar paso a una visión concreta que contiene y comprehende en sí, como momento necesario, su negación, vale decir: la multiplicidad de lo finito, aquello que puede determinar lo positivo.

Como puede verse, en Hegel, se va fraguando, lenta y progresivamente, la unidad de la filosofía y de la historia a la luz de la confrontación con el ámbito de la política. El ideal republicano de Tubinga se hace apelación a la razón en Berna,

para devenir, en Frankfurt, búsqueda
permanente de la historia.

La reelaboración de la *Positividad de la Religión
Cristiana*, primer resultado concreto de la
relación de oposición entre idea y realidad, entre
historia y sistema, se abre con una cerrada
crítica del iluminismo kantiano -que hasta
entonces Hegel, por momentos, había
compartido, en la valoración de lo positivo,
fundada sobre la antítesis religión natural —
multiplicidad de las religiones primitivas; las
cuales, de acuerdo con el criterio kantiano-
nietzscheano de racionalidad, resultarían
innaturales e irracionales. Más la unidad de la
religión natural requeriría, según Hegel, de la
unidad de la naturaleza humana. Pero la filosofía
de la ilustración ha creído, falsamente, abarcar la
infinidad de los fenómenos de la naturaleza
humana mediante los conceptos abstractos los
cuales, en realidad, pierden de vista la
multiplicidad de la vida. Empero, tales
conceptos, que en realidad reducen la variedad
de las costumbres, hábitos y opiniones de los
pueblos a simple accidentalidad, conforman un
criterio unilateral en la valoración de la
positividad. Se crea así un criterio vacío, que
desprecia lo común y lo cotidiano, que termina,
dogmáticamente, asumiendo una posición no

menos positiva que la que pretendía juzgar. Un criterio que pretende purificar la impureza de los pueblos, que termina juzgándolos como el supersticioso resultado de las pasiones profanas, de los propósitos egoístas, de la violencia y la mentira.

Al respecto Hegel señala: "El siguiente tratado no tiene la intención de investigar si hay o no doctrinas y mandamientos positivos en la religión cristiana. La contestación de esta pregunta, de acuerdo con los conceptos generales sobre la naturaleza humana y sobre las prioridades de Dios, es demasiado vacía; la horrorosa monserga que se extendía en este tono se hizo (a causa de las repeticiones infinitas y de su vacuidad externa) demasiado aburrida y perdió demasiado de su interés para ser una necesidad de la época. Podría ser que la necesidad de la época esté más bien en escuchar la prueba de lo contrario de este uso "ilustrado" de los conceptos generales. Se sobreentiende que la prueba de este "contrario" no se podrá llevar a cabo con los principios y con el método que la cultura de su época ofrecía al dogmatismo de viejo caño. Tendrá que ser llevada a cabo, más bien, a partir de lo que reconozcamos ahora como necesidad de la naturaleza humana, para deducir ese dogmatismo ahora repudiado, para demostrar su naturaleza y su necesidad".

Frente al proceder iluminista de Kant, Hegel opone un "ideal" diverso de los conceptos universales y abstractos. Los conceptos, hasta entonces considerados como simples elementos de la religión positiva, adquieren casi un significado determinante, ya que la naturaleza humana viene entendida en forma dinámica y flexible, en su infinita variedad y multiplicidad, como dirá Hegel en el Systemfragment, que precede a esta reelaboración de la positividad. Retorno al viejo ideal y, al mismo tiempo, anuncio de una problemática aún no resuelta del todo; Hegel parece inaugurar la explicación dialéctica del concepto concreto de religión en medio de su positividad y de su necesidad. Lo positivo ha dejado de ser valorado según la correspondencia con el *a priori*, deducido de manera ahistórica y presupuesta, para convertirse en un concepto de profundo contenido histórico, con lo cual Hegel llega a criticar la esencia misma del dogmatismo ilustrado, vale decir: su rígida y dogmática concepción de la naturaleza humana.

La positividad ya no consiste, pues, en una mecánica interpretación de los estudios de la historia, prefijados por una abstracción lógica, que se dirige inevitablemente hacia el desarrollo "natural" del concepto: consiste en el asumir, en su verdad, el origen racional y necesario de la positividad real. Lo positivo es aquello que permanece como herencia extraña de tiempos transcurridos. Lo que en último término permite comprender la cruda positividad que ha comenzado a invadir a la propia ilustración, a su devenir religión, toda vez que conduce la libre voluntad al sometimiento de normas y preceptos que no coinciden con la realidad y que son un 'puro' deber, que impone y preestablece, que renuncia a la acción racional, lo que, por otra parte, parece ser una necesidad de los nuevos tiempos. Acaso las religiones, hoy positivas, en el momento de su nacimiento fueron expresión de su tiempo, de su razón y de su libertad. Pero lo racional termina siendo positivo cuando pierde su capacidad de aprehensión de lo vivo, de lo natural y espiritual, y se convierte en una petrificada y muerta religión de la vida. Así concluye el nuevo comienzo de la positividad: con el postulado de lo histórico corno funcionamiento de la vida, por un lado, y con una incalculable relación opositiva, por el otro. Relación de posesión que, más adelante, Hegel llamará dialéctica. Ambos postulados han sido previamente delineados por Hegel en su fragmento sistemático de 1800, que es hasta ese momento, la más concreta y omniabarcante formulación de la lógica histórica Hegeliana, ya que es el resultado comparativo del pasado con el presente, de sus contradicciones internas, de su continuidad y de su discontinuidad. En una expresión, es el producto de la unidad y de la multiplicidad de lo real expresado lógicamente.

El tema del horizonte problemático de la conciencia desgarrada o escindida ha sido planteado hasta sus últimas consecuencia. Más aún, si bien la crítica Hegeliana contemporánea centra el leit motiv de dicho fragmento en medio de lo que denomina "el gran período de crisis" del pensamiento de Hegel —Lukács, por ejemplo—, como consecuencia de la derrota del Jacobinismo, "luego de Termidor", lo cual —según esa perspectiva— lo conduce a refugiarse en el misticismo y la teología, un estudio más detenido del fragmento en cuestión muestra, más allá, de los prejuicios hermenéuticos, una cabal concepción crítica e histórica.

Este penúltimo ensayo del período de Frankfurt, originalmente contaba con 47 folios manuscritos y numerados de la "a" a la "z" y de la "aa" a la "yy" —unas ciento cuarenta páginas, aproximadamente. De ellas apenas se conservan un fragmento compuesto de dos folios, el primero de ellos trata de las relaciones entre la vida, al individuo y el mundo. El segundo versa de la relación espacio-tiempo.

En el primer folio Hegel concibe la vida como relación "de un todo a otro todo", relación de una totalidad con otra totalidad.

Individuo y mundo, naturaleza y espíritu son considerados como "multiplicidades infinitas".

Existe pues, entre ellos, una "absoluta oposición". De un lado de unidad, del otro la multiplicidad, contrapuesta a la unidad, basada en la contraposición que mantiene con lo otro. Vida infinita, indivisa, religiosa por una parte, en la cual el individuo deviene en exteriorización de la vida, la cual es "fijada por la reflexión" y que presupone 1 a existencia de un ser —el yo— que pone e impone la unidad y que mantiene la posición respecto de lo que no es sí mismo sino su otro. Y por la otra vida como "ser fuera de la reflexión", naturaleza, que se presenta de igual modo en infinita unidad consigo misma, en medio de su infinita multiplicidad, en infinita oposición con la unidad indivisible que constituye su "otreidad". Mas, para Hegel, la elevación "no de una unidad, no de una relación pensada", sino de una "vida infinita, omniviviente y todopoderosa", pues "ya ni piensa ni contempla, puesto que su objeto no lleva en sí nada reflexionado, nada muerto" la reflexión la llama Dios.

Pero, con ello, la reflexión termina por ser religión, esto es: "una nueva unidad que se llama ley y que es algo meramente pensado, algo carente de vida". Exaltar lo divino por encima de lo humano es, colocarse a sí mismo fuera de sí como algo limitado. Es, como dice Hegel, un 'ponerse fuera' de lo limitado que lleva consigo la limitación de lo aparentemente ilimitado. La filosofía que así opera termina siendo una 'religión positiva', pues la vida, que es la unión de la unión y de la no-unión, no puede ser solamente considerada "en cuanto unificación, en cuanto relación: tiene que ser considerada —agrega Hegel— simultáneamente como oposición", puesto que "si digo que la vida es la unión de la oposición y de la relación, entonces se puede aislar a su vez esa unión, y cabe argumentar que se opone a la no-unión".

La filosofía reflexiva —y léase por reflexiva la filosofía Kantiana y Fichtiana— en su pretensión de vivificar la unidad a través de un principio superior, excluye con ello las esenciales diferencias que escapan a dicho principio. Diferencias que, al ser excluidas, asumen la lógica de la oposición. Estas diferencias, anuladas y excluidas de la unidad constituida por el principio 'puesto' o 'fijado' cono superior, son conducidas a su propia unidad —esto es, a la no-unión— y radicalmente enfrentadas a su otro. Incapaz de expresar en los términos del discurso analítico "la compleja estructura de la totalidad", la filosofía de la reflexión -al igual que la 'religión positiva'— se ve en la necesidad de postular la 'fe' como 'saber': una ciega creencia que se revela en su 'apariencia de verdad'.

Para Hegel, la única posibilidad de formular de manera correcta la totalidad de la vida, se halla en la comprensión de la unidad del pensamiento con la realidad —unidad de la unidad y de la no unidad- manifiesta dentro de las propias posiciones de la reflexión, pero mediadas y fusionadas en la totalidad de 'sus vínculos'. En consecuencia, "siempre que la reflexión 'pone algo' no pone —o excluye— cualquier otra cosa, sino a su otro. Por eso mismo, concluye Hegel, la filosofía (ahora se sabe: reflexiva) tiene que terminar con la religión", ya que el "que no cabe en los ciclos de los ciclos se encierra en el claustro de María"

La filosofía analítica, reflexiva, que purifica lo idéntico y lo separa de lo diverso, no logra entender que ha proyectado sobre sí misma la imagen de una ilusoria unidad que, en verdad, no es suya, porqué es la de su otro. No sabe que la trascendencia hacía lo infinito es la fuga, el enclaustramiento del proceso real, complejo y contradictorio de la vida, de la unidad de pensamiento y realidad, de sujeto y objeto. Filosofía transformada en creencia, en fe, en dogma y religión, lo que —como índica el texto de la positividad- "puede ser sublime pero no bellamente humano".

Nótese, pues, la estrecha relación existente entre el fragmento de 1800 y la reelaboración del texto de la positividad de la religión cristiana. De la revisión positiva a su equiparación lógica y sistemática con la filosofía reflexiva, y, de ésta, al reencuentro de la segunda como conclusión de la primera, en el ámbito de las relaciones políticas y sociales. Un reencuentro, como se ha visto, lógico e histórico, el cual, en otro contacto —en el contexto de las lecciones sobre la filosofía de la historia universal— devendrá unidad entre historia y sistema en Hegel. Una unidad cuyo punto de mediación se centra en el escenario de la acción política, entendida como el campo de batalla donde se divide el destino de la unidad de lo uno con lo múltiple. Este será el tema central de la Fenomenología del Espíritu, y de su crítica del 'saber aparente' como paso imprescindible para la conquista del mundo social como verdad del aislamiento de la conciencia individual.

Prueba de ello son los ensayos que preceden al texto fenomenológico de 1807: *la Diferenz des Fichteschen und Schellingschen Systems der Philosophle*, de 1801; *la Verhatlnis des Skepticismus zur philosophie y Glauben und mesen*, de 1802; el *Ueber Die Wissen schaftlichen Behandlungsarten des Naturechts*, el *System der Sittlichkeit y los ensayos sobre la Constitución de Alemania (Verfassung Deutschlands)*, de 1803. Escritos sistemáticos y ético-políticos se entraman constantemente para culminar en la redacción de la primera gran obra de Hegel: la Ciencia de la experiencia de la conciencia. En ella, se invita al lector a contemplar el progresivo movimiento dialéctico que sufre el espíritu, desde la certeza sensible hasta la razón como 'saber absoluto'.

Preámbulo propedéutico al 'sistema de la ciencia', que termina por convertirse en el sistema mismo, en el que la filosofía es presentada como un resultado que contiene y conserva el proceso de auto- enseñanza del género humano. Se trata, en consecuencia, de un proceso que resume el prolongado trabajo de la automanifestación del espíritu (comprendido en el sentido más profano del término) en el teatro de la historia universal.

La obra en cuestión se resume en la Introducción, la cual fue concebida en primer término, a diferencia del prólogo, cuya elaboración es posterior al texto mismo. Lo interesante de esta introducción es, precisamente, que compendia el significado general de la obra mostrando, en pleno movimiento, en carácter histórico de la alienación humana y de su resultado final en el seno del pensamiento ilustrado y de su ilusión metodológica. En ella, pues, Hegel esboza una "teoría de la ideología" o de la verdad de la verdad de la falsedad, que resulta indispensable en la crítica de toda teoría del conocimiento y de su oculto basamento político-social, así como de su ulterior superación y conservación (que es lo que Hegel denomina Aufhebung). En tal sentido, puede decirse que el tema de fondo de la introducción a la *Fenomenología* revela cómo el problema central que su autor se plantea siga siendo —como en los ensayos precedentes— el tema de la escisión (Trennung). En lo posible, las que siguen intentan ser un testimonio de semejante *excursus*, no sin antes presentar un breve esbozo de la 'estructura' y del 'método' de la obra en cuestión.

La *Fenomenología del Espíritu* fue concebida originalmente como un preámbulo propedéutico al sistema que Hegel se proponía llevar adelante, cuyo título sería el de *Eogik und Metaphysic oder Systema Reflexionis et rationis*, lo que representaba una necesidad derivada del propio desarrollo filosófico conquistado por el autor, ya que —como sostiene Hyppolite— la Fenomenología de Hegel rehace su propio itinerario filosófico. Empero, en la medida en que los temas ya elaborados previamente desfilaban en el interior de aquella 'introducción al sistema', la Introducción planificada por Hegel, iba adquiriendo, cada vez más, fuerza y consistencia propia, hasía transformarse, ella misma, e^incluso ante la perpleja mirada de su artífice, en un sólido y monolítico estudio independiente y orgánico. Por tal motivo, Hegel se vio en la necesidad de escribir, finalizada la obra, un Prefacio, cuyos topos explicativo registra, en forma sistemática, los linchamientos principales de la obra recién concluida. El Prefacio, pues, hace las veces de toma de conciencia del propio texto.

La obra de 1807 se divide en dos secciones: en ambas se mantienen un orden triádico que, más adelante y siguiendo a Lukács se comentará en detalle. El primero está formado por la 'conciencia', la 'autoconciencia' y la 'razón'. El segundo, 'Espíritu', 'Religión' y 'Saber absoluto'. De este último orden triádico se desprenden, sin embargo, un conjunto de fenómenos de consistencia material que trasciende la abstracción de los conceptos. Según Lukács, estos fenómenos, que rebasan la propia estructura lógica, obedecen a una razón metodológica, inmanente a esta crítica de la 'ilusión del método'. Por otra parte, nuevamente Hegel establece una relación de oposición correladva entre fenómenos conceptuales y fenómenos históricos- sociales, entre 'sistema' e 'historia', dentro de su ámbito fenomenológico de la experiencia de la conciencia. En efecto, sostiene Lukács: "Este historicismo de Hegel determina también el método y la estructura de la Fenomenología del Espíritu. Se trata de esa constante unificación y separación de historia y conexión sistemática", pues "Historia y sistema no están en modo alguno revueltos, sino que se encuentran en una conexión metodológica muy rigurosa y necesaria" ya que "Si Aristóteles ha formulado la gran verdad de que el hombre es un "animal social", Hegel ha concretado en la Fenomenología esa verdad mostrando que el hombre es además un "animal histórico".

La primera parte —esta vez de acuerdo con la descripción hecha por Hyppolite— es una "fenomenología de la conciencia en sentido restringido". Cadena de oposiciones y relaciones, sus momentos culminan en la síntesis de la razón, la cual entra nuevamente en la escisión toda vez que llega dividirse en reacción observante y actuante, para finalmente, reunificarse en una figura nueva y más concreta: la del espíritu. Pero el juego y movimiento dialéctico interno a la conciencia, autoconciencia y a la razón, se desarrolla —en esta primera parte— en un ambiente abstracto y analítico, sin mayores referencias históricas y sin determinaciones objetivables o específicas. Es, en suma, un juego o movimiento lógico que da, en apariencia, una falsa imagen de la obra, ya que, quien siga con atención esta primera parte encontrará en la segunda su ubicación y sentido, con lo cual se remontará sobre estas necesarias abstracciones y vencerá el prejuicio, que los años y la insistencia han transformado en verdad, según el cual la fenomenología es el resultado de la especulación metafísica del idealismo que hace brotar de su bóveda craneana la realidad del mundo concreto, contrariamente, Hegel intenta disipar el mundo de las abstracciones, acompañando a la conciencia del sentido común por su propia existencia, hasta hacerla vencer su propia sus propios presupuestos.

"La conciencia —observó Hegel— sabe lo que no dice y dice lo que no sabe". Hegel le muestra a la conciencia individual que aquello que daba como principio a priori —vale decir, su propia existencia- era, en realidad, un resultado. Hegel mismo explica este proceso de inversión: "la cosa -dice— no reduce a su fin, sino que se halla en su desarrollo, ni el resultado es el todo real, sino que lo es en la unión con su devenir"... "lo verdadero es el todo. Pero el todo es solamente la esencia que se completa mediante su desarrollo. De lo absoluto hay que decir que es resultado, que solo al final es lo que es en verdad. El comienzo, de un modo inmediato, es solamente universal (abstracto)... la intuición... lo inmediato. El resultado es lo mismo que el comienzo simplemente porque el comienzo es el fin". Más específicamente, al pasar de esta primera parte a la segunda -en las páginas introductorias relativas al capítulo sobre el espíritu- Hegel señala: "Esta determinación de la categoría como ser para sí contrapuesto al ser en sí es también ella unilateral, y un momento que se supone a sí mismo. Es el sí mismo de la conciencia real, a la que se enfrenta, ó que más bien, se enfrenta a sí misma, como mundo real objetivo".

Así, la segunda parte conduce a lo que Hegel denomina "sustancia ética", esto es, al 'espíritu real', el cual, en el mundo moderno es la moralidad -o en la 'cosa misma' en cuanto 'reino animal' del espíritu- opuesta al *Ethos* de las antiguas ciudades-Estado. Como puede verse, la segunda parte de la fenomenología - dividida en espíritu, religión y saber absoluto- se centra en las relaciones sociales y en el acaecer histórico de estas. "Todas las figuras anteriores de la conciencia —comenta Hegel— son abstracciones de este espíritu. Estas tienen la apariencia de ser como tales; pero su progresión y retorno a su fundamento y esencia muestran que son solo momentos o magnitudes llamadas a desaparecer".

Dichos momentos —concluye— eran la conciencia, la autoconciencia y la razón. El espíritu retiene todos esos momentos en cuanto él es la realidad objetiva que es"46. En otras palabras, el mundo de Hegel, el mundo del nacimiento pleno y descarnado de la sociedad burguesa, con sus mitos, supersticiones y distorsiones, es el resultado del espíritu universal, del género humano, o, como dice Lukács, de toda la especie. Efectivamente, este espíritu se realiza en tres etapas o momentos de la historia universal: 1) "El espíritu verdadero o eticidad", correspondiente a la historia del mundo griego, hasta el momento de la escisión de la unidad que coincide con el advenimiento del Imperio Romano, y que genera una situación de 'culpa' y del escisivo 'destino' del individuo enfrentado al estado de derecho. 2) "El espíritu extrañado de sí mismo; la cultura", conflicto o desgarramiento entre el intelecto y la fe, tipificado ya por Hegel —como se ha visto— en los escritos juveniles mediante el tema de la unidad opositiva de cristianismo y criticismo, por lo demás, coincidente con el advenimiento de la Revolución Francesa. Y finalmente, 3) "el espíritu cierto de sí mismo. La moralidad". Mundo cultural en el que germina el kantismo y el fichtianismo, lo mismo que el romanticismo. Época de la búsqueda, incluso desesperada, de una salida al tiempo de antinomias que termina aislándose en la subjetividad (el tema de Systemjragment). A continuación, Hegel estudia en detalle el fenómeno religioso, que comienza con la 'religión natural' y termina con el cristianismo, esto es: de la conciencia espiritual de la religión, opuesta al espíritu objetivo, el autor concluye en su 'negación determinada', cabe decir, en el mutuo y recíproco reconocimiento de sí en el 'saber absoluto', cuya tripartición está compuesta por el arte, la religión y la filosofía.

Por cierto que, a propósito de la tripartición hecha por Hegel de la experiencia de la conciencia, Lukács sostiene que por "necesidad metodológica" la fenomenología "tiene que recorrer, ella misma, tres veces el camino de la historia". Esta triple repetición, nada arbitraria —según el pensador húngaro—, significa "que el proceso de apropiación de las experiencias históricas de la especie humana por parte del individuo tiene que descomponerse en diversos niveles". Así pues, de la conciencia vulgar del individuo, a su conocimiento histórico y, de éste, al conocimiento absoluto de esas experiencias. 'Espíritu subjetivo', 'objetivo' y 'absoluto' se contienen uno al otro y se mantienen en el movimiento de una diferenciada identidad.

Imposible concluir este breve esbozo de la estructura fenomenológica sin hacer un comentario sobre su 'método' inmanente: de lo simple a lo complejo; de lo abstracto a lo concreto. Al decir de Marx, "síntesis de múltiples determinaciones"; «unidad de lo diverso». Marcuse y Lukács —por ejemplo— no tienen impedimento en señalar, en tal sentido, el hecho de que el "método", propuesto por Hegel en la *Fenomenología*, preceda al "método" del materialismo histórico. Quien considere los momentos de la Fenomenología como momentos de una historia evoludva y lineal —como la interpreta el aburrido y aplanado positivismo de un Karl Popper—, y no en el espiral de su 'corso' y 'ricorso', errará el camino trazado por esta dialéctica historicista, que comprende el movimiento de lo diverso en su unidad y conforma la razón interna de la historia viviente.

La hegeliana 'experiencia de la conciencia' se presenta —como lo ha señalado Labarriére— "como la lectura del movimiento del espíritu en busca de su verdad en una sociedad de antiguo régimen, cuyo "modelo" acabado es para Hegel la organización política y social que precedió en Francia al período revolucionario. Una sociedad de tipo feudal, que llevaba por nacimiento al legitimado teocráticamente, al extremo de un estancamiento, de una parálisis y por tanto de una negación práctica de los principios mismos en que se basaba". Estado, como dice

Labarriére, "que podría denominarse el anti-tipo
de lo humano; la ausencia y negación de toda
relación espiritual; contexto universal de
enajenación que encierra a la sociedad en el
esquematismo social".

En cuanto al texto de la Introducción, el cual —
como se ha dicho- resume la obra en su conjunto
y presenta el motivo fundamental de la crítica a
la teoría cognoscitiva y al método de la
Ilustración, puede decirse que en ella Hegel
expone la idea de que la filosofía sólo logra
saberse a sí misma en cuanto saber que se define
en relación opositiva a su no-saber. Se trata de la
interpretación del 'saber verdadero' no como un
término diverso inmediatamente al 'no-saber' o
'saber ilusorio', sino como saber que es
resultado. Este resultado es la meta a la cual
llega el propio saber ilusorio, que logra
descubrirse a sí mismo en su apariencia de
verdad. Tal es la 'trayectoria oblicua' —según la
expresión utilizada por el propio Hegel- de la
experiencia de la conciencia. Ella representa la
incorporación a la filosofía de la relación de
oposición existente entre la risa y las formas, o,
en otros términos, de la *Bildung* o 'formación
cultural', asumida como 'unidad de la unidad y
de la no unidad' como sostiene
el *Systemfragment*.

El saber ilusorio, aquella forma de saber que la filosofía moderna califica de extraña y ajena a la filosofía, queda incorporada así al saber absoluto. En este recorrido del saber ilusorio a su forma de conciencia como verdad, los resultado conquistados se repiten en forma permanente. Pero a diferencia del evolucionismo ilustrado, el proceso no excluye de sí los estudios anteriores precedentes a la forma más acabada del saber, sino que los asume de manera orgánica, recuperándolos y manteniéndolos en medio de una tensión de inescindible interdependencia. En tal sentido, se dice que la experiencia fenomenológica recoge el significado teorético de la conocida expresión socrática: "conócete a ti mismo". Con ello, el saber aparente —vale decir, la ideología— deviene 'saber absoluto' —esto es: filosofía—; pero no como un abstracto y vacío punto de partida, mediatizad apriorísticamente, sino, más bien, como la determinada conclusión tiene proceso mismo, mediante el propio concrecimiento de la conciencia une, sólo al final, reconoce en y para sí misma al error en su verdad.

La problematización del 'saber aparente', se revela, pues, como lema decisivo del proyecto fenomenológico. Su origen está en el no menos

sustancial problema de la escisión, el cual
representa —como se había podido apreciar— el
hilo conductor de los textos juveniles de Hegel.
también aquí la verdad solo puede surgir del más
profundo desgarramiento del sujeto y objeto.
Prueba de ello es la crítica hegeliana del
'momento epistemológico' considerado como
'instrumento' o 'medio' que comparta el
preliminar desdoblamiento del saber y su
consecuente separación de la verdad. Dicho
desdoblamiento de la conciencia, como saber del
objeto y saber de sí, es, en sí mismo cada una de
sus formas. En sí y para sí truecan el uno en el
otro, invirtiendo la naturaleza de los términos en
cuestión.

El objeto, por un lado, es la 'cosa en sí' respecto
a la cual la conciencia como saber es el ser para
otro. Pero, al mismo tiempo, por el otro, aparece
como aquello que es en cuanto es para el saber
—esto es: para la conciencia— siendo por su
parte el saber, no tanto la relación al objeto —el
ser para el otro— como la verdad de la cosa o su
en sí. Pero si el ser en sí de la cosa es sustraído
como el otro del saber, el saber mismo cesaría
de ser saber, no sólo la relación al objeto sino,
incluso, en sí mismo, ya que dejaría de ser saber
para sí. "Si el instrumento —dice Hegel— se
limitara a acercar a nosotros lo absoluto como la

vara con pegamento nos acerca el pájaro apresado, sin hacerlo cambiar en lo más mínimo, lo absoluto se burlaría de esta astucia, si es que ya en sí y para sí no estuviera y quisiera estar en nosotros". Por otra parte —sostiene— "el conocimiento no es la refracción del rayo, sino el rayo mismo a través del cual llega a nosotros la verdad"; con lo cual el conocimiento que nos pretende enseñar la ley de su refracción no hace más que indicarnos un *locus* puro y sin contenido.

La clave para la comprensión del argumento hegeliano, como puede verse, se halla en el tratamiento del problema de la positividad, es decir, en la crítica de toda autoridad puesta, en cuanto externa y diversa, tanto de la actividad ético-política como de la actividad cognoscitiva que se instaura como ley absoluta de toda acción y de todo pensamiento. Empero, la positividad sólo adquiere significado y consistencia objetiva en cuanto aparece separada y escindida de la vida. De manera que, según Hegel, la estructura de la escisión constituye la esencia y el fenómeno de la manifestación de la objetividad. La escisión es la condición trascendental constitutiva de lo que es en sí y aparece como opuesto. De simple descripción de la situación real del objeto político y social, la positividad deviene en la categoría descriptiva del proceso de la alienación en la historia universal, esto es, no sólo de la subjetividad en cuanto opuesta a un determinado ser, sino del sujeto en cuanto actividad reificante, de su hacerse otro en sí y para sí.

Esta denuncia revela que el saber inmediato —todavía presupuesto— es la aparente e ilusoria justificación de su ser. Y sólo en la reconducción del objeto en sí al momento de la escisión, éste se revela en su no-verdad, como lo separado y fijado, como verdad en sí del ser para otro. Todo ello coincide, para Hegel, con el destino de la interioridad cristiano-burguesa y, en última instancia, con la forma de la reflexión kantiana, la cual Hegel ubica, dialécticamente, como el principio revelador del desdoblamiento y la inversión de la identidad como diferencia de la reflexión externa.

Desechar las quimeras trascendentes que se vuelven extrañas y ajenas al mundo del hombre; pero sin dejar de comprenderlas, de entender su origen y significado; conducirlas a su concreta situación en la sociedad; hacerlas comprender la necesidad de 'la fuerza de lo negativo', como parte constitutiva de la verdad, para suprimir las oposiciones y unificar los opuestos, poniendo al

ser y al no-ser en el devenir la escisión en el
absoluto, lo finito en lo infinito y conquistar su
mutuo reconocimiento. Esa es la labor de la
Fenomenología de la nueva versión de la
Reforma del entendimiento del nunca
suficientemente alabado Baruch Spinoza. *Su
ventm index sui et falsi*, expuesto aquí por
Hegel, en medio del paciente movimiento de la
conciencia, permite finalmente comprender el
significado de los versos Schiller, citados por
Hegel al final de la obra:

del caliz de este reino de los espíritus

rebosa para Él su infinitud.

Hegel y la tradición ilusnaturalista: una superación dialéctica.

Karl Friedrich Rosenkranz, notable discípulo de
Hegel, quien |unto con Michelet, formó parte del
así llamado 'centro hegeliano', tur el primero en
mencionar, en su conocida obra *Hegel's Leben*[9],
de 1844, los dos textos juveniles hegelianos
dedicados directamente a la filosofía política, los
cuales, junto con el texto sobre la Constitución
alemana, también de 1801-1803, configuran una
trilogía que precede y anuncia, de diversas
maneras, el nacimiento de uno de los ensayos
más polémicos —si no el más polémico— que
conozca la filosofía jurídica y política: es decir,
la *Filosofía del Derecho*, publicada por su autor
en 1821. Los dos ensayos mencionados por
Rosenkranz son: el *Sistema de la Eticidad
(System der Sittlichkeit)* y el ensayo publicado
por el propio Hegel en la *Kritisches Journal der
Philosophie*, bajo el título de: *Sobre los diversos
modos de tratar científicamente el Derecho
Natural (Uber die Wissenschaftlichen
Behanelungsarten des Naturechts)*.

Ya a partir del Fragmento de sistema de 1800, Hegel había venido determinando, a la luz de la tematización del problema de la "positividad", la comprensión dialéctica de la exposición correlativa de los términos como resultado del desgarramiento inmanente del mundo y del pensamiento moderno. De acuerdo con la carta enviada a Schelling el 2 de noviembre de 1800, Hegel, aún en Frankfurt, se propone partir desde las "necesidades subordinadas de la vida", hasta derivar de ellas una explicación objetiva y universal -vale decir, filosófica- para, finalmente, retornar a dichas necesidades, pero esta vez -para utilizar una conocida expresión de Marx- de una forma "más rica y concreta".

Los resultados obtenidos en dicho Fragmento y la puesta en práctica del "método" recientemente descubierto, permiten a Hegel alcanzar relaciones hasta entonces insospechadas, al punto de verse en la imperiosa necesidad de revisar la propia concepción superándola. De esa forma, comienza el examen de los contenidos específicos y propios del mundo moderno, lo mismo que de sus conceptos, los cuales, según el autor, aparecen (erschein) ante la conciencia envueltos en una oscilante confusión reflexiva, ya que, más allá de la aparente rigidez que éstos presentan, se comprende cómo, del mismo modo

que hay que dar cavidad a la unidad, hay que
dársela también a la multiplicidad. La totalidad
es, pues, unidad de la unidad y de la unidad, la
fluida relación de la identidad y de la
separación:

> *En la medida en que la identidad y la
> separación se contraponen, son ambas
> absolutas: y si la identidad tiene que darse y
> fijarse por el procedimiento de suprimir la
> escisión, no por eso dejan ambas de quedar
> contrapuestas. La filosofía tiene que hacer
> justicia a la separación del sujeto y del objeto;
> pero en cuanto los pone como absolutos, como
> la identidad contrapuesta a la separación, los
> pone sólo condicionalmente: del mismo modo
> que una tal identidad condicionada por la
> destrucción de los términos contrapuestos no es
> si no una identidad relativa. Por lo tanto, el
> absoluto mismo es la identidad de la identidad y
> de la no identidad; contraponer y ser uno están
> al mismo tiempo en él.* [10]

Más tarde, en la *Ciencia de la Lógica*, Hegel
repetirá, en sus aspectos esenciales, estas
conclusiones, preservando siempre el momento
crítico-negativo como el más profundo y
esencial aspecto de la totalidad. Y sin embargo,

establecidos los parámetro reflexivos, ahora, en Jena, Hegel continúa planteándose la tarea de "entender lo que hay".

Es esta, justamente, la premisa del primero de aquellos textos fililosófico-políticos conocidos como la Constitución alemana. En él, las contradicciones absolutas, resultado del estudio de las 'necesidades subordinadas de los hombres' logran concretarse en los antagonismos y en la real escisión que existe entre la vida alemana y su legislación. En efecto, la Constitución alemana, no corresponde —según Hegel— al estado político, económico y social del cual pretende ser expresión. Dicha Constitución ha sido remplazada, en la práctica, por un orden social diferente, esto es, el de la sociedad del individualismo burgués. Su mantenimiento, por encima de todo parámetro racional y real, significa solamente obstinación y terquedad, es decir, el empeño de querer ser lo que no se es. A tal respecto, cabe señalar, con Lukács, el hecho de que, ciertamente, el hilo conductor del pensamiento de Hegel es, ya desde Berna, profundamente histórico, incluso antes de su inconsciente expresión filosófica, vale decir, antes de la fundación del sistema. Lo que no significa, de ningún modo, que el historicismo de Hegel sea —como en el caso de la Escuela Histórica del derecho, con Savigny a la cabeza— una especie de glorificación del pasado, o un lego acatamiento de la tradición. Tampoco se trata de la mera justificación formal del presente, el cual permanecería atado de manos y pies al pasado, y cuya inevitable predestinación haría imposible todo intento de modificación del entorno social. Por el contrario, como Lukács ha señalado, *tras la renuncia de las ilusiones jacobinas de una renovación de la antigüedad, Hegel se encuentra con los problemas de la moderna sociedad burguesa. Desde entonces, la conexión dialéctica del desarrollo histórico y de la temática filosófica, constituye un problema central del pensamiento hegeliano.* 11 En efecto, sólo así puede comprenderse el sentido objetivo de la 'positividad' en el ámbito de la historia universal, ya que para Hegel la continuidad del proceso histórico es, en concordancia con las conclusiones y los resultados obtenidos en Frankfurt, una *continuidad discontinua* 12. De ahí la relevancia de la tesis propuesta por Hegel en este escrito juvenil y, justamente, en virtud de su importancia para la comprensión de los textos decisivos de la madurez del autor, relativos, por una parte, al Derecho, considerado en la conexión dialéctica de moral y política y, por la otra, a la historia, interpretada como el "tribunal" del Espíritu del mundo. Así, pues, la importancia del escrito sobre la *Constitución alemana* consiste en el hecho de que, en él, Hegel ha fijado por primera vez el recurso histórico de las formaciones sociales y políticas de un modo que, como apunta Lukács, aunque será luego más detallado, no abandonará ya ni modificará en sus aspectos esenciales. [13]

Propósito de las presentes páginas, consiste en hacer explícito este recurso, al tiempo de examinar sus conclusiones como punto de partida para la crítica hegeliana del Derecho Natural y su consecuente resultado, cabe decir, la concepción hegeliana de la eticidad.

Según Hegel, en Alemania, las formas dadas a la vida política y social han entrado en contradicción con la vida misma, con los deseos de las necesidades de la sociedad: lo que ha hecho del orden constitucional algo puramente negativo [14], un querer persistir en las formas que, por ello mismo, no puede ser considerado como algo real. Así, se impone la necesidad de transformar la organización social y política alemana, inevitablemente a través de la violencia. Las formas jurídicas insiste Hegel— han entrado en clara y abierta contradicción con el contenido. El pueblo alemán no es un Estado, y sólo elevando la razón a 'lo que es', podrá reunificarse como tal.

En el texto de la *Constitución de Alemania*, Hegel pone de relieve este sorprendente realismo, unido inescindiblemente con la crítica sustancial de una razón que ha dejado de ser racional: *Una multitud de hombres —afirma— puede darse el nombre de Estado sólo si está unida por la defensa común de todo aquello que le es propio, esta unión no tiene la intención de defenderse solamente con las armas. Nadie, en efecto —agrega—, podrá negar que Alemania está unida, en vista de su defensa común, por leyes y palabras. Pero no es lícito hacer distinciones entre leyes y palabras, por una parte, y hechos y realidades, por la otra. La propiedad y la defensa de ella mediante una unión estatal —concluye—, son efecto cosas que tienen un estrechísimo ligamen con la realidad; su pura idealidad, sea lo que se quiera, no es un Estado. Proyectos y teorías pueden pretender ser consideradas reales en la medida en la cual son deseables, pero su valor es el mismo, sean ellos traducidos a la realidad o no; una teoría del Estado habla en verdad del Estado y de la Constitución sólo si ella coincide con la realidad.* [15]

Tarea del Estado consiste en la consecución del bien común. Mas, un Estado que no contiene esta verdad, no es un Estado. En efecto, dentro del mapa geopolítico que presenta el Imperio Alemán constituido por Austria y Prusia, con la venia de los príncipes electores de noventa y cuatro príncipes eclesiásticos y seglares, de ciento tres barones, cuarenta prelados y cincuenta y un ciudades imperiales; es decir, con casi trescientos territorios sin jurisdicción centralizada y con una Corte Suprema que respondía más a caprichos y sobornos que a la justicia y a la equidad [16] —, puede entenderse la posición de Hegel frente a un Estado cuya apariencia de orden social ameritaba un radical reemplazamiento de su conducción política, que hiciera posible el surgimiento de una "verdadera comunidad". Una comunidad —según este planteamiento crítico— de carácter orgánico en el que se integran con clara conciencia del fin los intereses particulares e individuales con los intereses generales de la sociedad, permitiendo así la coincidencia de lo diferente, bajo la cubierta de un concepto constitucional vivo, porque fundado e integrado con el pueblo del cual es expresión, al punto de ser rector de su realización universal.

Bajo la impresión de una paz infausta, el autor de la Constitución de Alemania ve en el incierto destino de su nación, el agotamiento de sus juveniles esperanzas republicanas; de ahí su disposición a comprender porqué Alemania ha llegado a no ser —desde el punto de vista del contenido—, y sin embargo —desde el punto de vista de la forma—, a ser un Estado: *Alemania es un Estado en la teoría, pero no en la realidad.* Y agrega: *formas externas y realidades no tienen nada en común; el vacío formalismo pertenece al Estado, pero la realidad, en cambio, al no ser del Estado.* [17]

Este desgarramiento entre la forma y el contenido, lo inducía a distinguir la doble función del Estado en tiempos de paz y de guerra: *la salud de un Estado se revela no tanto en la quietud de la paz cuanto en el movimiento de la guerra; en la primera, el goce y la singularidad se generan en presencia del paternalismo de un gobierno que sólo exige de sus súbditos el que pertenezcan a su administración. Pero en la guerra se muestra la fuerza y la cohesión de todos con el todo; se muestra en qué medida el Estado ha predispuesto lo que pretende de sus súbditos y se pone a prueba cuánto estos últimos puedan hacer por él mediante su propio impulso y según su propio ánimo.* 18

Se trata de una doble función, que pone de manifiesto, una vez más, la unidad del pensamiento jurídico, político e histórico de Hegel con su concepción filosófica. En estas consideraciones sobre el Estado puede sorprenderse aquel movimiento fenomenológico de la conciencia que es, paralelamente, báquico e idílico. Por otra parte, se tiene la impresión de estar frente al derrumbamiento de uno de los más fuertes prejuicios de la crítica filosófica, más que como un férreo e inamovible eje rector del poder absoluto, como un vértice del poder en el que confluye la totalidad social, pero que de ningún modo es presentado corno la totalidad misma. Como vértice de la totalidad, el Estado es, en sustancia, entendido como poder político-militar. Como se intentará mostrar más adelante, la crítica de Fichte considera al Estado como una máquina, cuyo eje central hace posible el movimiento de sus infinitos engranajes. Para Hegel, en cambio, entre Estado y Sociedad debe asegurarse la existencia de una "zona franca" que limite la función del poder estatal y asegure a los ciudadanos una plena y vital libertad y un campo de acción propicio.

Historia y eticidad en la filosofía de Hegel.

En 1833, Eduard Gans presentaba la segunda edición de los Grundlinien del Derecho y el Estado en Compendio, en medio de un ambiente intelectual signado por la primera gran edición de las obras completas »le Hegel, creadas por "La Sociedad de Amigos del Difunto", la primera versión de la Escuela Hegeliana. Gans concluía su emocionado prefacio con las siguientes palabras: "Toda la obra de Hegel ha sido construida con el metal de la libertad". La Filosofía del Derecho —agregaba Gans a propósito del «futuro destino de la obra"— "como parte del sistema, terminará por fundamentarlo o destruirlo. Acaso su artificiosidad lingüística -proseguía- dará paso a la comprensión de sus profundas ideas, las cuales devendrán en patrimonio común de la humanidad". Gans finalizaba su prefacio señalando que: "Este libro, el cual comprende su tiempo en el concepto, ya no se haya a la altura de su tiempo. Un nuevo desarrollo de la filosofía superará en la realidad aquello que esta obra ha contribuido a cambiar en el pensamiento. Mas el punto de vista filosófico de éste libro ya ha culminado y pertenece a la historia. Se manifiesta un nuevo desarrollo progresivo de la filosofía que emerge de sus mismos principios fundamentales: otra concepción para la realidad. [19]

Las palabras de Eduard Gans son, en verdad, premonitorias, sobre todo en un momento en el que, aún siendo uno de los más fieles y devotos discípulos del maestro, sin embargo era considerado como el único miembro rebelde de la recién formada Escuela. En su Discurso, puede apreciarse con asombrosa claridad el eco de la descarnada lucha que sostendrán los hegelianos de 1840 a propósito de la verdad o falsedad de la relación entre historia y sistema o entre la política y la crítica de la religión, cuyo centro de discusión, será, precisamente, la concepción hegeliana del Derecho y del Estado. No menos reveladoras resultaban sus ya mencionadas afirmaciones sobre el "futuro destino de la obra", pues, en efecto, a diferencia de la notoria influencia ejercida por la Fenomenología del Espíritu, La Ciencia de la Lógica, o las Lecciones de Historia de la Filosofía, de Filosofía de la Historia o de la Estética, la Filosofía del Derecho de Hegel ha ocupado un puesto más bien polémico, siendo el objeto de violentas defensas o, con mayor

frecuencia, de fervientes refutaciones, ya desde
su propia aparición. Una gruesa y enmohecida
capa de prejuicios se ha tejido alrededor de esta
obra. La fuente de estos prejuicios tiene su
origen, fundamentalmente, en la presuposición
de su acercamiento al Estado Prusiano y a la
Restauración de los años veinte, cuando no a su
exhaltación desenfrenada, sobre todo, en
aquellos aspectos cruciales en ella contenidos.
Así, la obra principal de la filosofía política
hegeliana, destinada a transformarse en el punto
de partida de los ideales revolucionarios de toda
una generación intelectual, ávida en cambios e
inversiones radicales, ha sido, desde su propio
nacimiento, reseñado como "un libro servil de
cuyos principios y doctrinas debería mantenerse
alejado todo amante de la libertad". La rúbrica
de dicho prejuicio se ha convertido en un lugar
común y quizá, en gran medida, no excedente de
razón. Desde Stahl hasta Erdmann, desde
Rosenkranz a Fisher, desde Rosenzweig a
Marcuse, éste ha sido el constante hilo
conductor de la crítica y la hermeneútica
hegeliana. Otra vez, el prefacio de Gans pone de
relieve la actualidad de sus apreciaciones en esta
dirección. Ya desde entonces quien, según
Mario Rossi, sería el "mas inteligente" [20] de los
discípulos de Hegel, llamaba la atención sobre

"la nada común desproporción existente entre el valor substancial" de la filosofía del Derecho y "los reconocimientos y la difusión" obtenidos por ella. Después de 1840, la crítica se transformó, efectivamente, en la única consideración a interpretación posible de la Filosofía del Derecho, tanto por parte de los más progresistas como de los más conservadores. Así, la diversidad exegética y los diferentes puntos de vista ponían de relieve el hecho, ya advertido por Gans, de que la filosofía de Hegel, su núcleo de intereses y su problemática interna había concluido para siempre. La historia había dejado tras de sí una época y, con ella, la gran reflexión de su aquí y ahora.

Y, sin embargo, en medio de ese dilatado torrente de críticas, por demás incisivas, en 1870, época en la que Hegel ya era un "perro muerto", un intelectual de no poca monta, se atrevía a publicar en un periódico alemán una defensa histórica de quien, a su juicio, injustamente era acusado de apologeta de la reacción. El editor de dicho periódico, consciente del desconocimiento de Hegel por parte del público lector, agregaba una nota en la que lo definía como: "el glorificado!- del Estado prusiano". Ante semejante juicio el autor del artículo escribió las siguientes líneas a un amigo en común: "este animal se permite agregarle al artículo notas marginales que son pura vaciedad... Este asno, este ignorante tiene la desfachatez de querer liquidar a Hegel con la palabra 'prusiano'...". A vuelta del correo su amigo le respondía: "le he escrito diciéndole si no sabe otra cosa que repetir viejas estupideces más vale quedarse callado: el individuo es, en verdad, demasiado estúpido". El editor y autor de esta nota se llamaba Wilhelm Liebnecht. El autor del artículo y de la primera carta se llamaba Federico Engels y el de la segunda Carlos Marx.

En realidad, puede decirse que el real defensor y legítimo heredero de Hegel no fue, por cierto, uno de sus más fieles y cercanos discípulos, sino en última instancia y precisamente, su más inteligente y encarnizado crítico. Carlos Marx 21 ha sido el único pensador de su tiempo capaz de comprender la obra de 1820 por lo que efectivamente fue; en su Introducción de 1884 a la Crítica de la Filosofía del Derecho de Hegel sostenía que " la filosofía alemana del Derecho y del Estado" era "la única historia alemana" que se hallaba a la par "con el presente oficial moderno" 22 : "la Crítica de la filosofía alemana del derecho y del Estado es la única historia alemana que se halla, al parí, con el presente oficial moderno, la más consecuente y la más rica, en su análisis crítico del Estado moderno y de la realidad que con él guarda relación, como la resuelta negación de todo el modo exterior de la conciencia política y jurídica alemana, cuya expresión más noble, más universal, elevada a ciencia, es precisamente la misma filosofía especulativa del derecho". [23] La Introducción a la crítica del '44, lo mismo que el manuscrito de 1843 (Krttik des Hege´schen Staatrechts), contiene la oposición que desgarra la época moderna: vale decir, la oposición entre Estado y Sociedad Civil, entre Citoyen y Bourgois, entre vida pública y vida privada. Según Marx, la profundidad de Hegel estriba precisamente en esto: "que ha comenzado con la oposición de las determinaciones y ha puesto el acento sobre ellas". [24] Más allá de sus deficiencias y errores, la Filosofía del Derecho de Hegel es el proyecto de reconstrucción de la estructura conceptual de la sociedad moderna, de su Estado e instituciones, de su sociedad y de su familia, de su política y su moral, a la luz de la historia de la civilización humana y, en especial, de la tradición política del mundo clásico.

Propósito de las presentes líneas es de mostrar, en lo posible, el significado de la filosofía hegeliana del derecho y exponer, a grandes rasgos su estructura, poniendo de relieve la importancia de su concepto central: el concepto de eticidad, motivando, finalmente, su conexión con la doctrina histórica de la dialéctica moderna.

No fue simple casualidad el que Hegel colocase a su más importante obra de la filosofía política un título de doble significado. De hecho, la obra en cuestión lleva por nombre *Lineamientos de la filosofía del Derecho*, o sea Derecho Natural y Ciencia del Estado en compendio. Los dos términos presentes en el segundo título designan dos disciplinas que son constitutivas del pensamiento filosófico-jurídico pre-hegeliano: 'derecho natural' y 'ciencia del Estado'. La primera tiene sus orígenes entre los siglos XVII y XVIII; la segunda pertenece a la tradición de la filosofía política clásica. Lo sustancial de esta segunda línea interpretativa, consiste en su rechazo a toda fractura o separación entre derecho natural y ciencia del Estado. Para la filosofía política clásica, hasta el siglo XVII, la *societas* es la comunidad de los hombres jurídicamente ordenada, una comunitcas civilis sive política, que tiene en la polis, entendida aristotélicamente como *Oikonomia Politiké*, su soporte teorético. Para el pensamiento político clásico una visión del hombre aislada de lo

político significaba su acercamiento a lo
puramente natural y barbárico, vale decir, como
antítesis de lo social o cultural. Sólo con
Maquiavelo y después con Hobbes, la así
llamada ciencia del Estado se independiza de la
vieja consideración de la política; movimiento
éste que va unido, paralelamente, a la
emancipación del Estado de la Sociedad Civil.
Es sólo a partir de esta separación que cobra
sentido y racionalidad la confrontación, propia
del siglo XVIII, entre Ciencia del Estado y
Derecho Natural la cual caracteriza a la primera
línea interpretativa. Considerado desde el punto
de vista histórico-político, y no filosófico, el
Derecho Natural es un intento de mantener
dentro de límites inmutables la intervención del
Estado en la sociedad, cuyo ordenamiento
originario se fundamenta en el derecho. Con ello
se intenta confirmar el Estado dentro de los
límites del ejercicio del poder político, bajo un
nuevo concepto del derecho y de la libertad. La
antítesis entre 'derecho natural' y 'ciencia del
estado', entre la teoría de la moral y la de lo
político, introduce en el pensamiento filosófico
las conquistas propias de la revolución burguesa,
y, desde entonces, ellas acompañan su incesante
discurrir.

El punto de partida de la *Filosofía del Derecho* de Hegel es, precisamente esta escisión entre derecho natural y ciencia del Estado y, como tal, es el intento histórico-filosófico de superarla, toda vez que estos lineamientos de Hegel comprenden la filosofía del Derecho como aquel proceso reconstructivo de los términos de la escisión que, en su devenir. Reconocen la mutua dependencia que cada posición tiene de la otra, al punto de saberse en la necesidad de una identidad diferenciada. En otros términos, para Hegel la política se traduce en *filosofía del derecho* en cuanto la antítesis entre derecho natural pre-estatal y el derecho que origina a los individuos la función del poder político y la cual es superada y conservada sobre la base de derecho entendido como conquista del quehacer histórico-político de la voluntad racional. Con Hegel el centro de la filosofía política se sitúa en la inescindible relación derecho-libertad. La antítesis previa perdía así, a la luz de su dialéctica inmanente, su propia fundamentación en cuanto oposición inmediata y, por ende, abstracta. La política se identificaba con el derecho porque el contenido del derecho, considerado como relación jurídica de individuos, propio de la vieja sociedad civil, cedía el paso a su inserción como razón del hombre que, porque quiere, realiza su libertad. Hegel retoma, de este modo, la tradición filosófica clásica sin descuidar la importancia y el alcance obtenido por la moderna doctrina del derecho natural en su tiempo. De esta forma la efectividad de la vida pública no podía ser puesta entre paréntesis mediante la inútil búsqueda de lo que 'debería ser' y no es. Mas no por ello el tratamiento de la res pública viene reducido a la simple presentación de sus condiciones inmediatas. El intento de Hegel, más allá tanto de una como de otra posición, consiste en la 'búsqueda racional' de la 'comprensión del presente y de lo real', poniendo en estrecha vinculación relaciones y conceptos hasta derivar, de semejante proceso, una filosofía del Estado y de la historia universal. Como el propio Hegel ha señalado, la 'negación determinada' o 'superación que conserva' es aquella afirmación que sólo surge a través de la negación de aquello de lo cual resulta. De este modo, la relación de oposición del derecho con la moralidad resulta en la afirmación de un 'nuevo' derecho, esto es: la eticidad, mediado por el movimiento que hace posible su resultado, que, empero, es determinante de un nuevo derecho en cuanto es negación del movimiento mismo. Tal es el tránsito del derecho abstracto a la moralidad y a la eticidad. Esto es lo que Hegel quiere significar cuando, en otra conocida fórmula de la Fenomenología señala que la verdadera confrontación de un principio es su plena realización: confutar el derecho abstracto significa, en el ámbito de la Filosofía de! Derecho, mostrar como la configuración del derecho abstracto sanciona, de suyo, y precisamente a través de su plena realización, su carácter parcial, esto es, abstracto. En otros términos, la configuración dialéctica de derecho abstracto no es, a diferencia de la tradición naturalista, el lugar en el cual se viene ampliando el campo de aplicación de los principios originarios y constitutivos del derecho, sino que, más bien, es la fundamentación de su límite, del campo de su vigencia y aplicación y, a la vez, la determinación, *vía reflectionis*, de un nuevo concepto o estructura de la realidad. Para Hegel 'abstracto' no significa 'verdadero' o 'falso' a secas; significa, en todo caso, que se trata de una determinación indispensable, pero incompleta, y que, por ello mismo, debe ser suprimida —*aufheben*— en lo que tiene de abstracto al tiempo de conservarla asignándole una función positiva dentro del entramado orgánico del

proceso, en este caso, del derecho. En tal
sentido, puede decirse, que la *Filosofía del
Derecho* es una fenomenología de la voluntad
libre del hombre, la cual, desarrollando sus
formas particulares, vale decir, sus
determinaciones, no sólo conquista la superación
de las abstracciones, sino que, por ello mismo,
va dilatando su círculo procesal hasta conquistar
su cometido al punto de exigir la realización
práctica de la voluntad libre de los hombres.

Las tres tesis fundamentales de la Filosofa del
Derecho —Derecho abstracto, Moralidad y
Eticidad, así como cada una de sus tres
secciones, a saber: 'La propiedad', 'el contrato'
y 'lo injusto'; 'propósito y culpa', 'intención y
bienestar', 'bien y certeza'; y, finalmente,
'familia', 'Sociedad Civil' y 'Estado'—, no
deben ser entendidas como una simple evolución
de acuerdo con la cual el derecho sería
históricamente anterior a la moral y ésta, a la
vez, anterior a la eticidad. Ciertos autores han
interpretado de esta manera la *Filosofía del
Derecho* [25] , haciéndola ver como una especie de
"Dialéctica del Abrazo Mortal", en virtud de la
cual —no a lo Hegel sino a lo Darwin— la
eticidad liquidaría, porque con su universalismo
asfixiaría, la finitud del derecho y de la
moralidad. Contrariamente, para Hegel, cada

aspecto o 'momento' del derecho es esencial
para la comprensión de la Eticidad. Derecho y
moralidad son imprescindibles, pero, según
Hegel, insuficientes en cuanto a formas fijadas
por el intelecto y puestas como el principio
cuando, en verdad, no son más que un resultado.
De ahí que Hegel proponga la búsqueda de la
verdad del derecho y de la moralidad en la
eticidad. Lo ético, en Hegel, no es como la
tradición jurídico-política moderna, una teoría
de la moral, sino, en sentido clásico, la
indisoluble unidad del individuo y sociedad o,
en términos gramscianos, el Estado
'comprendido en sentido amplio' [26] . De ahí que,
para el autor de la *Filosofía del Derecho*, el
Estado no es la simple supresión del Derecho y
la moralidad sino, justamente, lo contrario. En
Hegel, pues, lo suprimido es necesariamente
conservado. En esto, consiste la dialéctica
de *Aufheben*. En efecto, en el parágrafo 32 de
la *Filosofía del Derecho*, Hegel dice: "La idea se
tiene que determinar en sí cada vez más
ampliamente, porque ella, en el comienzo es
sólo concepto abstracto. Pero nunca es
abandonado este concepto abstracto inicial, sino
que cada vez se enriquece más en sí, y la última
determinación es así, la más rica. Las
determinaciones que primeramente sólo son en

sí lleguen de este modo a su autonomía libre,
pero de manera que el concepto permanece
como a el alma que todo engloba y que alcanza
sus propias diferencias mediante un
procedimiento inmanente. Por eso —concluye
Hegel— no puede decirse que el concepto llega
a algo nuevo, sino que la última determinación
de nuevo coincide en unidad con las primeras".
Con ello, Hegel nos sitúa en un terreno diverso
al de la ciencia jurídica propiamente dicha, esto
es del así llamado 'derecho positivo', cuya
eficacia reposa en la autoridad, por una parte,
formal (en cuanto a leyes generales) y, por la
otra, en el reino de lo empírico (necesidades
materiales y espirituales, costumbres,
tradiciones, etc.). La *Filosofía del Derecho* no es
un tratado de leyes cristalizadas. Su principio no
descansa en la autoridad, sino que, más bien,
descansa en la voluntad —diría Marx en la
praxis- humana. Así, el punto de partida de
la *Filosofía del Derecho* es la voluntad libre
universal, la cual, como todo punto de partida,
es una abstracción, por lo cual debe desarrollarse
en sus diferentes formas o manifestaciones.

En tal sentido, el derecho es la figura que la
voluntad libre se da a si misma por medio de la
creación de una "segunda naturaleza" -como
dice Hegel en el parágrafo 4 de la Ph R- que es

el mundo social e histórico. Dentro de estas coordenadas, la voluntad libre deviene en negatividad de lo dado o alienado de sí respecto de la cual la *Filosofía del Derecho* quiere ser, más que una ciencia positiva del derecho, la comprensión del derecho en cuanto Tratado de actuar con derecho.

A la luz de esta aproximación decisiva que precisa el terreno de la obra en cuestión, Hegel muestra cómo la voluntad, de su saberse como yo en sí mismo o pura negatividad indeterminada, se hace positiva y determinada convirtiendo su abstracta universalidad en determinada particularidad o finitud. Dicho proceso lo explica Eric Weil de la siguiente manera: "La voluntad que es mía, que yo sé mía, es el pensamiento de mi libertad, de que yo puedo rechazar lo dado. Pero rechazando todo lo dado, toda determinación exterior e interior, tomando conciencia de la negatividad libre y de la libertad negadora, reencuentro a la vez una nueva positividad, tan esencial como esta negatividad: niego para plantear, pero también siempre determinándome en y por ese nuevo acto de libertad. La libertad, como se proclama en la actualidad creyendo haber hecho un gran descubrimiento, es simple libertad en situación. [27] Este proceso, que va de la pura negatividad abstracta, la voluntad indeterminada, a su progresiva determinación, es un movimiento no menos negativo que el anterior y que ya estaba contenido en él, con lo cual lo negativo llega a negarse a sí mismo". [28] Hegel muestra, en suma, que la infinitud y universalidad invocadas por el moderno concepto de voluntad no son más que una mala infinitud, toda vez que se revela su carácter finito y particular. Pero, al mismo tiempo, se pone de relieve el carácter abstracto de todo derecho independiente de la voluntad. La negación reflexiva, que es propia tanto del derecho abstracto como de la moralidad, no logra comprender (hegreifen) que su pura indeterminación esconde la absoluta determinación de sí y el consecuente reconocimiento de su otro. Es decir, su mantenerse en la pura indeterminación respecto del otro termina, de suyo, por determinar tanto al uno como al otro. De allí Hegel concluye en una concepción concreta —y no abstracta— de la voluntad libre, la cual es el resultado del mutuo reconocimiento de aquellos dos momentos o aspectos precedentes —el de la particularidad y el de la universalidad—. La voluntad, que habitualmente venía a ser considerada por el mundo moderno bajo el abstracto presupuesto de su absolutez, deviene en su verdad una vez que se reflexiona a sí misma al intentar explicar su razón de ser. Así, cada determinación particular logra reencontrarse en su real proceso, que no es otro que el proceso mismo de la libertad. Los particulares movimientos evolutivos conquistan su razón de ser. De ahí que la racionalidad, para Hegel, en cuanto reconciliación con la voluntad existente coincida con la libertad real: vale decir, con lo que se denomina eticidad o superación de la libertad individual y de la libertad pública, o, en otros términos, de la moralidad con el derecho abstracto. "La libertad —se dice en la Adición al parágrafo 7— no se encuentra, por tanto, ni en la indeterminidad ni en la determinidad, sino que ella es ambas". [29] La voluntad en su recorrido en sí va. concretándose hasta conquistar su finalidad, esto es, la realización de sí en la libertad; de ahí que la determinación de la voluntad diferenciada sea, según el autor, inmediata y que, en tanto concepto, ella no sea sino una verdad a medias, ya que fuera del concepto existe algo y mientras exista, con absoluta independencia de su concepto, no será más que una abstracción: "sólo teniéndose a sí misma como objeto la voluntad es para sí lo que ella es en sí. [30] Y sin embargo, siendo la voluntad inmediata lo finito y particular, en ella se hallan in nuce -es decir, no desarrollados- todos los elementos de la razón, ya que, todavía, forma y contenido se mantienen escindidos, opuestos, por lo cual la voluntad inmediata, siendo tan sólo posibilidad, tiene necesariamente que vencer las barreras que el mundo objetivo le traza hasta alcanzar, una y otra vez, y en cada una de sus formas históricas específicas, la libertad como realidad concreta.

La voluntad inmediata, pues, es por un lado, voluntad del individuo empírico, abstracto; por el otro, voluntad universal indeterminada y formal, es decir, no menos abstracta que la primera. La voluntad así entendida, no es voluntad total, unidad del contenido y de la forma de su voluntad: sólo es una posibilidad, más no realidad determinada y concreta. De ahí que el así llamado "libre arbitrio" quede descubierto como una libertad contradictoria, como una de las antes mencionadas barreras abstractas a vencer, toda vez que se presenta como la pura posibilidad de escoger, lo cual significa simple querer de libertad, pero no la libertad misma. La libertad debe enfrentarse con su escogencia. El no hacerlo es la permanencia de su pura pretensión: si la voluntad quiere ser voluntad libre debe resistir y superar las determinaciones que ella misma se ha fijado. Su introducción en lo objetivo y externo no significa su deshonra sino su gloria. La voluntad, para llegar a ser voluntad de verdad, no puede ser pura: sólo la impureza de su devenir muestra su real pureza y su carácter de verdad: *Hic Rhodus, Hic Saltus*, [31] Contrariamente, el libre arbitrio, toda vez que quiere ser satisfacción de toda tendencia e inclinación, termina por no satisfacer ninguna, o, en todo caso una. Empero, con ello permanece en la limitación de la cual quisiera inútilmente escapar, en su afán egoísta y destructivo. Si el hombre quiere conquistar el bien debe vivir con el mal para poder superarlo.

La *Filosofía del Derecho* de Hegel se propone, en fin, concebir lo que en apariencia se muestra como tendencias en oposición, en el interior de un proceso que logra aprehenderlas como eslabones indispensables —y por ende necesarios— del sistema racional de la voluntad, desde su concepto filosófico. La voluntad libre conquista así su infinitud, toda vez que logra entender que es el perenne hacer de sí misma. Círculo de círculos que rebasa los estrechos límites de su posibilidad para penetrar en las formas que la determinan. Proceso de negación y superación de la negación que trasciende toda singularidad particular porque se hace concreta.

En ella, las posiciones aisladas se trastocan: lo subjetivo se transforma en objetivo, lo objetivo en subjetivo. Y así, la idea concreta de este sistema racional se reconoce como libertad en constante desarrollo; dentro de ella, cada existencia particular de la voluntad, en cuanto a su momento o aspecto, deviene derecho absoluto y reconciliación de lo universal con lo particular. Las figuras de este recorrido fenomenológico son los diferentes momentos de su desarrollo dentro del escenario de la historia universal. Esta dialéctica que comprende al derecho como libertad y que se realiza a través del tiempo hecho pensamiento es -como dice el propio Hegel [32] - 'la más alta cumbre de la razón', y su exposición filosófica es la conciencia del espíritu humano, de su constante trabajo negativo y positivo a la vez, de su lucha por conquistar y reconquistar —Immer Wieder— su autosaberse racional y libre.

Quizá las especificaciones hechas, hasta aquí, permitan poner en claro el hecho de que Hegel tenga que comenzar por el derecho abstracto y no por la moralidad o Eticidad. Acaso una breve exposición de la estructura de la *Filosofía del Derecho* permita corroborar lo que, hasta ahora, se ha intentado decir. La compleja estructura de la *Filosofía del Derecho* de Hegel refleja el resultado al cual su autor ha llegado mediante el examen crítico e histórico de la filosofía política antigua y de la moderna. Sin embargo, es importante, antes de entrar en el análisis de la estructura del texto, señalar que, como en El Capital de Marx, su método de exposición no coincide con su método de investigación. En efecto, el punto de partida de la obra en cuestión, desde el punto de vista de su concepto inmanente, no es el derecho abstracto sino, precisamente, la eticidad. El derecho abstracto, en realidad, no es más que una 'ficción metodológica', como recientemente ha expresado K.H. Ilting, curador de la edición crítica de la Filosofía del Derecho de Hegel en cuatro tomos. [33] 'Ficción Metodológica' pues, como se ha dicho, por cuanto Hegel conduce al entendimiento abstracto a través de las figuras constitutivas y esenciales del derecho hasta el reconocimiento de la inversión dialéctica de sus presuposiciones. Lo que para el entendimiento abstracto es un obvio y sólo punto de partida, a saber: el hombre individual, para Hegel es el resultado de un denso e intrincado proceso que es el de la historia, y, en última instancia, de lo que denomina la sociedad 'cristiano-burguesa'. En otros términos, el punto de partida racional es el resultado real, pero el punto de partida real es el resultado racional. Derecho y moralidad son los opuestos antagónicos del aquí y ahora histórico que Hegel quiere restituir por medio de la toma de conciencia de su historicidad, cuyo punto de partida reposa, precisamente, en su absoluta, pero por ello mismo inmediata, unidad ética. De ahí la importancia que tiene el saber distinguir, en el interior de la obra de Hegel, en general, y de la *Filosofía del Derecho*, en particular, entre exposición racional e investigación histórica, las cuales, a la vez, terminan por entretejerse mutuamente hasta derivar en el sistema de la absoluta unidad de lo real y lo racional. Por lo tanto lo que a Hegel parece importarle es hacer comprender al entendimiento abstracto que debe salir de su limitada visión del derecho y de la moral, acompañándolo en este recorrido que va desde la apariencia de las formas escindidas de lo social y de lo individual, en estado de cristalización, hasta la verdad de la eticidad. Hegel, pues, no comienza, como generalmente se cree, por un principio metafísico, desligado por completo de la realidad. Hegel sólo sigue, el desarrollo objetivo de la conciencia moderna, y acompaña socráticamente a estos principios metafísicos, hasta de que por sí muestran sus insuficiencias y su propia destrucción, es decir,

hasta que por sí mismos toman conciencia de su
situación parcial y no definitiva o absoluta. Así
es como se llega a comprender, que, en primer
lugar, la forma más simple o anacrónica de la
libertad es la que para los filósofos modernos de
la política viene a ser la sustancia misma de la
libertad, vale decir: el derecho natural, o como
Hegel lo denomina, 'abstracto'. El derecho
abstracto según Hegel, es el derecho del
individuo aislado, el derecho de poseer o de
posesión con el que el hombre se hace persona
jurídica. Su origen no es, pues, la necesidad sino
la afirmación de la individualidad. Con él la
voluntad alcanza su más llana determinación y
de voluntad libre indeterminada, esto es, de puro
querer, la voluntad se hace individuo que quiere
algo. La voluntad se ha exteriorizado en la cosa
y ha dado lugar al contrato, a la forma de una
voluntad que ha dejado de ser individual. Más
ello muestra que la voluntad al exteriorizarse y
aferrarse al querer la cosa, deja de ser voluntad
libre, según su abstracta definición. La oposición
entre voluntad universal y voluntad individual se
hace entonces explícita. La persona del derecho
ya no es el 'hombre': la voluntad ha entrado en
conflicto consigo misma y manifiesta su aspecto
universal, por un lado, y particular, por el otro.
La conciencia del hombre que aspira lo

universal deja de un lado a la persona del derecho y se hace sujeto moral. Y, así, la voluntad libre, desprendida de la voluntad individual, postula el deber como fundamento de la buena voluntad. ¿Qué es pues el deber?, en el parágrafo 135 de la *Filosofía del Derecho* Hegel observa: "la universalidad abstracta, la identidad sin contenido, lo abstracto positivo, la carencia de determinación como determinación". [34] La moralidad, ese santuario de la interioridad y del puro deber, no es, en el fondo, más que una esencial ambigüedad. Apelando exclusivamente a las convicciones del individuo, ella puede justificar cualquier cosa: lo bueno y lo malo, lo sublime y lo perverso indistintamente, dado su carácter subjetivo. De ésta "lo malo se convierte en lo bueno y lo bueno en lo malo, y la conciencia se sabe como este poder y por eso se sabe como absoluta; es la cima suprema de la subjetividad, la forma en la cual ha prosperado lo malo en nuestra época y precisamente mediante la filosofía". [35] De hipócrita y perverso juzga Hegel el acto moral, en virtud del cual, por ejemplo, "robar para hacer el bien a los pobres; robar, huir del combate a causa del deber para con su vida, para cuidar su familia; matar por odio y venganza para la satisfacción de su derecho, etc., se convierten en buenas acciones. Así se ha llegado a decir que no hay propiamente malvado, pues el no quiere el mal por el mal, no quiere lo negativo puro, sino que quiere algo positivo, un bien. En este bien abstracto —concluye— han desaparecido las diferencias entre bueno y malo y todos los deberes reales; por esta razón querer meramente el bien, tener una buena intención, es más bien el mal, en cuanto el bien sólo es querido en esta abstracción y con ello su determinación es reservada al 'libre arbitrio' del sujeto". [35] En otros términos, para decirlo con Hegel, no hay moral concreta sin realidad concreta. El bien no debe ser es, tal y como históricamente se presenta en el mundo. Es esto a lo que Hegel llama Eticidad, que quiere decir costumbre en sociedad, civilización. La única moral concreta es la realización del bien que es la libertad como toma de conciencia de la necesidad.

Pero el hombre histórico, o como dice Marx, el *ser social*, realiza el bien no porque deba crearlo de la nada, sino porque de hecho existe en el mundo de manera objetiva. Así como tampoco crea la propiedad o la norma antes de entrar en sociedad, porque ellas no preceden a la razón y a la libertad, sino que, por el contrario, son el resultado de la pérdida de la homogeneidad de la libertad, el resultado de su

históricamente necesaria, porque inevitable,
escisión; del mismo modo que la eticidad
pretende ser la superación histórica de tal
escisión. En las dos primeras partes de la
Filosofía de! Derecho, Hegel había expuesto las
dos características fundamentales de toda
philosophia practica, la cual se apoya sobre la
distinción o separación entre legalidad y
moralidad. La doctrina de la eticidad, o del
Estado ético, conforme la tercera parte del texto
hegeliano y se basa en la teoría de la comunidad
política, cuya orientación es la del clasicismo
jurídico; en ella Hegel intenta incluir las
doctrinas del derecho y de la moral ubicándolas
en el punto que cada una se merece. No pues,
como partes aisladas e independientes entre sí,
sino como partes constitutivas de la vida social,
en medio de las relaciones sociales que tales
doctrinas no han creado con su libre decisión,
sino que preceden toda realización del derecho y
del deber individual, único lugar donde éstas
adquieren claramente vinculación con las
instituciones y la comunidad.

Contra Hobbes y contra todos los teóricos del
Derecho natural hasta Kant y Fichte, según el
cual los individuos deben ser entendidos como
detentores de derechos asociados en el Estado.
Hegel retoma la tradición de Platón y Aristóteles

quienes habían iniciado su teoría de la vida
política partiendo de la necesidad que tienen los
hombres de vivir en comunidad. En tal sentido,
los clásicos buscaban el origen del Estado en las
más simples formas de comunidad, para mostrar
el nacimiento gradual de la vida política del
hombre. Esta estructura es virtualmente repetida
por Hegel en la tercera parte de la *Filosofía del
Derecho*, la cual, precisamente, va de la familia
a la sociedad civil y de ésta al Distado. La
institución colectiva está pues en el origen de las
relaciones humanas y, por lo tanto, precede el
ejercicio de los deberes y derechos individuales.

Consecuencia de este seguimiento cabal del
pensamiento político clásico que acompaña a
toda la estructura de la obra es también su teoría
del Estado. En el inicio de la tercera sección de
la segunda parte, Hegel escribe: "El bien, es la
idea, en cuanto unidad de concepto de la
voluntad y de la voluntad particular ; en la cual
el derecho abstracto, así como el bienestar y la
subjetividad del saber y de la contingencia de la
existencia empírica externa, son separados en
cuanto independientes para sí\ pero de ese modo
están contenidos y conservados allí según su
esencia; es la libertad realizada, la finalidad
absoluta y última del mundo". [36]

Según Hegel la idea del bien es un Aufhebung,, es decir del comprender y superar —o como dice el traductor de "contener y conservar"— la antítesis entre legalidad y moralidad. El que los individuos busquen su legítima aspiración a la felicidad y al bienestar es una tarea sólo realizable en el interior de la vida comunitaria. Y de igual forma, las garantías jurídicas que derivan del derecho natural, no tienen fuera de los límites del bien común. Lo que derecho y moral tienen de abstracto debe suprimirse para ser conservado en su función positiva y dentro del todo organizado de la eticidad. Como puede observarse claramente, el planteamiento individualista —típico y de la moral de la modernidad— es abandonado en pro de la unidad de los hombres. La finalidad del derecho concreto no puede ser otra que el supremo objetivo del hacer. "La eticidad —dice Hegel— es la idea de la libertad, en cuanto el bien viviente, el cual tiene en la autoconciencia su saber y su querer, y mediante cuyo actuar tiene su realidad, así como éste tiene en el ser ético su finalidad motor y su fundamento que es en sí y para sí. La eticidad -finaliza— es el concepto de la libertad que se ha convertido en mundo existente y en naturaleza de la autoconciencia". [37] La idea de la eticidad en

Hegel es, en última instancia, el "bien viviente", el principio capaz de organizar una comunidad real. Remetan, por demás, obviar las relaciones con la filosofía política antigua. Su contenido deriva, justamente, del modelo de la antigua Polis. En efecto, como se recordará ya desde sus escritos republicanos, que datan de 1798, Hegel escribía: "La idea de su Patria y de su Estado (de los griegos) era el elemento invisible, superior, por el cual, el ciudadano de la Ciudad-Estado, obraba y era impulsado; pues este era para él el fin final del mundo, el fin final de su mundo". [38] Concepto de Estado orientado sobre el modelo de la comunidad política en la que los ciudadanos toman parte de manera inmediata del hacer político y de la conservación de lo público, que se presenta como "mundo existente", como "ser", como "algo objetivo" "llamamos Estado —dice Hegel en la *Filosofía del Derecho*— al individuo espiritual, al pueblo articulado, en cuanto todo orgánico". Una concepción que es el resultado de la idealización hecha por el autor de la vida política antigua. Interpretación del Estado como algo divino en y para sí. Hegel rechazaba la doctrina del contrato poniendo en su lugar la idea del Estado ético

Siguiendo —como hasta aquí se ha intentado— la estructura de la *Filosofía del Derecho*, no resulta menos obvio que del pasaje del derecho natural al de la moralidad y de esta al Estado, Hegel formulase el problema de la soberanía estatal, sobre todo, en virtud de la distinción que establece entre Sociedad Civil y Estado como su consecuencia histórica. Sin embargo, Hegel lleva la discusión a la conocida sección dedicada a la división de los poderes estatales [39] ; una sección no casualmente llevada a la crítica por Marx, y en la cual curiosamente se contradicen los resultados hasta ahora obtenidos. En esta relación dialéctica de los poderes representativos de lo universal, de lo particular y de la unidad de lo particular con lo universal, vale decir, poder legislativo, poder gobernativo y poder del príncipe o soberano, sorprendentemente la subjetividad del príncipe aparece como la síntesis de 'lo uno' y de 'lo otro', como la reconciliación de la legislación y del gobierno. Dicha interpretación se revela en abierta incompatibilidad con la precedente estructura del texto y, por lo tanto, con toda la concepción hasta aquí hecha. Excepción incompatible, incluso, con la lógica del movimiento dialéctico, hasta ese momento desarrollada por el autor, ya que invierte la relación Tesis-síntesis en la de síntesis-Tesis. Una irregularidad que objetivamente deviene en contradicción. De esta forma, el rey viene descrito como soberano, el cual no tiene necesidad de legitimación democrática o de cualquier otra. Así, el poder gobernativo y el legislativo terminan presentándose como simples mediaciones, cuya mediación encuentra su punto conclusivo en el poder del Príncipe Soberano; su carácter es el de interceder entre el pueblo y su monarca.

Bajo la sombra de semejante conclusión, Hegel habría destruido los mejores esfuerzos de su "Sistema de la Eticidad", ya que, después de colocar al monarca en una posición privilegiada en cuanto al todo social, la idea de comunidad política, constitutiva de la sociedad o Sittlichkeit, de hecho, era sacrificada. Por demás, con ello se anulaba la importancia, el sentido y el significado dados por Hegel a la Sociedad Civil, la cual es concebida en su obra como el conjunto de actividades que surgen de la necesaria relación de los hombres entre sí y a partir de la cual estos entran en una múltiple interdependencia, en medio del complejo proceso objetivo de la sociedad por ellos mismos creada. Esta concepción de la sociedad civil venía definida como "el sistema de las necesidades" y, al mismo tiempo, como esfera de la administración de la justicia, de la asistencia social y de sus instituciones (a las que denomina "corporaciones"). Con ella, Hegel superaba el prejuicio característico de la filosofía política moderna, a saber: no llegar a entender al Estado más que como gendarme del Derecho de propiedad, atribuyéndole al Estado responsabilidades que, para Hegel pertenecen a la Sociedad Civil. La Sociedad Civil se transformaba, en la obra de Hegel en el punto de mediación ente la familia -en cuanto comunidad humana elemental— y el Estado —como comunidad autorregulada y autosuficiente-: en el 'lado negativo' o, para decirlo con Marx, en el 'lado malo' sin que el salto cualitativo hacia la separación de la comunidad familiar primitiva, hubiese sido imposible. "Por esta dialéctica suya —dice Hegel— la sociedad civil es empujada más allá de sí misma". [40]

El Estado debía, por encima de todo, velar por los intereses colectivos e impedir el desbordamiento de este "reino animal del espíritu" que es la sociedad civil. Vista bajo esta perspectiva y más allá de los prejuicios, la doctrina filosófico-política de Hegel -como dice Marcuse en Razon y Revolución - recuerda más que al ideal de una sociedad totalitaria y fascista, a una versión del 'socialismo' en sentido liberal. Empero, ésta, cuando menos, interesante concepción de la relación entre el Estado y la

Sociedad que, según el autor gradualmente se desarrolla en el seno de la dialéctica del "Espíritu del Pueblo" y del "Espíritu del Mundo", propia de la concepción filosófica de la historia universal, dejaba truncados sus propósitos mediante aquella aparentemente inexplicable superafectación que, sin justificación alguna, por lo menos desde el punto de vista lógico y conceptual, viciaba la hasta entonces impecable estructura de la obra. Más allá de sus fronteras, el teatro de la historia universal, ese desdoblamiento del Espíritu humano en el tiempo, igualmente la consagración de sus etapas principales —mundo oriental, griego, romano— terminaban en una visión política y socialmente incomprensible que el autor de las Lecciones de filosofía de la Historia llama 'germanidad', lo que paralizaba la conclusiva teodicea del hombre y, con ella, los vivos ya activos movimientos de aquél shakespeareano "viejo topo", también saludado por Marx.

Nuevamente las observaciones hechas por Gans cobran sentido, la contradicción *in terminis* de la *Filosofía del Derecho* de Hegel, no es más que la corroboración de su situación histórica. Quien pretenda explicarla presentando a Hegel como el apologista del Estado Prusiano, inevitablemente tropezará, otra vez, con la enérgica pluma de Carlos Marx, cuya crítica, desprovista de toda preconcepción, no tuvo empacho en reconocer los méritos del autor de la *Filosofía del Derecho*. En efecto, en su tesis doctoral —Diferencia entre la filosofía de la Naturaleza según Demócrito y según Epicuro— sostiene que: "respecto de Hegel resulta simple ignorancia de sus discípulos el atribuir éste u otros puntos de su sistema a acomodación, procedimientos parecidos, con una palabra, a explicación moral. Olvidan que ellos mismos se aferraron entusiastamente a sus propios puntos de vista. Si realmente les hubiere afectado la ciencia, que a ella se rindieron en confianza cándida y acrítica, notarían qué falta de conciencia es acusar al maestro de intenciones secretas tras sus afirmaciones, cuando para él la ciencia no era cosa recibida sino en nacimiento". Y concluye: "si, pues, algún filósofo empleó realmente una acomodación, los discípulos tienen que explicar partiendo de su contienda interna y esencial lo que para ellos se presentó bajo la forma de conciencia esotérica. No se vuelve sospechosa la conciencia particular del filósofo, sino que se rehace la forma de su conciencia esencial, llevándola a determinada

figura y significación, con lo cual se le
supera". [41]

El eventual naufragio -si es que, acaso, la
formulación de tal cosa tiene algún sentido— de
la *Filosofía del Derecho* de Hegel es, en verdad,
el punto de partida de su grandeza, porque con
ella ha quedado abierto el camino para el
desarrollo de una filosofía crítica e histórica,
cuyo propósito no es otro que el de realizar en la
práctica y materialmente la libertad. A pesar de
todos los desaciertos que se le pudieran imputar
a Hegel, la siguiente frase sobre su pensamiento
muestra con claridad el vigor y la validez de su
reflexión: "¡El idealismo dialéctico de Hegel ha
dado una extraordinaria lección a todos los
diletantes de la filosofía y de la ciencia que hoy
no tienen la valentía de abrazar la ideología de
este gigante que avanza!". [42]

Escisión y sistema.

"Un gran hombre siempre condena a los demás a que lo expliquen". La irónica frase de Hegel ha terminado por rubricar insolublemente a buena parte de la historiografía y de la crítica filosófica que se ha ocupado de él. No sería inútil recordar que, con Hegel, se han dado lugar, en la valoración de su figura, los más insalvables puntos de vista, desde los acuerdos incondicionales hasta, las más radicales divergencias, ya desde los inicios de la propia Escuela. Apuntaba Goethe en sus Máximas y reflexiones'. "Nada hay más inconsecuente que la suprema consecuencia con una determinada reflexión, porque ella produce fenómenos innaturales que, al final, logran invertirla". [43] Y sin embargo, el interés hermenéutico tanto por la concepción hegeliana de la religión como por su concepción de la política, ha permanecido vivamente encendido a través de no pocas generaciones intelectuales y políticas. Tampoco en su propio tiempo Hegel escapó —para decirlo con Engels- a la medida de rasero ideológica que juzga las obras filosóficas más allá de sus límites y que no permanece indiferente, por cierto, ante las actitudes prácticas del autor en cuestión. Aquello que Hegel había intentado tozudamente desarrollar en el interior del tejido teorético de su obra, esto es: reconducir el estudio de la filosofía sobre sí mismo y lejos de lo que denominaba "el rumuroso tumulto de nuestros días", pocos, entre sus propios discípulos, lo aceptaron. En efecto, las así llamadas 'consecuencias políticas' de su filosofía de la religión y de su *filosofía del derecho* inmediatamente se encontraron en el centro de la discusión, superando por completo la dedicación escrupulosa y los mejores esfuerzos de las complejas estructuras teoréticas elaboradas por el maestro. Es justo, no obstante, preguntarse si, acaso, aquellas consecuencias políticas inmediatas no serán, más bien, el resultado de su obscuridad estilística y de su tenue expresión, por lo demás, acompañadas de una caligrafía casi indescifrable, para no decir, ilegible. Es un lugar común, para los conocedores de la literatura hegelo-marxiana el que, primero Heine y después Bauer, en su conocido texto La Pousaune, sugieren la existencia, en Hegel, de un prudente esoterismo, cuyo núcleo conceptual centraba sus esfuerzos en la idea de "revolución". En efecto, al respecto Heine ha señalado, puntualmente: "estaba yo detrás del maestro cuando compuso 'la música del ateísmo'; lo hacía, ciertamente, con arabescos muy pocos claros y muy complicados, para que no pudieran descifrárselos (y miré entendieran...). Una vez —prosigue Heine— que me mostré enojado por aquello de que "todo lo real es racional" él sonrió curiosamente y me hizo observar que también podía decirse: "todo lo racional tiene que ser"... Así también no entendí sino más tarde porqué había dicho en la Filosofía de la Historia que el cristianismo era un progreso ya por el hecho de enseñar que sólo hay un Dios, el cual murió, mientras que los dioses paganos no sabían nada de dioses capaces de morir... ¡Hay que ver qué progreso sería —concluye Heine— el saber que ni siquiera había Dios!".[44] Según Heine si, pues, en Hegel no aparecía claramente el concepto de revolución, ello se debía a su cultivada prudencia e incluso, a su temor frente al terror político desatado en su tiempo, y sin embargo, estas explicaciones no han contado con mucha fortuna, ni tan siquiera dentro de ambientes de comprobada "decadencia" hegeliana. Máxime cuando, por ejemplo, uno de sus más fieles defensores, Karl Rosenkranz, era en lo personal "demasiado moderado" para llegar a sostener, con énfasis, la necesidad de aprender a leer a Hegel entre líneas y descifrar lo que el maestro en realidad pretendía decir. Debe recordarse sin embargo, la siguiente expresión de Rosenkranz que muestra con claridad la situación teórica de aquel período: "La filosofía de Hegel atravesó en sí misma la época de la sofística". [45] ¿Pero es que fue Hegel en realidad un revolucionario en su época? ¿No fue más bien un comprobado apologista del Estado Prusiano? ¿Es cierta la hipótesis, que sus discípulos convirtieron en emblema de su interpretación, de un Hegel 'exotérico' y un Hegel 'esotérico'? ¿O, más concretamente —como dice Jacques D'Hont— de un "Hegel secreto" [46] Y, todavía más: ¿acaso son válidos estos puntos de vista? Las respuestas, frente a tales interrogantes, han hecho el surgimiento, cada vez más inflexible, de lo que se conoce como "Escuela Hegeliana", a partir de la cual, y llevada la discusión hasta sus irreconciliables extremos, surgirán las más enfurecidas polémicas, cuando no las antagónicas posiciones de los detractores.

Ya desde sus primeros escritos Carlos Marx se había opuesto a semejantes puntos de vista, a los cuales consideraba como el producto del estallido de toda una época, y, con ella, de su sistema filosófico, vale decir, del Sistema de Hegel. El argumento de Marx, templado sobre los elementos críticos e históricos constitutivos de la dialéctica, abandonaba las interpretaciones psicológicas o morales, al tiempo de irse apropiando progresivamente de una concepción basada en la denuncia de la apariencia de tales puntos de vista (a su manera de ver, abstractas y parciales, y por lo tanto falsos) bien por dogmáticos o bien por empiristas, bien por no ver tras la religión a la política, bien por no ver tras al hombre a la sociedad y, más aún, tras de ambas, a ese complejo de relaciones humanas que, trascendiendo los límites de su entorno social, configuraba el irregular proceso de la cultura y de la historia real, de 'carne y sangre': vale decir: la economía política. "Respecto de Hegel —apunta Marx en su Tesis Doctoral— resulta simple ignorancia de sus discípulos el atribuir este u otros puntos de su sistema a acomodación o procedimiento parecidos, con una palabra: a explicación moral. Olvidan que ellos mismos se aferraron entusiastamente a sus propios puntos de vista. Y si realmente tanto les hubiera afectado la ciencia recién adquirida, que a ella se rindieron con confianza cándida y acrítica notarían —objeta Marx— qué falta de conciencia es acusar al maestro de intenciones secretas tras sus afirmaciones, cuando para él la ciencia no era cosa recibida sino en hacimiento, tanto que su propia sangre salía impelida por los latidos de su corazón hasta lo más externo de su periferia. Lo que consiguen —insiste el joven pensador— es volverse a sí mismos sospechosos de no haber tomado antes las cosas en serio, por lo cual ellos mismos las impugnaban bajo forma, atribuida a Hegel, olvidando con ello que Hegel se hallaba, respecto de su sistema, en estado inmediato, sustancial, mientras que ellos se han, respecto de él en actitud refleja. Que un filósofo incurra pues en una u otra inconsecuencia, resulta comprensible; de lo que no puede tener conciencia es de que la posibilidad de una aparente acomodación tenga su propia raíz en una insuficiencia o insuficiente concepción de su principio mismo. Si pues —concluye Marx— algún filósofo empleó realmente una acomodación, los discípulos tienen que explicar partiendo de su conciencia interna y esencial lo que para ellos se presentó bajo la forma de conciencia exotérica. [47]

Como filósofos de 'pelos y uñas' de 'dedos y escrementos' cataloga Marx a estos 'grotescos' discípulos en su opinión "falsos intérpretes de Hegel" [48] — que se comportan respecto del maestro "cual liliputienses" que "armados de doble anteojo" y "subidos a un minimun del (posterius) de un gigante" -obviamente, el de Hegel— anuncian al mundo su elevada visión, esforzándose "ridiculamente en demostrar que han encontrado en aquella sólida y nuclear zona, y no en el latiente corazón del gigante, el punto de Arquímedes". [49]

De las anteriores observaciones hechas por Marx deriva una comprensión y, al mismo tiempo, una ubicación histórico-filosófica de la Escuela de Hegel respecto de la cual las páginas que a continuación siguen pretenden ser expresión. En la conocida carta enviada a su padre desde Berlín, y fechada 10 de noviembre de 1837, el joven Marx comenzaba diciendo: "Hay en la vida momentos que son como hitos que señalarán una época ya transcurrida, pero que al mismo tiempo parece apuntar decididamente en una nueva dirección". [50] Esta frase, escrita por el futuro crítico de la 'crítica crítica', pareciera en verdad no tener mayor importancia, más allá de la emotiva contextualidad historiográfica frente al documento autobiográfico juvenil. Y sin embargo, mirándola con ojos reflexivos, ella encierra todo el concienzudo programa de la crítica que el entonces miembro recién ingresado al hegelismo, apenas comenzaba a desarrollar. Frente a esta frase —escrita por quien terminaría descifrando la 'clave' del 'misterio hegeliano'— se tiene la impresión de leer el epitafio de un gran sistema filosófico y, por lo tanto, de toda una época histórica. Y en efecto, la frase de

Marx es el primer intento consciente de explicación de un fenómeno históricamente inobjetable: las épocas que siguen a los grandes sistemas son épocas signadas por una áspera oposición y por un doloroso desgarramiento. En ellas el mundo se halla invertido: la lógica lo es todo, lo explica todo y se convierte en la única realidad; la realidad, en cambio, no es nada y nada explica, para ello esta es un 'caput mortum'. La persistencia en las abstracciones, en los rígidos e inflexibles modos de postular los "sagrados" principios heredados del sistema, denuncia de suyo, y a su pesar, que dicho sistema filosófico, ha terminado por encerrarse en su propia perfección, por convertirse en un cuerpo sin alma. "El espiritualismo abstracto —advierte el Marx de la Kritik del '43— es materialismo abstracto ; el materialismo abstracto es espiritualismo abstracto de la materia".[51] Más, precisamente por ello, el sistema, que ahora adquiere funciones propias y autónomas al separarse de su tiempo, ponía de relieve la culminación de su original función —a saber: la "comprensión del presente y de lo real", según la definición dada por su artífice— y, por lo tanto, terminaría asfixiándose dentro de los estrechos límites de su propio extrañamiento. Sus conceptos capitales, ahora separados de la realidad que los contenía, huían del suelo del que habían brotado. Dentro de él ya no existía más la vida sino sólo la muerte; la vida no alienta en creencias de nostálgico anticuario —como dice Jacques D'Hont [52] — Cabe decir, en suma, que las épocas de sistematización son épocas de ruptura y escisión. Ellas marcan el final de una era y el comienzo de otra. Ese ha sido el destino de la Escuela de Hegel, de la que, a partir de 1837 Marx comenzaría a percibir su problemática interna, hasta que, a partir de 1841 y hasta 1845, lograra comprenderla y superarla en forma definitiva. Federico Engels ha descrito esta situación de la siguiente manera: "En la Alemania teórica de aquel entonces había sobre todo dos cosas que tenían una importancia práctica: la religión y la política. Quien hiciese hincapié en el sistema podía ser bastante conservador; quien considerase como lo primordial el método dialéctico, podía figurar, tanto en el aspecto religioso como en el aspecto político en la extrema oposición... Hacia fines de la década del treinta, la escisión de la Escuela Hegeliana fue haciéndose más patente". [53] Desde esta perspectiva interpretativa, resulta posible considerar el que toda la Escuela Hegeliana —desde sus orígenes hasta su total desaparición— hubiese permanecido confinada en el interior del movimiento lógico del concepto de Hegel. En efecto la Escuela de Hegel se divide en tres períodos fundamentales: en primer lugar, el origen y la defensa del sistema; en segundo lugar, las controversias y antagonismos entre derecha e izquierda sobre la base de las tomas de posición entorno a la religión y a la política; finalmente, la superación y, al mismo tiempo, conservación de sus elementos constitutivos. Como puede verse, la Escuela gira sobre la tríada del sistema, sobre la tripartición en Tesis, antítesis y síntesis, que es el telón de fondo del movimiento de la dialéctica hegeliana. Incluso, el momento de la síntesis, tipificada por el marxismo en cuanto superación, desinversión y desmistificación del sistema, es el aspecto de llegada del sistema mismo y, a la vez, al punto de partida de la nueva concepción histórica.

Es por esta razón que sería inútil o, cuando menos, inorgánico exponer los orígenes del DoktorKlub, de la filosofía de la autoconciencia de Bauer y Stirner o del materialismo antropológico de Feuerback, en forma aislada y parcial. La Escuela Hegeliana, hasta el momento de la ruptura dialéctica producida por Marx, a un sólo proceso que marcha desde la más absoluta devoción al maestro hasta la duda, el desgarramiento y su definitiva superación y conservación (o Aufhebung).

Las siguientes líneas intentan mostrar estos períodos o momentos de la Escuela en los aspectos esenciales, al tiempo de poner de relieve algunos elementos históricos y conceptuales no carentes de interés.

Origen y defensa del sistema

Según Mario Rossi, "en la verdadera historia del hegelismo no se entra hasta el momento en que los discípulos, en poder ya del sistema finalmente formulado en términos claros y completos, especialmente en las lecciones del maestro, comienzan a participar activamente en la ola de discusiones que aquel suscita". [54] Esto significa que sólo es durante la estancia de Hegel en Berlín, durante los años 1818-1831, que tiene lugar el nacimiento de la primera Escuela Hegeliana. Pero sólo es más tarde, el I o de enero de 1827, que la Escuela se agrupará definitivamente alrededor del maestro con la publicación de la Revista crítica de Berlín, los Jährbucher für wissenschaftlichl Kritik. En ella ya se perfilaba el núcleo de lo que más tarde se conocerá como la Derecha hegeliana, aunque incluía a algunos de los futuros representantes de la izquierda y del centro. Entre otros, pues, en ella figuraban Eduard Gaus, von Henning, Hoto, Carové, Leo, Gabler, Hinrichs, Bruno Bauer, Ludwing Feuerback, Karl Rosenkranz y L. L. Michelet. Goeschell era la excepción. El que más tarde encabezara la lista de los más radicales miembros del ala derecha no pertenecía, de hecho, a la Escuela. Su paso al hegelismo vino después de la reseña que Hegel hiciera de su ensayo *Aphorismen über Nichtwissen und absolutes Wisses im Verháalthis zur Chistheben Glauberserkenntnis*, saludado por el maestro como "un buen testimonio hecho por el cristianismo sobre la filosofía" y enviándole un "cordial apretón de manos". [55] Bajo la tutela del maestro y dentro del círculo de la revista la Escuela permanecía compactada y orgánicamente coherente. La figura de Hegel, evidentemente, dominaba sin sombra alguna, y al lado de los discípulos defendía al sistema de los ataques que, tanto del lado religioso-romántico como desde el lado jurídico emprendían sus enemigos. Entre aquella primera versión de hegelismo Gabler se destacaba como "el más riguroso"; Rosenkranz como "el más culto"; Gans como "el más inteligente"; Hinrichs "el más fluido" y Michelet como "el más impetuoso y agresivo". [56] Pronto este primer período de la Escuela sufriría una de las crisis más agudas que haya sufrido escuela de pensamiento alguna. En efecto, el 7 de noviembre de 1831 Hegel terminaba el prefacio para la segunda edición de la lógica y siete días después, el 14 de noviembre, moría de un ataque de cólera. Sobre la tumba del maestro, los discípulos prometieron, solemnemente, difundir, de ahora en adelante, su filosofía. Y así, fundando el 'club de los amigos del difunto', pocos días después, comenzaban a realizar los trabajos preparatorios para la publicación de las Lecciones de Hegel. Federico Engels, en un texto juvenil de 1842 titulado Anti-Schelling, relata la situación en estos términos: "Sólo cuando Hegel murió su filosofía comenzó a vivir dignamente. La edición de las obras completas tuvo un efecto inmenso. Al fin se revelaban los maravillosos y ocultos tesoros que yacían en las secretas vísceras de la montaña, cuyo esplendor, hasta ese momento, sólo había brillado para pocos". [57] Cada uno de ellos, especialista en uno de los aspectos del sistema, se dedicó a la realización de las diferentes incursiones, sin percatarse de que con ello abrían una insalvable brecha que terminaría por hacer estallar las partes integrantes de aquella compacta totalidad. 'Las joyas' de aquel tesoro del que habla Engels, se transformaban así en objetos de discordia. En efecto, al poner de relieve cada uno de los aspectos constitutivos del sistema —Historia, Derecho, Religión, Estética, etc.— por encima de los otros, por una parte, y al atender el lado racional del sistema con independencia de las nuevas circunstancias que surgían bajo sus pies —la influencia de la economía inglesa y de su modo de producción en Alemania; las actividades políticas de la convulsionada Francia; en fin, los cambios cualitativos que ocurrían en la geopolíctica del propio país, etc — por la otra, el sistema iba progresivamente descarnándose y mostrando su rígido y estructural esqueleto de dogmas y fórmulas vaciadas de todo contenido. Por si fuera poco, establecidos los 'cotos de casa', al enfrentar a los 'enemigos del sistema, en medio de una cruenta 'guerra de papeles', escritos de parte y parte, necesariamente los discípulos iban mostrando diferencias interpretativas entre sí que antes, bajo la tutela del maestro, no se habían evidenciado a plenitud. La inescindible unidad de lo racional y de lo real se hacía agua, y la laboriosa y paciente totalidad lógica e

histórica del sistema, comenzaba a presentar las
importantes primeras fisuras que finalmente lo
convertirían en una lejana y acaso demasiado
remota leyenda. Con palabras de Eduard Gans:
"La filosofía había cerrado ya el círculo"; ahora,
"su progreso debía ser considerado sólo como el
meditado trabajo sobre su material", como lo
había indicado el propio maestro. [58]

Controversias y antagonismos entre derecha e izquierda

Las primera diferencias de fondo dentro de la Escuela de Hegel se plantaron, primer lugar, en torno a la cuestión religiosa. Como dice Engels en el Ludwing Feuerbach[59], en aquellos tiempos la política era una materia muy espinosa; por eso los tiros principales se dirigían contra la religión; si bien es cierto que la batalla contra la religión era también, indirectamente, y sobre todo desde 1840, una batalla política". Ya los primeros hegelianos habían defendido a Hegel de los ataques constantes que los así llamados 'Teólogos especulativos', un movimiento de inspiración católica y romántica que habían encontrado en los tardíos pensamientos de Fichte y Schelling —pero también en los de Schegel y Schleirmacher— su más sólido sustento conceptual. 'Los Teólogos especulativos' —suerte de revancha del primer idealismo clásico alemán contra el sistema hegeliano— representado por J. J. Von Górres, Inmanuel Fichte -hijo de Johan Gottlieb—, Christian Weisse, Karl Ph. Fischer, entre otros, sostenían la necesidad de refutar la doctrina hegeliana por atea y anticristiana, toda vez que el propio Hegel había puesto de relieve su comprensión de la sustancia como sujeto, lo que significa, de hecho que Dios, en cuanto sustancia, necesita de la autoconciencia del hombre para tomar conciencia de sí. Es decir: según Hegel, logra conocerse a sí sólo a través de la mediación del hombre, considerando como autoconciencia. Con ello el sistema hegeliano, por una lado, niega el carácter autodeterminado e infinito de Dios como base de la creación del mundo y de los hombres. Por el otro, eleva la autoconciencia a verdadero y absoluto universal, lo que en consecuencia, implica la negación de la inmortalidad del alma individual. Las tesis de los tristes especulativos se pueden resumir, pues, de la siguiente manera: 1 °) Para el sistema hegeliano los individuos no tienen conciencia sustancial, sino que ateo es un medio para que el espíritu universal conquiste la intuición de sí. 2 o) El concepto de inmortalidad es extraño al contexto del pensamiento hegeliano; cosa que, sea dicho de paso, niega el carácter de Dios como individuo. [60] Ante las imputaciones del teísmo especulativo, la escuela Hegeliana se ve en la obligación de responder. Sólo que es precisamente a partir de las diferentes posiciones asumidas por sus exponentes frente al teísmo especulativo, que dicha Escuela comienza a mostrar sus diferencias sustanciales, las cuales progresivamente van a devenir en una radical oposición. Góschel y Schaller, intentando la apología cristiana del sistema, sostienen que la interpretación de Fichte y demás teólogos es el fruto de un malentendido, ya que, según ellos, Hegel no concibe la idea lógica como un impersonal sino esbeltamente como una personalidad imperturbable. Que Dios sólo se conozca en el hombre es una tesis que debe ser entendida en el sentido de que el movimiento de elevación del espíritu humano hacia Dios no debe comprender solamente al hombre sino también a Dios mismo, el cual penetra en el espíritu finito y lo hace uno e idéntico con él. "Con Hegel -prosiguen- Dios deja de estar sólo en el más allá y retirado en sí mismo y comienza a relacionarse con nosotros. El movimiento de nuestro espíritu hacia Dios es, al mismo tiempo, el movimiento de este último hacia el hombre. Con ello -concluyen- Dios deviene manifiesto en nuestro saber". Sin embargo, con ello Göschel y Scheller inconscientemente, ponían de manifiesto el que Hegel negara la existencia de un Dios personal, ya que, si Hegel afirma —como en efecto lo hace en las Lecciones de filosofía de la religión [61] — que Dios sólo conquista su autoconciencia en el hombre, ello significa que Dios no es Causa sui. Göschell y Scheller mostraban por vía negativa y aún en contra de su propia voluntad, la verdad de aquella interpretación de Hegel. Empero, dogmáticamente se aferraban en la negación de la tesis de Richte y en la abstracta afirmación de su posición. Contrariamente a la posición de Góschell y Scheller, Bruno Bauer —por lo tanto al lado de Feuerback y de uno de los futuros representantes del Centro hegeliano, Michelet- sostendrá que, más allá del panteísmo hegeliano —criticado por los teólogos especulativos y rechazado por Góschell y Scheller— se encuentra el verdadero leit motiv de la interpretación religiosa de Hegel: su concepción de la religión no es otra que la autoconciencia del espíritu que logra comprender su carácter universal y absoluto. Hegel es pues, según Bauer, ateo y anticristiano. [62] Según Bauer "la relación de sustancialidad Hegel sólo le hace valer como momento del movimiento en el cual la conciencia finita se libera de su finitud: la sustancia -agrega- sólo es el fuego momentáneo en el cual el yo sacrifica su finitud y su limitación. Por tanto, la conclusión del movimiento no es la sustancia sino la autoconciencia puesta como infinita". [63] Con estas conclusiones, Bauer mostraba que, para

Hegel, el puesto de Dios era ocupado por la autoconciencia humana. Bauer —más allá del panteísmo de Hegel descrito por Strauss en su *Das Laben Jesu* [64] de 1835— colocaba la autoconciencia en una situación de libertad que superaba su propio carácter finito. Góschell y Scheller, anulando el panteísmo —y, en última instancia, el ateísmo- de Hegel, y cerrando filas en defensa de su sistema, daban pie sin saberlo a la creación de 'lo otro', es decir, de aquél otro del otro proclamado por la dialéctica del maestro que excluían de sí y, al mismo tiempo, ponían y objetivaban frente a sí: ahora la autoconciencia se liberaba de la rigidez del sistema acrecentándose los antagonismos y creando un total precipicio interpretativo entre Derecha e Izquierda. De una parte, pues surgía la derecha con, perfil propio, empeñada en mantener la abstracta identidad de lo real con lo racional, formada por Góschell, Scheller, Leo, Gabler y Gans a la cabeza. Con ello, la derecha transformó el todo en una parte. De la otra, una joven izquierda interesada no sólo en abolir la religión sino en transformar el régimen político invocando la supremacía de lo racional sobre lo real Esta última estaba formada por Bauer, Feuerback, Kóppen, Heine, Rutenberg, Meyen y Buhl, a los que pronto se sumarían Hess, Stirner,

Ciekowski, Bakunin, Ruge, Engels y un joven estudiante de Treveris, amigo de Rutenberg y de Bauer cuyo nombre era Karl Marx. El Doktor klub de Berlín, por lo demás, en capacidad de divulgar y promover el propio punto de vista a través del periódico de Echtemeier y Ruge, el Hallische Jahrbücher ; es ahora un hecho. Ella transformó la parte en un todo. En un ensayo de Hurich Leo titulado Die Hegelingen se puede apreciar la sustancial diferencia entre la derecha y la izquierda, la cual puede reunirse en las siguientes líneas: " 1°) Este grupo niega cualquier forma de Dios y profesa abiertamente el ateísmo; 2°) Enseña abiertamente que el evangelio es mitología; 3°) Enseña que la religión es puramente terrenal; 4°) Además, este grupo, ocultando sus impías y sacrilegas doctrinas con repugnante y abstrusa fraseología, no duda en asignarse la apariencia de un grupo cristiano". [65] En medio de aquél precipicio quedaba el ambiguo centro formado, principalmente por Erdmann, Rosenkranz, Michelet, Hinrichs y Strauss. Por cierto que fue Strauss el que, según apunta David McLellan, hiciera explícita la denominación de derecha, izquierda y centro. Evidentemente, nos dice el autor inglés, Strauss no creó las divisiones entre los discípulos de Hegel, pero sin duda las acentuó. Fue él —dice McLellan— quien "acuñó la expresión que más adelante se aplicara a los distintos grupos, dividiéndolos en izquierda, derecha y centro, tomándolas de la conocida descripción del parlamento francés". [66] Más, con la cristalización de aquellos puntos de vista, a todas luces contradictorios entre sí —enervados, aún más por la situación política europea en general y alemana en particular (debe recordarse que es la época del Congreso de Viena, de la revolución de Julio de Francia, de la muerte del protector personal de Hegel y monarca de Prusia Federico Guillermo III, así como la del protector de la Escuela Hegeliana, el Ministro de Cultura Von Altenstein, lo que concluyó con el ascenso al trono de Federico Guillermo IV, romántico y conservador, lo mismo que la nominación de nuevo Ministro de Cultura, un enemigo declarado del hegelismo, de apellido Eichorn)- surgió claramente la necesidad de sumar al discurso teológico-filosófico sostenido hasta entonces, el discurso abiertamente filosófico-político. En efecto, ya en 1834 K. E: Schubert, un jurista amigo de las monarquías y protegido de Goethe, escribía un ensayo contra la Filosofía del Derecho de Hegel titulado "Sobre la inconciliabilidad de la doctrina hegeliana del

Estado con el principio supremo de la vida y desarrollo del Estado Prusiano", [67] que venía a poner de relieve lo que durante largos años el heredero de la monarquía venía sospechando: a saber: que el pensamiento de Hegel era políticamente peligroso para la seguridad y estabilidad de régimen prusiano. La tesis de Schubert se basaba, en lo fundamental, en los extractos de las Lecciones sobre Filosofía del Derecho, recopiladas por Gans en 1833, y no en la conocida Grundlinien, publicada por el propio Hegel en 1820. Especialmente el crítico hacía referencia a la advertencia hecha por Hegel de acuerdo con la cual "en un Estado perfectamente organizado se tiene necesidad de un monarca sólo para colocarle al V de las grandes decisiones públicas 'el punto sobre la i'. [68] Así, contra al argumento hegeliano de que sólo donde los Estados no se hallan perfectamente organizados puede un monarca ejercer su dominio, Schubert replicaba: "Lo que Hegel considera algo insignificante, es decir, el concepto de monarca, es por el contrario el nervio y el alma, la vida del Estado Prusiano, ya que sólo es a través del monarca que los hombres pueden actuar". [69] Para Schubert la doctrina hegeliana de la monarquía encubre una "secreta invitación a transformar el orden del

Estado". Tal doctrina —prosigue— es casi una incitación a la revuelta y a la rebelión en cuanto que suscita la convicción de que el Estado en su actual condición no es un Estado plenamente desarrollado o bién construido, que pueda corresponder a la idea de Estado ya a su realidad". [70] Schubert terminaba su ensayo acusando abiertamente a los jóvenes hegelianos de incitación hipócritamente disfrazada de lealtad al régimen, tal y como su maestro les había enseñado a comportarse ante el quehacer político-religioso, especialmente el alemán: "los jóvenes doctores hegelianos —insiste Schubert— creen poder justificar sus demagógicas aberraciones, motivo por el cual deberían ser llamados a rendir cuentas sobre la base de la Filosofía del Derecho de Hegel". [71] De nuevo, Hegel y su Escuela eran acusados de simulación y de intenciones secretas, de ocultar tras el público exoterismo, un soterrado esoterismo de consecuencias nefastas para el régimen político de Prusia. Frente a tales imputaciones la derecha y la izquierda nuevamente ponían de relieve sus antagónicas interpretaciones. La derecha, en esta oportunidad representada por Gans —profesor de filosofía del Derecho, cuya cátedra fue asiduamente frecuentada por Marx—inútilmente se empeñaba en justificar la postura filosófico-jurídica de Hegel frente a su detractor de turno. Decía Gans: "La denuncia de Schubert es una denuncia completamente falsa. Porque Hegel con el 'jasagen' —vale decir, el 'decir que sí'— ha otorgado una forma absoluta al monarca con todo el poder de intervención en el Estado, puesto que quien tiene el derecho de decir que sí tiene sustancialmente el derecho de decir que no" [72] En realidad Gans —de tendencia Saint-simoniana políticamente— con prudencia y habilidad teorética subrayaba el carácter tutelar del Estado Prusiano, evidenciando su provisionalidad. Pero la respuesta de Gans, lejos de apaciguar el ambiente de anti-hegelianismo del régimen, provocó una reacción más violenta todavía. Por su parte, la izquierda representada, primero, por Köppen y después por Ruge, no sólo se atrevió a confirmar las refutaciones de Schubert a la filosofía política de Hegel, sino que manifestaba con claridad el que, en el fondo, la doctrina del maestro pretendía una sustancial reforma del Estado de nuevo, las esperanzas de unidad de la Escuela se veían afectadas por los puntos de vista no sólo filosóficos sino también políticos. La fragmentación se hacía cada vez más transparente y, con ella, el carácter falsamente unitario que, desde sus inicios, la

Escuela se quiso atribuir. En tal sentido, era necesario e inevitable que, ante semejante confesión conceptual e, incluso, política, se produjera la escisión y fractura definitiva en el interior de la propia izquierda. Los protagonistas más representativos de este 'nuevo cisma' — según la definición dada por McLellan [73] — fueron sin duda Bruno Bauer y Ludwing Feuerbach, el primero representante del "lado activo" o voluntarismo dialéctico-idealista del sistema hegeliano, al rededor del cual se ubicaron sus hermanos Edgar y Egbert, así como Stirner, entre otros. El segundo, representante del objetivismo y del radicalismo anti-idealista, en torno al cual se situaron Hess, Bakunin, Ruge, y Marx y Engels, quienes, finalmente, superarían tales puntos de vista a la luz de la nueva concepción materialista e histórica.

Bruno Bauer (1809-1882)

La trayectoria filosófica de Bruno Bauer podría resumirse de la siguiente manera: primero, de la más profunda devoción por la concepción idealista de Hegel —y específicamente, por su filosofía de la religión— a la negación de lo que el propio Bauer denomina c La sustancia infinita', lo cual, en último análisis, le conduce a tomar partido por la autoconciencia infinita o absoluta, la 'negación por la negación', esto es: a la negación del todo, tanto de la sustancia religiosa como de la 'masa' social. El primer período de su reflexión vá pues, de 1829 a 1839 y el segundo período de 1840 a 1843. Este segundo período, aunque cronológicamente es más breve, sin embargo es el período de la más intensa producción intelectual y de la extensa publicación. En efecto, las obras fundamentales del primer período son las siguientes: *Uber das Prinfip nach der Kantischen Philosophie*, de 1829; la reseña crítica al ensayo de Strauss, Leben Jesu, publicada en Evangeliscbe Kirchen-Zeitung, en 1834; Alten Testaments, de 1838 y, finalmente, Die prussiche Lindes Parche, de 1840. Del segundo período, en cambio, son: Kritik des Johannes, de 1840-1; Die Pousane jutigsten Gerichts über Hegel den Atbeistcn und Antichristen y Hegel Pebre von Religion und Kunts, de 1841-2; la Kritik der Synoptiner de 1842 y de 1843: Die Gute Sache der Freiheit, Die jugenfrage y Das entdeckte cbristentum. La filosofía de Bauer es la filosofía de la 'crítica pura', ya que, según él, 'critica pura' quiere decir ausencia de presupuestos.[74] El punto de vista de Bauer consiste en la negación de todo punto de vista, lo que, como consecuencia, le lleva al abandono de toda especificidad y a una indeterminación que le ubica, finalmente, en dialéctica de la pura negatividad que no conquista resultado alguno; una suerte de abstractismo especulativo que prescinde de toda positividad y que no sólo substituye la especie por el género sino que, más aún, le atribuye a este 'puro género', al que llama autoconciencia, vida propia y autónoma. Para Bauer esta autoconciencia produce 'la multiplicidad', es decir, la simple derivación de la 'pureza' de la 'pura' autoconciencia, toda vez que en sí misma la autoconciencia es la 'pura negatividad'. El esoterismo de la filosofía de Bauer consiste — como dice Marx en Die heilige Familie— en "el 'misterio' de un sujeto independiente que encarna en los estados y personas reales" y que "después de engendrar la categoría, el 'misterio' del seno del mundo real, engendra el mundo real del seno de esta categoría".[75]

Discípulo de Hegel por más de tres años, Bauer comenzó destacándose como compilador de los materiales para la edición de las Eecciones sobre la filosofía de la religión, a cargo de

Marheinecke, finalmente publicadas por el "Club de los amigos del Difunto"; posteriormente Bauer se convertiría en un implacable defensor del sistema hegeliano y en el no menos implacable crítico de la obra de D. F. Strauss, Deben Jesu,[76] a quien imputa el substantivismo panteísta que este atribuye no sólo a los Evangelios, sino a la lectura e interpretación que hace Hegel de los mismos. Precisamente, esta denuncia del panteísmo de Strauss será lo que convierta a Bauer en una de las figuras centrales del movimiento hegeliano, hasta devenir el punto de referencia obligatorio del posterior joven hegelismo. La crítica de Bauer marea su vertiginoso desplazamiento de la ortodoxia a la extrema izquierda de la Escuela, por lo menos, en lo referente al tema religioso. La tesis de Strauss consistía en sostener, frente a racionalistas y románticos, la existencia de una mitología del carácter histórico en el seno mismo de las Escrituras. Para Strauss, los textos evangélicos, por una parte, carecían de testimonio ocular y, por el otro, se hallaban en contradicción con el concepto de un Dios ordenador de la naturaleza mediante leyes universales. Sin embargo, los mitos contenidos en los Evangelios no son la simple invención de los individuos aislados, es decir, de los profetas

o apóstoles, sino que son la simple invención de
los individuos aislados, es deck, de los profetas
o apóstoles, sino que son el resultado de la
actividad poética del colectivo, de la comunidad
cristiana primitiva, que ha derivado tanto del
mesianismo inherente a la figura de Jesús, como
de la impresión histórica que éste ha dejado.
Pero, en la opinión de Strauss, ello no niega el
carácter de verdad de los Evangelios, ya que,
siguiendo la tesis hegeliana de la identidad de
'saber absoluto' y 'saber aparente', desarrollada
en la Fenomenología del Espíritu, y, más
precisamente, siguiendo la tesis de la identidad
de filosofía y religión desde el punto de vista del
contenido, el autor de la Vida de jesús propone
captar el carácter filosófico de dichos textos más
allá de su impresión inmediata y no reflexiva,
esto es: de sus representaciones sensibles en sí.
Se trata pues de descubrir la verdad que está a la
base de dichas representaciones y que son el
producto de un acto de fe y pasión colectiva.
Empero, insiste Strauss, detrás de aquellas
narraciones puede captarse un 'momento'
esencial de 'la verdad del Espíritu' encerrado en
medio de parábolas. La sutil distinción hecha
por Strauss, terminaba acercando el pensamiento
de Hegel al panteísmo ya que, sustancialmente,
la verdad de la especulación hegeliana podía

manifestarse, más allá de la subjetividad de la autoconciencia, en su inescindible unidad objetiva. Hegel pues, se revelaba, mediante la obra de Strauss, como un panteísta en el sentido de Spinoza, lo cual le conducía a desechar la idea del "ejemplar particular" para abocarse al ideal de la entera humanidad.

Contra tales puntos de vista, Bauer sostiene que el hecho de considerar los evangelios como producto inconsciente de la comunidad cristiana originaria no es más que la confirmación del argumento cristiano tradicional cuya confirmación se deduce de la siguiente tautología: "la tradición evangélica tiene su fuente en la tradición misma". [77] Así pues, según Bauer, Strauss permanecía preso dentro del "punto de vista de la sustancia" y no lograba comprender el carácter revolucionario que la autoconciencia infinita posee. En el fondo —comenta Bauer— es lo mismo decir que los evangelistas escribieron bajo la inspiración del Espíritu Santo que decir que la historia evangélica se ha formado por medio de la tradición, ya que, en ambos casos, el origen de las escrituras se remite a un principio trascendente y extraño a la autoconciencia. En la medida que Bauer llevaba el punto de vista de la autoconciencia infinita hasta sus últimas consecuencias iba progresivamente rompiendo con la religión y acercándose cada vez más a una suerte de ateísmo espiritualista. El antiguo puesto de honor que, tanto los hegelianos ortodoxos como los teólogos especulativos reservaban para Dios, Bauer se lo otorgaba a la autoconciencia infinita. La operación de Bauer consistía en transformar la filosofía de Hegel, reconocida prácticamente por todas las tendencias de pensamiento de la época como la filosofía, en la piedra de toque para la crítica de la religión y, por lo tanto, para el ateísmo y el anticristianismo. Tal es el objetivo de *Die Pousane jungsten Gerichts über Hegel den Atheisten und Antichristen* -escrita en colaboración con Marx [78] — y publicada anónimamente; en este ensayo el autor se esfuerza en mostrar la identidad de su 'punto de vista' con el de Hegel. Irónicamente, Bauer asume la personalidad de un pietista ofendido que se ve en la obligación de denunciar el ateísmo y el anticristianismo de la filosofía de Hegel y la de sus discípulos. En realidad, es un intento de mostrar al verdadero espíritu crítico y revolucionario del sistema del maestro. La labor de los discípulos más jóvenes de Hegel —dice

Bauer— ha sido la de develar el exotérico manto con el que el maestro cubría sus afiímaciones y revelar así el sistema en toda su desnudez. El único Dios que existe para Hegel es la autoconciencia humana. Filosofía y religión, en él, son incompatibles, ya que sus sistema filosófico es el ateísmo mismo. Políticamente, la esencia de su filosofía es absolutamente radical, y más aún, la "revolución misma". Hegel era, en este sentido, "más revolucionario que todos sus discípulos juntos" (Bauer, Die Pousane, Cfr.: D. McLelIan, Op. cit ., pp. 68). En virtud de tal registro de lectura y valiéndose de semejante criterio de autoridad Bauer pretendía suprimir el papel de la religión dentro de los asuntos del Estado, en sentido hegeliano, en su opinión era la única sede de la razón autoconciente. Con aquella "revolución intelectual" —como la llama McLelIan [79] —, Bauer imaginaba que iniciaría una revolución total en el plano de la práctica. Este es el sentido de, por lo menos, la crítica de los sinópticos, los ensayos sobre Hegel, el folleto sobre la libertad y su escrito sobre El cristianismo revelado así como el de La cuestión judía, escrito en el que Bauer incorpora el discurso religioso en el plano político propiamente dicho al proponer la resolución del problema religioso a través de la destrucción de los fundamentos lógicos de la fe y en consecuencia del estado cristiano. Para Bauer, el pueblo judío sólo puede ser humano si se vuelve ateo y sólo así como ateos podrán ser libres. Conocida es la crítica de Marx a este planteamiento de Bauer, la cual puede resumirse diciendo que no basta argumentar contra la religión para conquistar la libertad. Criticar la religión quiere decir ahondar en sus raíces sociales y políticas. La emancipación de la religión y la del género humano no son idénticas; sólo destruyendo los principios religiosos que se han cristalizado en la vida real puede destruirse de plano el espíritu religioso. Contrariamente a la tesis de Bauer, no es el problema religioso el que permite solucionar el problema social, sino que es el problema social el que permite solucionar el problema religioso. En Die Guíe Sache der Freiheit y Bauer sostiene que sólo dentro del Estado el hombre lograría unirse consigo mismo. El Estado, obra de la autoconciencia infinita, es la manifestación de la libertad. El Estado burgués es la expresión política de la religión en la etapa final de su predominio. En la medida que el Estado burgués y la religión cristiana separan al hombre de su esencia, lo condenan a vivir al margen de la verdad universal. Así, contra el Estado cristiano,

Bauer intenta mostrar que el papel de la religión a lo largo de la historia autoconsciente ha sido el de esclavizar las facultades de los hombres. Objeto del Estado es la unidad y la armonía social; objeto de la Iglesia es apartar al hombre de su ser autoconsciente esencial. La Iglesia es la esencia alienada del Estado, la inmediatez del hombre, la expresión práctica de la imperfección. Sólo un Estado libre de la Iglesia es manifestación de libertad. Al tiempo, Bauer distingue entre Estado y Gobierno: el primero es la creación de la infinitud, el garante de la unidad del individuo con la sociedad. El segundo un nodo impuro de la objetivación del primero. Sólo la crítica- crítica, en su lucha contra la Iglesia puede librar a la autoconciencia de esta esclavitud forjada por la iglesia y el gobierno. Así, pues, de la teología filosófica a la filosofía crítica y de ésta a la práctica política, a la realización de los ideales de la razón y de la libertad, heredados de la Aufhebung y de la Revolución Francesa. Ese era el recorrido que, según el planteamiento filosófico de Bauer, la autoconciencia debía atravesar. Pronto la dureza del mundo objetivo sería la encargada de disipar su actualismo subjetivo. Más que la fuerte censura impuesta por el Estado al grupo de los libres de Berlín —como se hacía llamar la

corriente que profesaba el hegelismo de Bauer—
; más que las incisivas e incluso destructivas
críticas de Marx y Engels en Die Heilige Familie
o en la Deutsche Ideologie, era la vida misma, la
sociedad, sus circunstancias y su dinámica la
que había condenado definitivamente la obra de
Bauer al fracaso teórico y político. Porque su
punto de partida es el de la filosofía de la
destrucción por la destrucción, de la
fragmentación por la fragmentación; una
filosofía que vive de las antinomias insolubles y
que, en substancia, niega toda síntesis, toda
superación y todo desarrollo positivo de la
dialéctica. Y cuando, como Bauer pretende, se le
impone un concepto a la vida que le es extraña
del todo, que es independiente de ella, la vida
misma, en su objetividad, lo aniquila hasta
mostrar su carácter extrínseco y el evidente
prejuicio, que no es otra cosa que la albor de una
subjetividad trascendente, habituada a operar de
espaldas a la realidad y, por lo tanto, de la
historia misma. En Bauer la autoconciencia sólo
sabe dar razón de sí. El propio Hegel, como
apunta Rossi en la Génesis del materialismo
histórico, hubiere refutado tales planteamientos
al sostener, de acuerdo con sus tesis, que "lo
cierto es más bien lo contrario, y que la
autoconciencia no sabría nada si su saber no

hubiese sido posibilitado por la objetividad del saber mismo que la autoconciencia ha conseguido, ahora, convertir en objeto suyo, ya que ha sido el saber objetivo el que se ha desvelado, el que se ha desarrollado en el interior de la autoconciencia hasta el punto de reconducirla a su fuente".[80] De hecho, Bauer rompe la hegeliana unidad del yo con la cosa para apropiarse de la una y para desechar la otra. Rossi concluye su comentario señalando que "no es pues Hegel quien se ilusiona pensando que es un creyente, sino Bauer que se ilusiona pensando que es ateo". [81] En realidad, del mismo modo como el viejo evangelista superponía la idea de Dios sobre la realidad. Bauer antepone a lo real y concreto una estructura ideal, a la que llama autoconciencia. Pero, "cuando, partiendo de las manzanas, las peras y las fresas reales, me formo la representación general de "frute" - escribe Marx en *La Sagrada Familia* -, cuando, yendo más allá, me imagino que mi representación abstracta, 'lafrute?, obtenida de las frutas reales, es algo existente fuera de mí, o más aún, el verdadero ser de la pera, de la manzana, etc., explico, especulativamente hablando, 'la fruta' como la 'sustancia' de la pera, de la manzana, de la almendra, etc.. Al hacerlo así, considero la manzana, la pera, etc., como simple modalidades de existencia, como 'modos" es 'la fruta'. Tal es, en opinión de Marx, el modo "especulativo-místico" con el que la crítica-crítica establece sus vínculos con la vida real. Empero, advierte el crítico de la "crítica-crítica" de 'Bauer y consortes', "por este camino no se llega a una riqueza especial de determinaciones. El mineralogista cuya ciencia se limitara a saber que todos los minerales son el mineral, sería un mineralogista en su imaginación ". En opinión de Marx, pues, "es imposible arribar, partiendo de una abstracción a lo contrario de la abstracción, a menos que abandonemos ésta". [82] En tal sentido, el pensamiento de Bauer traiciona sus propios fines y se abre a la concepción de una nueva forma religiosa, a saber: la religión de la autoconciencia infinita, a la que Bauer hace pasar por fundamento del ateísmo. Es así como Bauer -en opinión de Marx- no pasa de ser un 'contrabandista' de la teología, un 'falsificador' del ateísmo y, en última instancia, un vendedor de "mercancía adulterada". [83] Y si, como dice Marx en la Introducción a la crítica de la filosofía del Derecho de Hegel de 1844, "la religión es opio del pueblo", para él Bauer sería una especie de narco traficante especulativo. Con su despido de la Universidad, sus fracasos editoriales, la fuerte imposición de la censura y, en último análisis, las disputas teórico-políticas ocurridas en el seno mismo de los 'Frein' de Berlín, el esoterismo de Bauer iba acentuándose hasta devenir una concepción de total rechazo de la sustancia —es decir, del *ser social*— para determinar en una suerte de asepsia conceptual derivada de la libre actividad de la autoconciencia, en su rechazo de lo vulgar y lo popular, esto es: de lo que denomina "la masa masificada".

No debe olvidarse que para Bauer las masas son incapaces de entender y defender las fuerzas de las ideas. En 'la masa' las ideas pierden su fuerza y se megarizan, con lo cual se alternan y subordinan sus altos objetivos. La 'masa' sólo quiere ideas simples. El verdadero crítico, el 'crítico-crítico', debe restringir sus esperanzas, pues siempre será mal entendido y peor comprendido en medio del desorden que propicia la vida vulgar. En cuanto que el crítico-crítico sólo atiende a la verdad absoluta, su espíritu tiene que ser el de un solitario. "El crítico —decía— está apartado y se aparta a sí mismo del objeto situándose frente a él". 84 Paradójicamente, Bauer terminó por apartarse de la sociedad y de la teoría. Al final, su radicalismo terminó en el más craso conservadurismo político, como asesor de Hermann Wagener, uno de los más íntimos consejeros de Bismark.

Eudmng Feuerbach (1804-1872)

En 1843, cuando la escisión que los 'puntos de vista' habían producido en el interior de la izquierda hegeliana comenzaba a aflorar con fuerza, apareció, en la Anekdota zur nevester deutschen Philosophie und Publicistik de Arnold Ruge, un breve artículo que recibía con entusiasmo las críticas de Feuerbach al cristianismo, críticas que, en opinión del autor del artículo, ponían al descubierto los 'misterios' contemplados por la última gran religión, superando de plano a sus predecesores hegelianos y, en especial, las posiciones tibias de D. F. Strauss, el cual en su opinión, abordaba el problema todavía 'como teólogo, y por lo tanto, sin libertad', mientras que Feuerbach lo abordaba 'al margen de la teología, es decir, libremente', siendo las cosas 'tal y como son'. Frente a la incapacidad e inoperancia de teólogos cristianos y de filósofos especulativos para resolver de forma definitiva tales misterios, el autor de la nota —cuya rúbrica reza: "uno que no es berlinés", tomando así irónica distancia de los "Freien"— sostiene que es precisamente un anticristo el que ha mostrado la verdadera esencia del cristianismo, más allá de todo prejuicio conceptual o sensitivo, y, en consecuencia, logra descubrir las cosas en su verdad. Todo aquél pues, que pretenda llegar a la verdad y a la libertad —concluye el autor— debe necesariamente atravesar ese "arrollo de fuego", ese Feuerbach, quien, según sus términos, es el "purgatorio del presente". El título del ensayo es "Lutero árbitro entre Strauss y Feuerbach"; su autor es Karl Marx.

En efecto, frente a las posiciones de Strauss, B. Bauer y de los "Freien" de Berlín y a la cabeza del otro contingente hegeliano de izquierda, reunido en la Rheinische Zeitung, por lo menos hasta 1843, se hallaba Ludwig Feuerbach, cuya perspectiva teórica ha sido, si se quiere, fundamental en la formación del materialismo histórico. Prueba de ello es el opúsculo de Engels dedicado a Feuerbach, en el que su autor recuerda el impacto dejado por la publicación de

La Esencia del cristianismo', "fue entonces —dice Engels— cuando apareció 'la Esencia del cristianismo', de Feuerbach. Esta obra pulverizó de golpe la contradicción, restaurando de nuevo en el trono, sin más ambages, al materialismo. La naturaleza —prosigue Engels, enumerando los puntos nodales del planteamiento feuerbachiano— existe independientemente de toda filosofía; es la base sobre la que crecieron y se desarrollaron los hombres, que son también, de suyo, productos naturales; fuera de la naturaleza y de los hombres, no existe nada, y los seres superiores que nuestra imaginación religiosa ha forjado no son más que otros tantos reflejos fantásticos de nuestro propio ser. El maleficio —concluye Engels— quedaba roto; el 'sistema' saltaba hecho añicos y se le daba de lado. La contradicción quedaba resuelta. Habiendo vivido la fuerza liberadora de este libro, podemos formarnos una idea de ella. El entusiasmo fue general: al punto todos nos convertimos en feuerbachianos". [85] Y sin embargo, a pesar de las objeciones de McLellan, debe reconocerse, con Engels, que la trayectoria de Feuerbach es "la de un hegeliano —no del todo ortodoxo, ciertamente— que marcha hacia el materialismo. [86] Efectivamente, después de sus estudios teológicos en Heidelberg y Berlín,

Feuerbach se hizo discípulo de Hegel. Su tesis doctoral, de 1828, titulada *"De ratione, universa e infinite"*? es clara muestra de ello. Su primera publicación, la cual Hegel ' llegó a conocerlos, Pensamientos sobre la muerte y la inmortalidad, de 1830, y que apareció anónima, está impregnada de un fuerte hegelianismo; al igual que la obra de 1833 Historia de la filosofía moderna de Bacón a Spinoza. Y no será sino hasta 1839 que comience a madurar su propio perfil interpretativo, el cual, finalmente, le conduce a la crítica del idealismo y, en consecuencia, a posiciones materialistas en el sentido de la Ilustración, las cuales, por cierto, el propio Hegel, en la Fenomenología de 1807, había denunciado como "una simple y abstracta conciencia de la religión". [87]

De 1841 es Das Wesen Christentums, obra en la cual critica a la religión cristiana al tiempo de refutar el intento de vincular el cristianismo con la filosofía de Hegel, distanciándose del hegelismo ahí donde este coincide con aquella religión. "La teología —según Feuerbach— ha sido convertida, desde hace mucho, en antropología. De esta manera, la historia ha realizado y convertido en un objeto de la conciencia lo que de por sí —y por ello (insiste Feuerbach) el método de Hegel es

completamente exacto e históricamente
fundado— era la esencia de la teología". [88] En el
"Prefacio" a la segunda edición de la obra,
tomando prudente distancia de Strauss y Bauer,
Feuerbach advierte: "En lo que se refiere a mi
posición respecto a Strauss y a Bruno Bauer...
Bauer centra su criticismo en la historia de los
Evangelios, sobre el cristianismo bíblico en la
teología bíblica, mientras Strauss trata del
dogma cristiano, del cristianismo dogmático de
la teología dogmática. Yo trato el cristianismo
de un modo general, es decir, de la religión
cristiana, y la teología y la filosofía sólo como
una consecuencia de ésta. Mi principal interés se
centra en el cristianismo y en la religión, ya que
es el objeto inmediato, la inmediata esencia del
hombre". [89] Tema central de la obra es pues el
de la 'religión revelada', es decir, el tema de la
esencia del hombre o más explícitamente, el
tema de cómo la religión ha despojado al
hombre de su esencia real. Con ello el hombre se
aparta de sí mismo y se aliena: "cuanto más rico
es Dios más pobre es el hombre". [90] La religión,
según Feuerbach, no es más que "el reflejo del
ser humano en sí mismo. Lo que existe tiene
necesariamente placer y alegría de sí mismo, se
ama, y si tú reprochas que se ame, le reprochas
que exista. Existir significa afirmarse, amarse;

donde uno se alegra de su existencia ahí también tiene poder y significado religioso, y es elevado a aquel grado en que pueda reflejarse en Dios como en su propio espejo. Dios —concluye Feuerbach— es el espejo del hombre". Lo que para la religión es predicado —el hombre— debemos convertirlo en sujeto y lo que para ella es sujeto debemos convertirlo en predicado. Dios es, en verdad el hombre esencial o la esencia del hombre. El constante estribillo de Feuerbach está dirigido contra el misticismo filosófico, contra la 'pureza' idealista del pretendido criticismo de los discípulos de Hegel y contra el fraude religioso. *Das Wesen Christentums* se divide en dos puntos: la primera, "la esencia verdadera, o sea antropológica, de la religión", tiene una labor constructiva, es decir, reduce la religión a esencia del hombre. La segunda, titulada "la esencia falsa, o sea teológica de la religión", es la parte destructiva, esto es: intenta superar las contradicciones que son inherentes a la teología. En la primera parte —acaso la más importante— Feuerbach trata de mostrar cómo en realidad las cualidades atribuidas a Dios —la bondad, la justicia, el amor, etc.— son cualidades objetivas de la esencia humana. En la conclusión de la primera parte de La Esencia del cristianismo,

Feuerbach dice: "Hemos reducido la esencia de Dios extramundanal, sobrenatural, sobrehumana a los componentes de la esencia humana. Al final hemos vuelto al principio. El hombre es el comienzo de la religión, el centro de la religión y el fin de la religión".[91] Los hombres, o en el lenguaje de Feuerbach, la "especie humana", sólo reconocen en Dios lo que de menos en sí mismo: "la miseria humana es el secreto del nacimiento de Dios". La tesis central de La Esencia del cristianismo puede resumirse con la siguiente afirmación de Feuerbach: "homo homini deus est".[92] A partir de La Esencia del cristianismo las investigaciones de Feuerbach insistirán, cada vez con mayor fuerza, en la necesidad de celebrar la batalla decisiva contra la opresión de la esencia divina sobre la esencia humana. Prueba de su insistencia y prosecución en el tema religioso son sus trabajos posteriores a las Tesis preliminares para la reforma de la filosofía y a la Filosofía del futuro, de 1843, tales como: La esencia de la fe según Entero, de 1844, trabajo en el que se reconoce al protestantismo un efecto emancipador sobre la vida práctica; La Esencia de la religión, de 1846 y La Teogonía, de 1857, así como las Lecciones sobre la esencia de la religión, sostenidas en Heidelberg entre 1848 y 1849 y publicadas en

1851. Pero las más importantes contribuciones de Feuerbach son, en opinión de Marx, las Tesis preliminares para la reforma de la filosofía y la Filosofía del futuro. En el "Prefacio" a los Manuscritos de París, de 1844, Marx señala con claridad tal opinión: "Con Feuerbach tiene inicio la crítica positiva, humanista, naturalista. Cuanto menos ruidosa más segura, profunda, extensa y duradera es la eficacia de los escritos de Feuerbach, los únicos escritos, después de la Fenomenología y de la Ilógica de Hegel, en los que se contiene una verdadera revolución teórica". [93] En esta oportunidad Marx se refiere explícitamente a las Tesis preliminares y a la Filosofía del futuro de la siguiente manera: "También la crítica positiva de la economía política en Alemania, debe su verdadera fundación a los descubrimientos de Feuerbach, por más que, contra las obras de este escritor, la Filosofía del futuro y las Tesis provisorias, la envidia mezquina de algunos y la importancia de otros parece haber urdido una formal conjura de silencio". [94]

No casualmente, las *Thesen*, escritas en abril de 1842 y publicadas en las *Anekdota* de Ruge en 1843, se proponen dar a la filosofía especulativa el mismo tratamiento que en *Das Wesen* su autor le había dado a la teología cristiana: "el secreto de la teología -dice Feuerbach- es la antropología, pero el secreto de la filosofía especulativa es la teología". [95] La filosofía especulativa es la teología del inmanentísmo, su labor ha sido la de invertir sujeto y predicado, vale decir, hipostasiar y subjetivizar los conceptos, lo que, en consecuencia, significa sustraer a los sujetos reales su realidad convirtiéndolos en predicados, en símbolos en simples encarnaciones de un sujeto especulativo preconcebido. "Así como según Spinoza el atributo o predicado de la substancia es la substancia misma, así también según Hegel, el predicado de lo absoluto, del sujeto en general, es el sujeto mismo". [96] El resultado de semejante hipostatización es la degradación del sujeto a predicado. El sujeto viviente, real y 'concreto' se transforma así en un atributo de lo que "en realidad" tenía que ser predicado. Con ello desaparece toda determinación y lo general y abstracto termina disolviendo lo particular y "concreto" . Para el autor de las Thesen el idealismo de Hegel es el responsable directo de esta situación, mientras que sus discípulos -críticos-críticos- lo son en forma directa. El propósito de Feuerbach consiste en retribuirle a la existencia humana su carácter de sujeto. En el parágrafo 54 de su ensayo Feuerbach escribe:

"La verdadera relación del pensar con el ser es únicamente ésta: el ser es sujeto y el pensar predicado. El pensar proviene del ser pero el ser no proviene del pensar. Ser es, porque no-ser es no-ser, es decir, nada, no-sentido" . [97] Así como la teología —insiste— escinde al hombre y lo aliena de sí, de la misma forma Hegel fragmenta la esencia del hombre y de la naturaleza para, al final, superar con violencia tal escisión en una abstracta unidad conceptual. Pero donde el ser brota del pensar es sólo ahí, donde se ha roto la verdadera unidad de ser y pensar: "¡Contemplad la naturaleza! —dice Feuerbach— ¡Contemplad al hombre! Ahí tenéis, ante vuestros ojos, los misterios de la filosofía" . [98] Mientras que la filosofía de Hegel contenía a la esencia del hombre y a la esencia de la naturaleza, pero sin hombre y sin naturaleza, la nueva filosofía "la única filosofía positiva", como el autor la clama, da como esencia del hombre a la naturaleza. La nueva filosofía comienza pues con lo que no es filosofía. Ella es la negación del racionalismo y del misticismo, del panteísmo y del personalismo, del ateísmo y del teísmo. Ella es "unidad de verdades antitíticas, verdad absolutamente autónoma y pura" . [99] Las páginas finales de las Thesen están abocadas a una franca y directa contraposición a Bruno Bauer, el cual, inmerso según Feuerbach en el más rancio subjetivismo idealista, traduce el nombre de "hombre" por el de "autoconciencia", con lo que termina preso en las redes de la vieja filosofía, invirtiendo la relación original y separando al hombre de su realidad. En esto consiste la "resolución teórica" celebrada por Marx. Una "resolución" que prosigue su trayectoria desmistificante en los Grundsatze der Philosophie der Zukunft, publicados en julio de 1843; en este ensayo Feuerback comienza por demostrar la identidad de la filosofía especulativa con la teología, cuya única diferencia consiste en que la primera ha racionalizado a la Segunda. "La filosofía del futuro —escribe Feuerbach en el Prefacio de la obra— tiene por tarea conducir la filosofía desde el reino de las "almas difuntas" al reino de las almas encarnadas, vivientes; hacer descender de la beatitud de un pensamiento divino y sin necesidades, a la miseria humana. Para lo cual sólo es indispensable una inteligencia humana y un lenguaje humano. Mas, pensar, hablar y actuar de modo puramente humano no es dado sino a las generaciones del porvenir. Hoy —agrega el autor— no se trata de explicar al hombre sino de rescatarlo del lodo en el que está hundido. Estos principios —insiste finalmente—

tienen por misión deducir de la filosofía de lo absoluto, es decir, de la teología, la necesidad de la filosofía del hombre, esto es, la antropología, y fundar la crítica de la filosofía humana sobre la crítica de la filosofía divina". [100] Los Principios de la filosofía del futuro, son pues, por un lado, la confirmación y conclusión de la crítica al hegelismo y, por otro, un intento de reconstrucción de la filosofía, posterior al desmantelamiento del sistema idealista de Hegel.

Tema central de la obra es la cabal comprensión del problema de la alienación que soporta las bases tanto de la teología como de la filosofía especulativa. El "Secreto de la alienación" consiste en que el extrañamiento de lo real y efectivo tiene lugar en la religión, en la necesidad de trascenderse en "lo otro" . El error de Hegel está en presuponer lo absoluto, es decir, en considerar el proceso de alienación como el auto-extrañamiento del Espíritu Absoluto, al cual sitúa antes y por encima de la existencia natural y humana. En consecuencia, la "superación" de la "superación" o la "Aufhebung de la Aufhebung", consiste en restituir el punto de partida original, el individuo, al cual la teología ha convertido en Absoluta transcendencia, en la confirmación de la alienación religiosa, objetivada, cristalizada y cuya confirmación es la esencia de la filosofía especulativa, mediante su 'doble carácter teológico, ya que "las propiedades o predicados esenciales del ser divino son las propiedades o predicados esenciales de la filosofía especulativa". [101] Tal es el error del panteísmo hegeliano de Strauss: "la contradicción de la filosofía moderna y particularmente del panteísmo —dice Feuerbach—, la cual es la negación de la teología desde el punto de vista de la teología, o la negación de la teología que es de nuevo teología, caracteriza en especial a la filosofía hegeliana" . [102] La filosofía del futuro, tiene el deber de enfrentar esta situación, de reapropiarse de la esencia humana (Das menschlich Wesen) sustituyendo el elemento inicial, la trascendencia o necesidad religiosa, y desechar la ilusión de un "otro" superior, hasta establecer el real secreto del "otro", que no es otro que el del "otro" corpóreo, sensible-racional, vale decir: "el género". De este modo, la religión de la humanidad, la religión de la "especie" (Gattung), sustituye a la religión de la teología: "la nueva filosofía, que reconoce lo concreto no in abstracto sino in concreto, lo real en su realidad, de manera adecuada a la esencia de lo real como lo verdadero, y lo lleva a principio y objeto de la filosofía, es por ello la verdad de la filosofía hegeliana, la verdad de la nueva filosofía en general" . [103] Y si "la vieja filosofía decía: sólo lo racional es lo verdadero y lo real" ; la nueva filosofía dice: "sólo lo humano es lo verdadero y real; únicamente lo humano es lo racional: el hombre es la medida de la razón".[104] La filosofía de la pura identidad es la completa inversión del punto de vista de la verdad, vale decir, del punto de vista natural del hombre, del pensar como consecuencia del ser humano, como especie. Pero la especie como esencia no está sostenida en el hombre particular, como tampoco está en el pensamiento o en lo natural. La especie como esencia está contenida en la comunidad, en lo que el autor denomina 'la unidad del hombre con el hombre ", la cual se apoya en la distinción real entre el Yo y el Tú: "El hombre singular para sí — insiste Feuerbach— no tiene en sí la esencia del hombre" : ello sólo está "únicamente en la realidad de la diferencia entre el Yo y el Tú" . Porque la verdadera no es ningún monólogo, sino el diálogo entre el Yo y el Tú" . [105] En definitiva la nueva filosofía propuesta por el autor de estos Principios, es una filosofía del hombre y para el hombre, la superación de la doble verdad —filosófica para sí y religiosa para el hombre— ensalzada por la vieja filosofía, la filosofía posee la dignidad de la teoría y, a la vez, la disposición a la práctica. Ella sustituye a la religión porque asume para sí su esencia en cuanto unidad de 'la cabeza" con "el corazón", de la razón con el sentimiento. Filosofía del olfato, del gusto, por un lado. Filosofía del tacto y la contemplación, por el otro. "Dejémosle al hombre su cabeza —dice—, pero dejémosle el estómago de un león o de un caballo. Un estómago limitado se adapta a un ser limitado, es decir, al animal. La relación moral y racional del hombre con el estómago consiste en tratarlo no como un ser bruto sino como un ser humano": el hombre es "lo que come" . Materializar lo divino, divinizar lo humano, tal es el propósito de Feuerbach. Por supuesto, que la revolución teórica generada por Feuerbach, de uno u otro modo, tenía implicaciones directas o indirectas sobre el pensamiento político-social y moral, más allá de la reflexiones propiamente teoréticas. Pero se trata nada más que de implicaciones, desarrolladas, más que por el propio Feuerbach, por los jóvenes hegelianos que, bajo su influencia, llevaron tales implicaciones hasta sus últimas consecuencias. Tal es el caso de Arnold Ruge y de Moses Hess, así como de Federico Engels y de Carlos Marx.

Cuando en su Crítica de la filosofía de Hegel de 1839, Feuerbach sostiene que "El sistema hegeliano es la absoluta auto-alienación de la razón; alienación que en él se expresa objetivamente en el hecho de que su Filosofía del Derecho es un empirismo especulativo en estado puro", [106] aún de pasadas, Feuerbach hace una objeción que no podía pasar desapercibida. Hegel ha ofrecido una justificación especulativa para algunas instituciones políticas —como por ejemplo el mayorazgo— que la experiencia histórica previamente había dado. Empero, con ello hacía Hegel creer que deducía de los principios especulativos de su filosofía una institución que, en realidad era producto de la sociedad feudal. Una muestra de las implicaciones que tuvo esta afirmación de Feuerbach es la Crítica de la filosofía hegeliana del derecho público, escrita entre 1840 y 1841 por Marx. "Hegel -objeta Marx en este ensayo- convierte la idea en sujeto y la relación de la familia y la Sociedad civil con el Estado es concebida como imaginaria actividad de la idea, como Presupuestos del Estado". [107] Por otra parte, las Tesis provisorias y los Principios de Feuerbach, provocaron, en 1842-3, el distanciamiento definitivo de Hess, Ruge, Marx y Engels con el punto de vista de Bauer y de los

'F¡reirí sobre Hegel. Hasta ese momento, era común en el seno del movimiento joven hegeliano considerar la filosofía de Hegel como la última y más compacta filosofía, en virtud de lo cual sólo quedaba realizarla en la práctica. La Tromba de! juicio universal contra Hegel, ateo y anticristo, publicada por Bauer, quedaba atrás, "quien no abandonaba la filosofía hegeliana -escribe Feuerbach- no abandone la teología; la filosofía hegeliana es el último soporte, el último refugio de la teología". [108] Hegel no era un ateo, como pensaba B. Bauer, sino el racionalizador de la teología, y es la teología, justamente, lo esencial de su pensamiento. Más, como se ha dicho, con ello, Feuerbach facilitaba la definitiva ruptura de los jóvenes hegelianos con Hegel, radicalizando más aún sus puntos de vista ideológicos políticos. De Feuerbach son también estas expresiones: "no piensa lo mismo el que habita en un palacio y aquél que habita en una choza"; "el reino de los cielos debe convertirse en la república de la tierra. Negando a la religión se llega a la libertad"; "la tierra está madura para la transformación mediante la práctica de los hombres". Pero se trata, en él, de expresiones sueltas, más próximas a su filosofía contemplativa del hombre como ser sensitivo, que el programa político-ideológico e histórico y racional que años después Marx desarrollará con la formulación del materialismo histórico como ciencia general o filosófica y con el método dialéctico-histórico como soporte de sus investigaciones y de sus resultados.

En resumen, cabe decir que el aporte de Feuerback al Materialismo histórico consiste: 1º) en reconocer la filosofía de Hegel como una manifestación de la existencia de la alienación del ser humano. 2º) En fundamentar el "verdadero materialismo" al convertir la relación social del hombre respecto al hombre en el principio fundamental de su teoría filosófica. 3º) En oponer, a través de este principio, a la simple "negación de la negación", expuesta por Hegel, la cual no va más allá de la pura negación, un principio 'positivo' fundamentado en sí mismo. Pero a estos aportes -subrayados por Marx en los *Manuscritos de Economía y Filosofía*- deben agregarse las siguientes insuficiencias: 1º) Feuerbach ha cometido el error de desechar-o como dice Engels- de "echar por la borda" el método dialéctico. Precisamente por ello, pone como base de la antropología filosófica a un hombre abstracto que prescinde de "el mundo de los hombres", de las relaciones sociales, de la actividad de los hombre enarbolada por la

dialéctica hegeliana en general y por
su *Filosofía del Derecho* en particular. 2º) Al
reducir el Espíritu al Hombre en cuanto especie
natural, Feuerbach simplemente se limita a
reflejar la existencia de un hombre cuya única
verdad es la existencia del mundo privado del
burgués, al cual convierte, a-históricamente, en
la esencia del hombre en un hombre ideal,
abstracto. En efecto, su teoría del "Yo y del Tú"
se reduce a la vida privada burguesa, a la
relación privada de personas singulares, sin
lograr percatarse de que no sólo las relaciones de
la vida sino también los objetos más primitivos
de la certeza sensible están determinados por el
complejo de las relaciones sociales y
económicas, es decir, por el ambiente social en
el que se vive. 3º) El ateísmo de Feuerbach es la
invocación a una nueva religión. Si la ilustración
había liquidado a Dios instaurando en su puesto
a la Diosa razón, Feuerbach liquida tanto a uno
como a la otra para colocar en su lugar al
hombre esencial hecho Dios. Su invocada
sensibilidad, su filosofía del corazón es, otra
vez, un contrabando religioso y, en último
análisis, una teología del amor burgués, del
amor entre el Tú y el Yo. A propósito de esto, F.
Engels escribe: "Feuerbach no pretende acabar
con la religión: lo que él quiere es

perfeccionarla. La filosofía debe volverse religión. En él el amor sexual acaba siendo una de las formas supremas, si no la forma culminante, en que se practica su nueva religión. Su idealismo estriba —insiste Engels- en que para él las relaciones de unos seres humanos con otros, basadas en la mutua afección, el amor sexual, la amistad, etc., adquieren su plena justificación cuando aparecen consagradas con el nombre de religión". [109]

Sería inútil, e incluso superfluo, insistir en lo que han significado los aportes críticos hechos por Feuerbach para la génesis y constitución de la filosofía de la praxis. Sin embargo, no debe olvidarse que al entusiasmo inicial de Marx y Engels por la crítica feuerbachiana de la religión y de la filosofía especulativa, siguió, poco tiempo después, una postura radicalmente crítica de sus puntos de vista. En opinión de los fundadores de la filosofía de la praxis, Feuerbach nunca llegó a ser un verdadero materialista en sentido enfático, es decir, un materialista en sentido histórico. Consecuencia necesaria de ello es el haberse limitado a rechazar sin más la dialéctica de Hegel sin llegar a superarla de ningún modo. Es por ello que su visión del mundo, su Weltanschauung, nunca logró rebasar el punto de vista propio de la sociedad burguesa. La filosofía de Feuerbach es, en tal sentido, una filosofía de transición entre la vieja filosofía del idealismo alemán y la nueva filosofía de la praxis. Su mayor mérito fue situar al hombre en el centro del universo y de la investigación científica. En el mejor de los sentidos, Feuerbach fue un crítico implacable de los privilegios religiosos así como de los residuos del misticismo cristiano presentes en el sistema filosófico hegeliano. Pero, más allá de dichos aspectos, Feuerbach terminó por convertir su concepción del hombre en un concepto acrítico y, en último análisis, metafísico, en el sentido débil del término. El crítico de los prejuicios y de las presuposiciones del Sistema de Hegel y de su Escuela, terminó por presuponer a un "Hombre" esencial, sin percatarse del hecho de que el hombre esencial sólo puede ser el producto, el resultado y la necesaria consecuencia de su actividad en el curso de su desarrollo histórico, que —como dice Marx en su sexta Tesis ad Feuerbach- sólo dentro de este desarrollo continuo pero irregular de la historia puede tener lugar la confirmación de su esencia. Es por esto que en medio de esta ingenua dialéctica del 'Yo' y del 'Tú', el *ser social* inevitablemente es desplazado a la naturaleza. De ahí deriva una concepción del

---

hombre contemplativa, aislada, abstracta, que culmina en la simple postulación de una religión del Amor, no menos abstracta e ingenua y carente de toda posibilidad de realización. En los Manuscritos de París, lugar en el que Marx comienza a diferenciarse de los planteamientos de Feuerbach, a propósito del tema del amor se dice lo siguiente: "si se quiere ejercer influjo sobre otro hombre, hay que ser un hombre que actúe sobre los otros de modo realmente estimulante e incitante. Cada una de las relaciones con el hombre ha de ser una exteriorización determinada de la vida individual real que se corresponda con el objeto de la voluntad. Si amas sin despertar amor, si tu amor en cuanto amor, no produce amor recíproco, si mediante una exteriorización vital como hombre amante no te conviertes en hombre amado, tu amor es impotente, una desgracia". [110]

Finalmente, cabe preguntarse si, acaso, la doctrina feuerbachiana del amor no es la consecuencia lógica necesaria de su interpretación de la 'negación de la negación' de la dialéctica hegeliana. En el parágrafo 21 de los Principios de la filosofía del futuro, Feuerbach sostiene que "únicamente la negación de la negación, según Hegel, es la verdadera posición.

Así nos encontramos de nuevo en el punto de
que partimos, en el centro de la teología
cristiana. De este modo —prosigue el autor—
desde el comienzo supremo de la filosofía
hegeliana tenemos ya el principio y el resultado
de su filosofía de la religión, es decir, que la
filosofía no suprime los dogmas de la teología,
sino que los restablece mediante la negación del
racionalismo". Feuerbach concluye diciendo:
"El secreto de la dialéctica hegeliana reside, por
tanto, en esto: niega a la teología por la filosofía
y luego niega de nuevo a la filosofía mediante la
teología. La teología forma el comienzo y el fin;
en el centro se halla la filosofía, como negación
de la primera posición, más la negación de la
negación es la teología". [111] Semejante
concepción de la 'negación de la negación' de la
dialéctica hegeliana es refutada por Marx como
"una posición no según de sí misma y, por lo
tanto, viciada por su opuesto; dudosa de sí
misma y, por lo tanto, carente de
demostración". [112] El autor de los Manuscritos
insiste: las conclusiones de Feuerbach sobre la
hegeliana 'negación de la negación' son
incapaces de "demostrarse a sí mismas mediante
su propia existencia". Es por esto que frente a la
doble negación Feuerbach prefiere contraponer
directa e inmediatamente la positividad que se

funda sobre sí misma y que logra su certeza "por la vía de los sentidos". [113] En otros términos, el carácter abstracto, inmediato e incluso mecánico de la filosofía de Feuerbach le impide captar la importancia decisiva que encierra en sí esta doble negación para "el real conocimiento del movimiento de la historia". [114] Independientemente de las limitaciones de Hegel en esta dirección, Marx logra comprender cómo la negación de la negación, constitutiva de la dialéctica hegeliana, es una estructura propicia para superar tanto el abstractismo idealista como el materialista, toda vez que logra rescatar, "por la vía del pensamiento", la objetividad de lo concreto real. Pero, además, su posición frente a este momento decisivo de la dialéctica hegeliana, le permite descubrir la imposibilidad, por parte de Feuerbach, de superar su punto de vista, puramente sensorial y contemplativo, el cual, forzosamente, tiene que permanecer atado al teoreticismo: para Marx la dialéctica hegeliana no tiene por "secreto" a la teología "como principio y fin", sino —como apunta Núñez Tenorio en su ensayo— "en el método de criticar que implicaba un dominio profundo" de la propia "dialéctica hegeliana como condición de su superación". [115] En otras palabras, sólo mediante un profundo conocimiento de la dialéctica de Hegel ésta puede ser superada, pues la superación de la dialéctica idealista es, ella misma, dialéctica. Si no se comprende la función crítico-práctica de la doble negación, por necesidad desaparece "el papel de la praxis histórica en la crítica a la especulación filosófica". 116 El 'amor' feuerbachiano se revelaba en la importancia de su realización. Por oposición al dogmatismo hegeliano, el ateísmo de Feuerbach mostraba su más genuino carácter religioso. Sin la menor conciencia de sus situaciones, tanto Bruno Bauer como Ludwig Feuerbach repetían a pies juntillas el contenido programático de los Escritos teológicos-juveniles de Hegel, no sólo contra la religión cristiana, sino también contra el Estado burgués. Y fue precisamente la toma de conciencia de la importancia de la doble negación de la dialéctica hegeliana por parte de Marx, lo que hizo posible que los puntos de vista de Bauer y de Feuerbach perdieran todo sentido, desde el momento en que sus aspectos progresistas fueron incorporados a la filosofía de la praxis. Así, a partir del surgimiento de la nueva teoría crítica de la sociedad y de la historia, el subjetivismo voluntarista de Bauer y de los "Freien", por una parte, y el objetivismo teoreticista de Feuerbach, por la otra, se transformaron en episodios — sin duda alguna de gran valor, pero a fin de cuentas episodios- en el interior de la historia de la consolidación definitiva de la nueva concepción del mundo.

Karl Marx.

Introducción general

Una definición cabalmente ilustrada de la concepción marxista de la filosofía, en sentido perentorio y unívoco, sería en realidad una traición a su propia consideración de pensamiento en actividad permanente y no estática o, en otros términos,
como *praxis* continua. Más aun, sería la muerte de sí misma, esto es: de aquel "seguir pensando", ya proclamado por Hegel, que le resulta inmanente. Frente a la razón formalizada, hegemónica de nuestro tiempo, conviene, más bien, una labor encaminada a la desmitificación de los conceptos que se dan, por descontado y de antemano, como absolutamente "claros y distintos" en sí mismos —según la conocida expresión cartesiana—. Empero, tales conceptos ocultan la naturaleza escindida que le es inherente a la abstracción tipificante de la sociedad capitalista de hoy. En tal sentido, una concepción efectivamente realista de la historia debe evitar, en la medida de lo posible, disertar sobre conceptos que, por más diáfanos y simples que, en apariencia, se manifiesten, tendrían que ser definidos mediante su redescubrimiento

histórico-social. Lo que equivale a decir que, según el diseño originario de la filosofía de la praxis, los conceptos de "Hombre", "Naturaleza" o "Mundo", "Alma" o "Espíritu", no pueden ser tratados a la manera del científico natural o del especialista de oficio; pues la concepción de la *praxis* no ofrece fórmulas o recetas, ya que, haciendo honor a la verdad, no existen fórmulas filosóficas propiamente dichas. Tal vez, ellas tengan el valor de fijar intelectualmente una cierta exposición técnica, científica o, incluso, ideológica dentro de ciertas circunstancias y condiciones; pero, filosóficamente hablando, no fundamentan la cosa misma', su sustancialidad y significación histórica, o si se prefiere, la ontología del *ser social*. Dichas formulaciones deben, pues, ser sometidas a un examen que reconstruye el largo y difícil camino que termina por ubicar su carácter orgánico y concreto, es decir, actual, acorde con las necesidades específicas y peculiares de la formación social dentro de la cual se insertan. La filosofía y la historia -al decir de Marx— están la una al servicio de la otra. Sin embargo, una concepción que defina de esa forma su propio quehacer, carece de una *vía regia*, con lo cual deja de ser una reflexión que se establece a partir de un principio supremo y preconcebido, de un estático punto de partida del cual, no obstante, gusta aferrarse tanto el metafísico irracionalista como el gnoseólogo de la modernidad. Ni tampoco se vale de las presuposiciones o de los principios "semánticos" estáticos y "definitivos" (los cuales no son más que dictámenes de la lógica de la vacía identidad y que terminan por cercenar la multiplicidad de las reales necesidades humanas, hasta dejarlas reducidas a "formato de bolsillo").

Más allá —o si se prefiere, más adentro— de tales figuras del saber —es decir, del irracionalismo metafísico de la especulación del principio o del simple encasillamiento de la realidad mediante el prurismo y la asepsia de nociones analíticas o epistemológicas (formas éstas que, en el fondo, sirven para evadir el problema concreto a resolver, a saber: la transformación del pensamiento y de la sociedad existentes)—, el propósito de *la filosofía de la praxis* no consiste en tomar partido por una u otra temática. Consiste, más bien, en fomentar la crítica recíproca, preparando el terreno adecuado para la conquista de la unidad de lo uno y de lo otro mediante su más radical negación, hasta llegar al resultado concreto, como objetivo último de tal concepción. Más específicamente, se trata de la fluidificación de la rigidez de los

conceptos hasta hacerlos copartícipes de la
creación de una sociedad integral, no regida,
precisamente, por principios "supremos" y, en
realidad, externos o trascendentes. En oposición
al subjetivismo aberrante del positivismo
restaurador y del objetivismo no menos
aberrante de la metafísica del dogma, del sentido
y de la fe, la máxima kantiana se hace 'carne y
sangre' de tal transformación de la vida
intelectual y moral: lo único que todavía queda
abierto es el camino de la crítica. En esto,
precisamente, consiste la vitalidad y la vigencia
de la concepción marxista de la historia: en
denunciar la manipulación presente en las
tendencias del intelecto y en develar cómo las
oposiciones teoréticas no son más que una
expresión de la Realpolitik. Es así como el
"método" propio de la *filosofía de la praxis* no
sólo termina por poner de manifiesto la falta de
comunicación existente entre lo que es y lo que
se piensa, sino que, por demás, constituye el
resorte ideológico-político de la llamada
reconciliación de lo que es y de lo que debería
ser.

Esta concepción puede considerarse, entonces,
como una Teoría crítica de las tendencias
reflexivas del entendimiento abstracto. Más, por
ello mismo, en su afán de no concebir el

pensamiento por encima de la realidad, concluye en una Teoría crítica de lo existente, del dominio y de la atomización presentes en la sociedad moderna, a la que considera como la sociedad de la absoluta reificación o del puro extrañamiento, en términos de Lukács.

Teoría crítica, pues, en el sentido dado por Marx a este término, esto es: a la unidad dialéctica de filosofía e historia. De hecho, para la *filosofía de la praxis* no hay historia sin conciencia ni conciencia sin historia. Una historia entendida como simple recopilación de crónicas o anécdotas, de datos cronológicamente ordenados, o de presuposiciones conceptuales que pretenden manipular los hechos históricos, son intentos que no pasan de ser "historias" superficiales y ciegas. De igual modo, una filosofía que se satisface de su condición universalista o general y se conforma con "lo absoluto" en "cuanto tal", despreciando lo particular y específico, orgullosa de ser la depositarla de una supuesta razón "absoluta", no es más que una despreciable e inútil filosofía del vacío.

No resulta difícil constatar cómo y con qué facilidad, en los últimos años, la filosofía académica de nuestra época -cultora de lo privado y del 'pensamiento débil'—, se ha dedicado a la sistemática labor de suplantar los últimos vestigios de la crítica filosófica, heredados del siglo XIX y de comienzos del XX, por la doctrina de moda: primero se era existencialista o estructuralista; con el pasar de los años se terminaba asumiendo el neopositivismo y la doctrina neo-liberal. Ahora se pretende ser posmoderno e irracionalista. En fin, modas vienen y modas van. Empero, como sucede con todas, las modas flotan en el mar de las frivolidades, renovadas de tiempo en tiempo, apareciendo y desapareciendo en un constante desfile sin fin. Su perfectación al plano de la realidad; sustitución de la historia hecha de ideas universales y de pueblos particulares, relacionados indisolublemente no por la trascendencia sino por la inmanencia, no por sutilezas y abstracciones, sino por ideales que brotan del barro fresco de la sociedad y que terminan por aunarlo todo. Pues, aunque las modas tengan su historia, la historia no la han hecho sus modas. Ella está hecha de grandes crisis y, por ello mismo, de vivos y de muertos, de incesantes luchas que conducen a incesantes cambios manifiestos en todas las esferas de la vida, entendida como cultura viviente y no como museo de cera: cambios en la educación y la ciencia, en el arte y la religión, en el derecho y en la producción material, en los valores y en la acción política. Esa es la historia que compete a la filosofía de la praxis. Comprender el todo social como organismo viviente es su oficio; esa es su labor desmistificadora y constructiva, su carácter objetivo general.

Por encima de toda abstracción, la *filosofía de la historicidad*, de la *praxis* humana, deviene así una teoría crítica que sabe dar razón de lo que es, pero también de *lo que se quiere* y puede ser. 117

El propósito de las presentes líneas consiste en mostrar cómo, desde la Diferencia entre la filosofía de la naturaleza según Demócritoy según Epicuro, de 1841, hasta la más elaborada y concreta formulación de la concepción marxista de la historia, en *la Ideología Alemana*, de 1845, Marx ha venido determinando progresivamente la idea central de la filosofía de la praxis. Dicha idea consiste en una crítica radical de la oposición presente entre las formas de la conciencia y las formas materiales de existencia, así como en la consecuente comprensión del *ser social* como unidad constitutiva del proceso conceptual e histórico. El hilo conductor que atraviesa semejante itinerario óntico del pensamiento de Marx lo constituye, en medio de la evidente diversidad de sus manifestaciones, la contradicción existente entre la sociedad política y la sociedad civil, la cual, según el autor de la Crítica de la filosofía hegeliana del derecho público, tipifica el drama del mundo cristiano-burgués.

La ruptura o escisión (Trennung) entre el Estado y la sociedad civil, constituye pues para Marx una oposición dialéctica. Se trata de una escisión que desgarra la esencia misma del hombre moderno, que lo divide en dos determinaciones contrapuestas: una política y formal; la otra, social y material; cada una de ellas, en oculto contraste con la otra, ejerce la negación de la otra, y, sin embargo, la genera, toda vez que le garantiza una "existencia separada". Esta es una —y, tal vez, la más importante y esencial— de las premisas del diagnóstico crítico- filosófico hecho por Marx a su tiempo, el gérmen y la sustancia de su realismo histórico. Una premisa que Marx llevará hasta sus últimas consecuencias teóricas y políticas.

Acaso convenga recordar que, en esta labor, Marx tiene un importante precursor: Hegel y su interpretación de la relación dialéctica como relación de oposición correlativa de términos.

No pocas han sido las interpretaciones hechas sobre la relación de la filosofía de Hegel con el pensamiento de Marx, bien sea para exaltarla con afán histórico y crítico —como en el caso de Gramsci y Lukács, o de Adorno y Marcuse, entre los más destacados—, o bien sea para refutarle y convertir a Marx en el decidido detractor del pensamiento de Hegel —según las perspectivas de Galvano della Volpe, Louis Althusser o Lucio Colletti. Podría decirse, incluso, que sobre un lugar común, por lo menos, la crítica y la hermenéutica marxistas no tienen dudas: Marx habría invertido la dialéctica de Hegel. Un juicio que, a partir de la célebre expresión consagrada por Engels en su Hudmg Feuerbach elfin de la filosofía clásica alemana, ha devenido soporte hermenéutico de dicha relación. [118] Pero incluso, más allá de las interpretaciones hechas por la tradición marxista —a las cuales, lejos de descalificar, conviene interpretar históricamente, según las condiciones políticas y culturales dentro de las cuales fueron elaboradas—, deberá reconocerse el hecho de que Marx acepte integralmente la interpretación de la dialéctica en el sentido de ser una oposición correlativa de términos. En efecto, Marx acepta de Hegel el descubrimiento del principio dialéctico fundado sobre la propia escisión- contradicción, principio sin el cual le resultaría imposible poner de relieve las contradicciones objetivas que constituyen el soporte de la sociedad burguesa. Y es que, a pesar de su actitud crítica respecto al pensamiento hegeliano, lejos de considerarlo como "perro muerto", Marx jamás perdería su necesario, real y profundo contacto con la dialéctica de Hegel. A este propósito, Norberto Bobbio, en su ensayo Ha dialéctica de Marx, ha señalado como la figura de un Marx sucesor de Hegel debe convertirse en la de un Hegel precursor de Marx {Cfr.: AA.W., Ha evolución de la dialéctica, Martínez Roca, Barcelona, 1971, p.253).

En la Differenz el joven Marx asume para sí el significado más profundo dado por Hegel a la dialéctica: Muerte y amor— dice Marx— son los mitos de la *dialéctica negativa*, porque la dialéctica es la interior y sencilla luz, el penetrante ojo del amor, el alma íntima, no oprimible por el cuerpo de la disgregación material; es el lugar interno del espíritu. Así que su mito es el amor; más la dialéctica es también la arrebatadora corriente, que destroza pluralidad y sus límites; que desecha figuras independientes, sumergiendo todo en el mar uno de la eternidad. Su mito es, pues, la muerte. Más es la muerte de manera que, a la ve% sea el vehículo de la vida, del desplegarse en los jardines del espíritu, el desbordarse en las espumantes copas de soles punctuales, de los que brota la flor del único fuego de! espíritu (Cfr: K. Marx, Diferencia entre la filosofía de la naturaleza según Demócrito y según Epicuro, EBUCV, Caracas, 1973, p.208)

Inútil detallar en estas páginas el evidente y marcado influjo de la dialéctica hcgeliana y, en particular, de la Fenomenología del Espíritu, publicada por el gran pensador alemán en 1807.

De igual modo, en la Crítica del Derecho del Estado hegeliano, escrita apenas dos años después de la Differenz, e * influjo y decidido concrecimiento de la dialéctica de Hegel en Marx se hace mucho más evidente. Es sobre todo la posición negativa asumida por Hegel respecto de la abstracción de los derechos del ciudadano, inescindiblemente relacionada con el atomismo característico de la sociedad liberal-burguesa, lo que Marx —poco importa si consciente o inconscientemente- reclama y radicaliza, a la luz de una concepción decididamente anti-individualista. Cabe recordar, en tal sentido, las expresiones de Hegel: La nueva clase burguesa es una fuerza abstracta, privada de contenido, sin cordura, caracterizada por la accidentalidad de las cosas reales y de lo fortuito que es en sí, cuyo contenido es puesto continuamente en la adquisición y en los contratos: una clase cuyos miembros son, cada uno, deudores del propio y particular interés, y que a causa de la rigidez su posesión, no es más que un universa! formal, uno singular : [119]

Para Marx, los principios que constituyen la sociedad liberal-burguesa son la negación completa del hombre en cuanto miembro de la especie o en cuanto ente social. El resultado obtenido es la refutación total y, hasta podría decirse, intransigente de aquella concepción. Los derechos del hombre no son más que derechos de individuos asociados que se reflejan sobre sí mismos, entes privados, aislados los unos de los otros, separados entre sí y separados de "la comunidad". Es esta una interpretación que sin duda recuerda el ideal de la Polis en cuanto bella eticidad, que Hegel ha desarrollado ya desde el así llamado período de Berna. Tanto para Hegel como para Marx, en el mundo griego domina una sustancial unidad, que se manifiesta como la identidad inmediata de lo singular con la comunidad, identidad que tiene sus últimos vestigios en el tardío claroscuro característico del mundo medieval. La sociedad burguesa ha roto tal identidad. Tarea del curso histórico sucesivo consiste en "retornar", de un modo más rico, alto y reflexivo. A esa unidad que se ha perdido, en cuanto tal, históricamente para siempre, y que sin embargo es posible rescatar mediante un minucioso y detenido estudio crítico del presente, a través del análisis de las relaciones existentes no, por cierto, entre conceptos "puros", como pretendían los ideólogos alemanes, sino de las relaciones existentes entre los hombres reales, de "carne" y "hueso", como gustaba decir al Marx de *la Ideología alemana*.

Parafraseando al Hegel de la Positividad de la religión cristiana, [120] lo que para el ideólogo alemán no es más que una simple modificación, pura accidentalidad, para Marx deviene necesario, viviente, tal vez 1° únicamente natural y bello. Una concepción que, como hasta ahora se ha intentado sugerir, es en el fondo un verdadero realismo crítico e histórico, pues, como Gramsci ha señalado en su crítica del Ensayo Popular e Bujarin, [121] para la *filosofía de la praxis* el concepto de 'materia' debe ser entendido como materia social e históricamente organizada para la producción y, por tanto y como categoría esencialmente histórica, como relación humana. Así pues, un realismo crítico-histórico y impuesto por los nuevos tiempos. En su desesperado intento por detener la historia, evocando las ruinas del sistema del idealismo absoluto, la 'ideología alemana' mistificaba la dialéctica del maestro. Obligación del auténtico pensador dialéctico consistía en devolverle su fuerza negativa y determinada, crítica y positiva a la vez, que ante las pulsaciones producidas en la historia, muestra las contradicciones que tipifican a la sociedad de su tiempo. La observación de Marx —escribe Giuseppe Bedeschi— no sólo no está dirigida contra Hegcl\ sino que está volcada, en nombre de un auténtico y más riguroso hegelismo, contra el uso superficial que los jóvenes hegelianos hacían de la dialéctica, atenuando, en ella, la contradicción, [122]

En resumen, puede decirse que de la *Differenz* del '41, a la *Kritik* del '42-43; de la Crítica de la crítica-crítica del '43 a los Manuscritos de París del '44; de las Thesen sobre Feuerbach a *la Ideología alemana* del '45-'46; del Manifiesto a la Miseria de la filosofía del '48; de los *Grundrisse* del '57 y la Contribución del '59 a El Capital del '67, el pensamiento de Marx comporta una densa determinación, por un lado, de la reconstrucción histórico-real del presente que pone de relieve el elemento racional que permite comprenderlo y superarlo —decía Hegel, Comprender es superar. Pero, por otro lado, ello no era posible sin antes derribar las abstracciones propias del neo-hegelismo, a la luz del detallado análisis de la sociedad de su tiempo —¡sin caer por ello en el espejismo de la supuesta evidencia de "los hechos"!—, hasta traspasar sus límites, devolviéndole así a la filosofía su verdadero propósito: ser una teoría crítica del pensamiento y de la realidad, en cuanto *ser social*.

De la "Differenz" a la 'crítica de la crítica-crítica,

En el "Prefacio" a los Manuscritos de París, escritos en 1844, el joven Marx delineaba al perfil metodológico que se proponía llevar adelante en su revisión crítica de la filosofía, la política y la economía política de su tiempo. Los, hasta entonces, resultados parciales obtenidos comenzaban a cobrar, por vez primera, un significado orgánico en el interior del espesor teorético de aquellos Manuscritos. Así, por encima de todo sistema filosófico preconcebido 'artificiosamente', el autor se abocaba al análisis pormenorizado de cada una de estas formas del saber para, finalmente, configurarlas dentro de un discurso omniabarcante y total, producto o resultado de su detenido estudio analítico. En efecto, según Marx, "la meta" y no "el punto de partida" debía ser "la conexión del todo" con las "distintas partes entre sí, así como la crítica de la elaboración especulativa de aquel material". [123] En otros términos, la visión de la totalidad no es un a-priori sino un a-posteriori.

Quince años más tarde, en el conocido "Prólogo" de la Contribución a la crítica de la economía política, de 1859, Marx corroboraba el diseño programático ya anunciado en el texto de 1844. La 'anatomía de la crítica' marxista a la economía política, a la política y a la filosofía; la comprensión de sus vinculaciones inmanentes y la consecuente superación conceptual e histórica de las rígidas oposiciones, nuevamente eran objeto de un puntilloso señalamiento. El 'punto de vista de la totalidad', la visión de conjunto que tipifica al método dialéctico-histórico es, igualmente, la conclusión, el resultado, de un dilatado período de estudios e investigaciones, cuyo punto de partida puede hallarse *in nuce* ya desde la disertación doctoral del fundador de la nueva concepción de la historia. Precisamente, el propósito de estas líneas consiste en mostrar cómo, desde la redacción de su trabajo doctoral, titulado: Diferencia entre la filosofía de la naturaleza según Demócrito y Epicuro, escrita en 1839 y presentada en la Universidad de Jena en 1841, hasta la más elaborada y general formulación de las tesis fundamentales del llamado materialismo histórico, a saber, *la Ideología alemana*, de 1845-46, Marx ha venido en forma progresiva determinando la idea central de la filosofía de la praxis, la cual consiste en la crítica histórico-radical de la oposición o desgarramiento existente entre las formas de la conciencia y las relaciones materiales de existencia, así como en la consecuente compresión del *ser social* en tanto unidad constitutiva del proceso real y conceptual del desarrollo de la historia.

El hilo conductor que atraviesa este itinerario crítico del pensamiento de Marx se caracteriza, en medio de la fluyente diversidad del tratamiento específico de sus manifestaciones, por la denuncia, 'abierta y directa', de las contradicciones inherentes al mundo burgués-capitalista existentes entre 'sociedad política' y 'sociedad civil', cuyo orgánico destino es, de acuerdo con el texto citado de 1859, el punto de llegada para la 'prehistoria' de la humanidad y, al mismo tiempo, punto de partida de la historia humana por venir.

En suma, lo que a continuación se intenta mostrar cabe ser formulado de la siguiente manera: la conformación histórica y dialéctica del pensamiento de Marx va de la crítica de la filosofía que le precede a la construcción de una filosofía crítica. Los rasgos principales de esta primera etapa de la formación del pensamiento de Marx son los siguientes: 1) El surgimiento de la *dialéctica negativa* como estructura fundamentante de la tesis doctoral; 2) la formulación del tema de la alienación en los *Manuscritos de economía y filosofía*; 3) la crítica e inversión de Marx a la Escuela de Hegel, en *La sagrada familia*, elemento sustancial, previo a la definitiva formulación, por parte de Marx y Engels, de las tesis fundamentales de la nueva concepción histórica, expuestas en *la Ideología alemana*. Cabe señalar el hecho de que, en virtud de su especial significado, se ha excluido explícitamente en este recorrido el tema de la crítica marxista a la Filosofía de Derecho de Hegel, razón por la cual será objeto de un estudio independiente.

El surgimiento de la *dialéctica negativa* como estructura fundamentante de la tesis doctoral de 1841

La filosofía comienza donde se hace patente la escisión entre el pensamiento y la realidad. Son los tiempos propicios para el desgarramiento, para la inversión del sujeto y del objeto, de la 'theoría' y la 'praxis', aquellos en los que se pone de manifiesto la necesidad de la reflexión filosófica. Es mediante la toma de conciencia de semejante situación que la aparente calma de la positividad, es decir, del extrañamiento, comienza a mostrar su débil situación, la fragilidad de su sustancia objetivada. "La filosofía —dice Lukács— es siempre un síntoma de la escisión entre lo interno y lo externo, un signo de la diversidad esencial entre el yo y el mundo, un signo de la incongruencia entre el alma y la acción". [124] La conciencia del desgarramiento, constitutiva de toda verdadera filosofía, es pues la cabal manifestación de lo que Gramsci llamaba los períodos de crisis orgánica, con ella se pretende cuestionar el enmohecimiento de una realidad para nada coincidente con su motivación originaria que extravió sus ideales en la cotidianidad de sus instituciones. Por eso, dice Hegel, en la Fenomenología, que el desgarramiento es "el lenguaje perfecto y el espíritu verdaderamente existente de todo de la cultura", la patentización consciente de sí misma en su verdad, "el espíriru de este mundo real". [125] En un artículo, aparecido en los *Anekdota* de Ruge, en 1843, titulado "observaciones sobre la reciente instrucción prusiana acerca de la censura", el joven Marx concluía su denuncia con la siguiente expresión de Tácito: "¡Oh, rara dicha de los tiempos en que se puede pensar lo que se dice y decir lo que se piensa!". [126] Como crítica de lo existente, la filosofía en tiempos de inversión y reificación, devela con sus armas más agudas y potentes el manto que encubre "la verdad del más acá", denunciando el desfasamiento del presente y de lo real, al tiempo de impulsar la reconstrucción de la unidad de los términos constitutivos de la escisión. Era esta, justamente, la tarea que Marx, ya desde la Difieren ^ se proponía llevar adelante a través de un estudio de las más importantes manifestaciones materiales e intelectuales de su tiempo y, en particular, respecto de la relación opositiva presente entre filosofía y religión. La Differenz se compone de dos partes y un apéndice: respectivamente la primera parte se titula; "Diferencia entre la filosofía de la naturaleza según Demócrito y según Epicuro en general" ; la segunda: " Diferencia entre la filosofía de la naturaleza según Demócrito y según Epicuro en particular" . El apéndice es una crítica a las consideraciones hechas por Plutarco sobre Epicuro. A esta estructura conviene agregar, en aras de una mejor comprensión de la obra, las interesantes "notas" y "comentarios preparatorios" al trabajo en sí, así como los "cuadernos complementarios", en especial el sexto y el séptimo. Anotaciones estas que revelan en detalle, como se intentará mostrar, el real propósito de Marx en la escogencia de la temática de su ensayo. En tal sentido, la tesis doctoral del joven Marx estaba dirigida, en sus aspectos esenciales, contra aquellas interpretaciones que pretendían hacer pasar por supuesta, natural o eterna toda concepción filosófica anterior al abstraería de su propia realidad y de sus determinadas circunstancias históricas. Si, ciertamente, el autor de la *Diferenz* compartía el criterio de los jóvenes hegelianos en su defensa de la filosofía exotérica del maestro, sobre todo en contra de las posturas abiertamente reaccionarias del último Schelling, no por eso permanecía preso en aquella especie de dialéctica rígida y dogmática, esto es, puramente conceptual y fosilizada, sino que intentaba rescatar un discurso esencialmente realista, ubicándose más allá de las simples y abstractas proposiciones escolásticas, en su opinión, "indignas" de la riqueza histórica del pensamiento de Hegel: "Respecto de Hegel — apunta en la *Difierenz* el joven Marx— resulta simple ignorancia de sus discípulos el atribuir este u otros puntos de sus sistema a acomodación, o procedimientos parecidos, con una palabra: a explicación moral. Olvidan que no pasará largo tiempo —como se les demostrará evidentemente por sus propios escritos— que ellos mismos se aferraron entusiastamente a sus propios puntos de vista". Y —continúa Marx— "si realmente tanto les hubiera afectado la ciencia, recién adquirida, que a ella se rindieron con confianza cándida y acrítica, notarían que falta de conciencia es acusar al maestro de intenciones secretas tras sus afirmaciones, cuando para él la ciencia no era cosa recibida, sino en hacimiento, ...lo que consiguen —concluye el autor— es volverse a sí mismos sospechosos de no haber tomado antes las cosas en serio, por lo cual ellos mismos las impugnan bajo forma, atribuida, a Hegel, olvidando con ello que Hegel se hallaba respecto de su sistema en estado inmediato, mientras que ellos se han respecto de él en activo refleja". [127] Presos en el sistema, los hegelianos —tanto los de la derecha como los de la izquierda- no lograban comprender lo que, de ahora en adelante, impulsará toda la construcción teórica marxista, a saber: "que —como dice Marx— en la vida existen momentos en que, como señal de los confines, concluye un período hasta ahora transcurrido y, al mismo tiempo, indican con certeza una nueva dirección". [128] En última instancia, Marx denunciaba, ya en la tesis doctoral, por supuesto, de manera embrionaria, la incapacidad de todo pensamiento que parte, en "actitud refleja", de presupuestos conceptuales o esquemas que terminan haciendo antagónica la relación entre el pensamiento y la realidad. La Differenz ponía de relieve su más profundo rechazo de todo posible esquematismo entre la forma y el contenido. La denominada por Marx "entusiasta adhesión al maestro", ocultaba en verdad la escasa capacidad crítica e histórica y la falsa conciencia dialéctica de los jóvenes hegelianos. Toda la argumentación desarrollada por Marx en torno a la figura de Epícuro, consistente en el esfuerzo de reivindicar, respecto del cristalizante discurso atomístico-naturalista, esto es: empirista, de Demócrito, la filosofía de la autoconciencia, es decir, de la negatividad, resulta no tan sólo un intento por desmitificar la aparente identidad entre los dos pensadores de la antigüedad, hecha por Hegel en sus Lecciones de Historia de la Filosofía, sino que, más allá de la cuidadosa composición hermenéutica y filológica del autor, entre 'certezas' y 'verdades', implícitamente va a desarrollar el tema de la analogía lógica e histórica entre la era post-aristotélica y la era post-hegeliana. Con ello, la diferencia ' cierta entre las filosofías de Demócrito y Epicuro deviene en diferencia ' verdadera entre la sistematización de la dialéctica hegeliana y la libre filosofía de la autoconciencia, en la necesidad de una filosofía dialéctica y negativa. Dos son pues los registros de lectura que permiten realizar este ensayo juvenil de Marx, ambos íntimamente articulados y acaso inescindibles: el primero explícitamente filológico e histórico-filosófico, cuya conclusión se aboca a la defensa de la filosofía epicúrea. El segundo implícitamente dialéctico e histórico, cuya motivación se inscribe en la comprensión del papel de la filosofía en el propio tiempo. No se trata pues de una estéril tematización monográfica, sino —para utilizar un término propio de la *Differenz* de la 'retrocaptación' de la estructura constitutiva de la escisión de la sistemática filosófica y de sus consecuencias materiales, la primera vez, en el período post-aristotélico; la segunda en el post-hegeliano. La experiencia escisiva del sistema aristotélico y su registro autoconsciente por parte de Epicuro deviene así en modelo de comprensión lógico y dialéctico de la propia época, es decir, del período correspondiente a la fractura y atomización del sistema hegeliano; confirmación, en el plano de la historia viviente, de la estructura tipificante del desgarramiento de la relación entre el pensamiento y la realidad. Situándose más allá de los jóvenes hegelianos, que interpretaban la posición del maestro a través de la sospecha de sus reales o posibles compromisos políticos o personales, Marx logra penetrar en la constitución misma de la relación del sistema de Hegel con la historia en general y con su tiempo en particular, dentro de la cual los términos de su efectiva fractura manifiestan su carácter necesario e inmanente. Para Marx, resulta pues inevitablemente sintomática la posición de los jóvenes hegelianos: "Yo considero —dice el autor— este desarrollo no filosófico de una gran parte de la Escuela hegeliana como un fenómeno que acompañará siempre el traspaso de la disciplina a la libertad". Las divergencias que comienzan a producirse entre Marx y los jóvenes hegelianos se van haciendo notorias; divergencias que indican el que ya entre 1840 y 1841 comience a madurar en Marx el sucesivo núcleo de la superación dialéctica de la filosofía hegeliana. En efecto, la aproximación hecha por el autor a la filosofía de Epicuro tiene por base una visión de la dialéctica de los nuevos tiempos de crisis: frente a la constante, natural y positiva caída rectilínea del átomo concebido por Demócrito, Epicuro muestra, mediante la doctrina del movimiento de la desviación del átomo de la línea recta, un conocimiento menos rígido, simple y exterior que el de su antecesor; como ha dicho Mario Dal Pra, [129] en su ensayo sobre La dialéctica en Marx, "si la desviación del átomo en su caída rectilínea se interpreta como la negación 'de toda relación con el otro', el método dialéctico exige que esta negación se 'traslade a otro' y se haga 'positiva'", pues sólo puede darse este movimiento "únicamente en cuanto la existencia a la que el átomo se refiere no es a otra cosa que a él mismo, es decir, algo que es también un átomo". [130]

En otros términos, la desviación es considerada por Marx como la negación de la pura individualidad que niega, con ello, su existencia inmediata, natural, ya que, según Marx, "si Epicuro representa mediante el movimiento del átomo según línea recta su materialidad", realiza "en su declinación respecto de la recta la determinación de su forma" determinaciones, como puede notarse, "contrarias", que "están representadas como movimientos inmediatamente contrapuestos". [131] Así, el contenido, al negarse en sí mismo, toda vez que se asume la conciencia de su movilidad, se desvía del movimiento rectilíneo y se hace autoconsciente, haciendo posible el traspaso de la naturaleza en espíritu. La negación efectuada por la partícula atómica, al contraponerse a la ley, se transforma en 'premisa general'; y su aplicación particular en "la declinación del átomo respecto de la misma recta" se convierte tan sólo en un aspecto, en un momento de dicha premisa, cuya especificidad lógica se apoya sobre el principio dialéctico-negativo que está presente en la afirmación absoluta de la abstracta individualidad de la conciencia de sí. De la negación de la teoría general de los 'cuerpos celestes' de Demócrito, especie de "nada nuevo bajo el sol" de la filosofía post-aristotélica, a la conformación de la supremacía de la autoconciencia individual: ese parece ser, según Marx, el sentido del corpus teórico epicúreo. Frente al empirismo de Demócrito, la filosofía de la naturaleza de Epicuro servía, como ha señalado Lukács, "para alcanzar la beatitud filosófica, la ataraxia", [132] ya que el significado del conocimiento de la naturaleza consistía, para él, en "una liberación", toda vez que su liberación es un acto supremo de la razón autoconsciente, la ruptura con la causalidad de su movimiento regular. El átomo resulta, pues, la negación absoluta de "toda relación con el otro" cuya exigencia consiste en la positividad del traslado a "lo otro": "Muerte y amor —dice Marx— son los mitos de la dialéctica negativa, porque la dialéctica es la interior y sencilla luz, el penetrante ojo del amor, el alma íntima, no oprimióle por el cuerpo de la disgregación material; es el lugar interno del espíritu. Así que su mito es el amor; más la dialéctica —insiste el autor— es también la arrebatadora corriente, sumergiendo todo en el mar uno de la eternidad. Su mito es pues la muerte. Pero de la muerte de manera que, a la vez, sea el vehículo de la vida, el desplegarse en los jardines del espíritu, el desbordarse en las espumantes copas de soles punctuales, de lo que basta la flor del único fuego del espíritu". [133] Paso decisivo en la superación del materialismo metafísico y del empirismo, la Differenz es el primer intento hecho por Marx de precisar los elementos crítico- dialécticos presentes en la tradición histórico-filosófica que permitan reordenar, a la luz del movimiento negativo y autoconsciente, la descomposición del sistema hegeliano. Son filosofías como la estoica, la escéptica y la epicúrea aquellas que cumplen un papel fundamental después de la descripción de los grandes sistemas sintéticos y a su compresión totalizadora del mundo, porque son los síntomas de momentos nodales de la historia, de las grandes crisis epocales. Las épocas de sistematización son épocas de escisión, son, como señala el joven Marx, "tiempos de hierro", "afortunados indicadores de la lucha entre titanes": "la absolutez y libertad de la autoconciencia -dice Marx- es el principio de la filosofía epicúrea, pese a que la autoconciencia se conciba que bajo el aspecto de lo individual". [134] En resumen, puede decirse que el argumento marxista en la tesis doctoral arroja las siguientes conclusiones: 1) la filosofía de la naturaleza epicureísta sustenta sus argumentos principales sobre una dialéctica de la negatividad que supera en todo sentido el punto de vista democríteo; 2) en la atomística epicúrea se hace necesario el salto cualitativo hacia la dialéctica de la autoconciencia como reflejo y objetivación de la dialéctica natural; 3) el punto de vista de Epicuro tiene su límite -por lo demás sólo imputable a su tiempo histórico, esto es, al grado de desarrollo de espíritu- en el absoluto principio de la individualidad abstracta como posición extrema y radical frente a lo universal, considerado como lo otro. La atención de Marx pues, en este período está dirigida a la decisiva primacía de la autoconciencia humana sobre la rígida situación de lo positivo y, por lo tanto, hacia la necesidad del surgimiento, en tiempos de la crisis del sistema de la totalidad, de la dialéctica de la negatividad como toma de conciencia, por parte del sujeto social, de la objetividad del desgarramiento moral e intelectual de la época. Como puede observarse, la decisiva influencia de Bruno Bauer —acaso el más agudo y radical de entre los jóvenes discípulos de Hegel— sobre el argumento de la Tesis doctoral de Marx, no resulta una hipótesis carente de sentido. David McLellan, biógrafo e historiador crítico del fundador de la *filosofía de la praxis* y de su tiempo, ha insistido en esta dirección hermenéutica de la Differenz Según McLellan, la influencia de Bauer sobre Marx corresponde al período 1838-1842. Durante el mismo se estableció entre ellos una estrecha colaboración, al punto de que no parece improbable el que Marx colaborase en el importante ensayo de Bauer dedicado a Hegel y cuyo título reza: La tromba del juicio universal contra Hegel, ateo y anticristo, publicado en Octubre de 1841. En efecto, en carta dirigida a Ruge por Jung -citada por McLellan- se afirmaba que la Pousane había sido escrita por Bauer y Marx. [135] El punto de vista de Marx en la Tesis doctoral es pues, según McLellan, idéntico al de Bauer por aqullos años: "cuando Marx escribió —sostiene el intérprete- que la filosofía estaba en contra de 'todos los dioses del cielo y de la tierra que no reconocieran como la más alta divinidad a la autoconciencia humana', se mostró como un discípulo de Bauer". [136] Incluso, pocas son las dudas del crítico cuando señala que el tema del ensayo marxista fue inspirado por Bauer, ya que, de acuerdo con éste último, aquél período de la filosofía griega corresponde al que Hegel en la Fenomenología del Espíritu, asigna al surgimiento histórico de la autoconciencia. Los jóvenes hegelianos —Marx incluido— pensaban hallarse respecto de Hegel en situación similar a la de los filósofos post-aristotélicos frente a aquella "filosofía natural". Para McLellan, no existen razones para pensar en una influencia de Feuerbach sobre Marx en este período, ya que, de lo contrario, "cabría esperar que Marx hablase de "hombre" en lugar de 'autoconciencia' y que presentara algunos conceptos feuerbachianos como el de 'especie' (Gattung) Sin embargo, prosigue el autor, "la sección 'razón y existencia de Dios' sigue sonando como un eco de Bauer: "¿Qué ser es dado tan íntimamente como es pensado? —se pregunta Marx, para responder inmediatamente-: la autoconciencia humana". [137] "Nada hay en la Tesis —concluye McLellan— que nos lo muestre distinto a un joven hegeliano normal, con una profunda simpatía por las ideas de Bauer". [138] Más aún, la relación teoría-praxis, registrada en la conocida afirmación de la Tesis, según la cual la práctica de la Filosofla es ella misma teórica, fue tomada —siempre según McLellan- de una carta escrita por Bauer a Marx en la que se dice: La teoría es ahora la más sólida forma de la práctica".[139] En todo caso, pronto el joven Marx someterá a revisión sus puntos de vista de entonces; con ello el posible bauerianismo de la Tesis doctoral dará a una severa profundización de la filosofía hegeliana en general y de la filosofía hegeliana del derecho en particular, cuyo impulso originario está representado por el indiscutible atractivo y la fuerza envolvente de las principales tesis filosóficas de Ludwing Feuerbach, las cuales -según el autor de los *Manuscritos de Economía y Filosofía*, de 1844— son la únicas "desde la Lógica y la Fenomenología de Hegel en las que se contenga una resolución teórica real". [140] El pasaje de la crítica de la filosofía anterior al de una filosofía crítica y dialéctica, comenzaba a fraguarse con firmeza.

El tema de la Alienación en los Manuscritos de París

La influencia de Feuerbach sobre el pensamiento del joven Marx poco comienza a ceder el paso a un perfil propio, auténtico. Las disputas teológico-metaflsicas publicadas en los Halisdre Jarbucher, ; la experiencia social y política obtenida en la Rheinische Zeitung. ; la precisión de temas y problemas derivados de la crítica a la filosofía hegeliana del derecho; el cisma ideológico producido en el seno del movimiento hegeliano de izquierda; las primeras irrupciones del comunismo ingenuo, así como la publicación de los Anales Franco-Alemanes, entre otros factores, van acercando progresivamente al joven Marx hacia la construcción de una visión crítica y dialéctica del quehacer filosófico en íntima relación con la actividad histórica y social de los hombres: "En lugar de los conceptos filosóficos aislados y abstractos — comenta Núñez Tenorio en su Joven Marx— hacen su aparición los conceptos políticos y las categorías económicas. La política y la economía se transforman en el material constituyente de la filosofía, en lugar de las tradicionales formulas áridas de la especulación filosófica alemana culminada por Hegel. La crítica de la filosofía especulativa —concluye el intérprete marxista— recibe así un zarpazo histórico produciendo, aún en los albores del '44, la exigencia de una ciencia crítica concebida entonces como ciencia del hombre". [141] Ya desde los Sinales Franco-Alemanes, Marx proclamaba los puntos nodales de la nueva concepción de la historia, puntos en los que, a pesar de la influencia feuerbachiana, el teoreticismo antropológico-naturalista era superado con creces, precisamente en virtud de la nada despreciable deuda de Marx con el pensamiento de Hegel, obtenida, especialmente, a través de Bauer y de su visión activa, esto es, negativa del quehacer de la autoconciencia humana. En efecto, después de la publicación de la conocida *Einleitung* del '44, así como de Zur Jugenfrage, Marx, más allá del propio Bauer, pero también de Feuerbach, intenta precisar y profundizar el nuevo punto de vista, concentrando sus esfuerzos en el estudio de la economía y de la política. Una vez obtenida la hipótesis inicial del trabajo, la nueva filosofía sería confirmada a la luz de un estudio minuciosamente empírico y analítico de las más importantes tendencias de la realidad histórica y social, para así poder superar de forma inmanente sus presupuestos teóricos y sus determinaciones inmediatas. Sólo así resulta posible una visión de conjunto, orgánica y auténticamente dialéctica, es decir: concreta. "La transición de Hegel a Marx —ha escrito Marcuse— es, en todo respecto, la transición a un orden de verdad esencialmente diferente. Todos los conceptos filosóficos de la teoría marxista son categorías sociales y económicas, mientras que las categorías sociales y económicas de Hegel son todos conceptos filosóficos". 142

Los *Manuscritos de economía y filosofía* de Marx, escritos en París entre marzo y septiembre de 1844 son, en este sentido, una etapa esencial en el desarrollo y la maduración de su pensamiento. Ellos contienen, en estado original y primigenio, temas y problemas centrales en las obras maduras de su autor, tales como la relación entre capital y trabajo, el trabajo alienado o los rasgos fundamentales de la teoría marxista de la historia temas de factura central en Los Grundrisse, La crítica del '59 y El capital. En efecto, los Manuscritos signan el

primer contacto de Marx con la economía
política. La crítica del punto de vista económica
es conducida a través de las categorías que Marx
ya antes había utilizado la crítica de la política y
del Derecho y las cuales, en el ámbito de la
economía política, resultaban instrumentos
decisivos para comprender la realidad social
capitalista. Así, el "vértice" de los Manuscritos
resulta del entrecruzamiento de la indagación
científicamente (analítica) y de la crítica ético-
política. Es pues, en los Manuscritos donde nace
"el método" de Marx, que consiste, como se ha
intentado decir, en la interpretación y el
desciframiento de las estructuras propias de la
sociedad moderna a la luz de categorías lógico-
filosóficas de carácter general, v.g., de la
oposición dialéctica; la relación-distinción de la
objetivación y la alienación; la 'negación de la
negación', etc.

"La triple alianza ideológica entre la filosofía, la
política y la economía —comenta Nuñez—
debió ser desarticulada por Marx. Era la
exigencia elemental del análisis. Por supuesto,
no a partir de los hechos y sus aislamientos
recíprocos —como enseñaban las ciencias
naturales de la época— sino en función de los

conceptos y las particularidades procesales que estos contenían. El producto teórico —continúa el autor- de este análisis crítico no puede prefigurarse, conceptuarse apriorísticamente como acostumbraba en su visión totalista abstracta la filosofía tradicional. Como toda investigación —concluye Núñez— era "algo" que se estaba gestando, no hecho, acabado, sino algo que estaba por hacerse. La nueva concepción se forjaba en el áureo del proceso teórico-crítico a la política y a la economía a través de la filosofía".

No se pretende, de ningún modo, hacer pensar que los Manuscritos sean la obra central de la concepción materialista de la historia; pero sí llamarle atención sobre el hecho de que son un documento de gran valía para la cabal comprensión de la génesis desarrollo de la misma, motivo por el cual la presente exposición, tratando en lo posible ser breve y concisa, se centrará en los siguientes subpuntos: 1) La dialéctica de la relación capital-trabajo; 2) El concepto de Alienación, y 3) La total superación del espiritualismo y la parcial del materialismo.

La doble actitud de los Manuscritos del '44 hacia la economía política (doble en cuanto que presentar, por una parte, su utilidad y beneficio para el desarrollo de la investigación, y, por la otra, la crítica radical, toda vez que la 'Nationalökonomie sólo es el reflejo de la sociedad burguesa y, como tal, es incapaz de llegar a una representación dialéctica de la misma), es el resultado del estudio empírico y analítico de los fenómenos que la conforman. Es la propia economía política la que muestra implícitamente, que en la sociedad burguesa moderna la existencia del obrero se reduce a la condición de mercancía; es ella la que da cuenta de su desfavorable y precaria situación, independiente mente del nivel de desarrollo en el que la entera sociedad se encuentre. Partiendo pues de la economía política, aceptando sus presupuestos y sus leyes, valiéndose de sus mismos términos, Marx muestra que "el trabajador es rebajado a mercancía, a la más miserable de todas las mercancías; que la miseria del obrero está en razón inversa de la potencia y magnitud de su producción; que el resultado necesario de la competencia es la acumulación del capital en pocas manos, es decir, la más terrible reconstitución de los monopolios", [143] y, más aún, que "la sociedad toda ha de quedar dividida en las dos clases de proletarios y obreros desposeídos". [144] La economía política, según Marx, parte del hecho (factum) de la propiedad privada, pero no logra explicarla: ella permanece inerme, en medio de una cognición puramente externa de los hechos tal y como se presentan al observador; la economía política elabora una teoría general de la sociedad burguesa pero sin criticar sus leyes, ya que no logra comprender "la conexión del movimiento histórico". [145] Para poder comprender tal conexión, vale decir, el fundamento de la relación entre capital y trabajo, Marx emprende su labor reconstructiva: la relación trabajo asalariado-capital es una relación de oposición. En efecto, el trabajo asalariado es trabajo viviente y, por lo tanto, generador de capital. El capital, en cambio, es trabajo muerto, contrapuesto al trabajo viviente, es —según el autor de los Manuscritos— "el hombre que se ha perdido totalmente a sí mismo". [146] El capital es pues trabajo acumulado, extrañado de su real artífice; pero, al mismo tiempo, es " poder de Gobierno sobre el trabajo y sus productos", [147] esto es: negación del trabajo. No existiendo uno sin el otro (trabajo asalariado sin capital), toda vez que lo uno produce lo otro y viceversa, cada uno se haya, sin embargo, en radical oposición hacia el otro, cada uno de los términos de la relación se excluye entre sí, cada uno niega el otro. Es por eso que Marx define esta relación como una colisión de oposiciones recíproca, [148] presenta tres momentos fundamentales: 1º) "La unidad inmediata y mediata de ambos", en la medida en que se separan y devienen extraños uno respecto al otro, "como condiciones positivas"; 2º) la "oposición de ambos", porque "se excluyen recíprocamente; el trabajador sabe que el capitalista es la negación de su existencia y viceversa"; 3º) la "oposición de cada uno de ellos consigo mismo", porque el capital es, al mismo tiempo, sí mismo y su opuesto, siendo el "capital = (al) trabajo acumulado = (al) trabajo". Es, pues, sí mismo y su opuesto, por lo cual el trabajador mismo es capital, es decir, una mercancía. [149]

Así, la reconstrucción marxista de la relación dialéctica capital- trabajo concluye con el reconocimiento de su necesario proceso de oposición inmanente, que le confiere aquel ritmo negativo que, hasta entonces, la economía política había ignorado; ritmo que, por lo demás, conlleva inevitablemente a la supresión de la oposición, vale decir, a la supresión de la sociedad capitalista y al consecuente advenimiento de una nueva sociedad.

2) El concepto de alienación :

Inescindiblemente vinculado con la dialéctica capital-trabajo asalariado, Marx desarrolla otro concepto clave del entorno social burgués-capitalista; concepto de procedencia hegeliana desarrollado, a su vez, por Feuerbach dentro del plano religioso. Se trata del concepto de alienación, acaso la idea central —o, cuando menos una de las ideas centrales- de los Manuscritos del '44. En medio de sus abstracciones, la economía política considera asalariado como un mero proceso natural. Ella no comprende que el modo específico de producción capitalista se fundamenta en el "trabajo extrañado" (entfremte Arbeit), vale decir, en aquel tipo de trabajo que precisamente altera las características naturales y humanas del trabajo mismo. La alienación pues, viene descrita por Marx en cuatro aspectos centrales: 1º) El trabajador es extrañado del producto de su actividad, la cual le pertenece a otro, lo que trae como consecuencia que el producto se consolide como una "potencia independiente" frente al trabajador. "Cuanto más se vuelca el trabajador en su trabajo —apunta Marx en el apartado sobre el "trabajo enajenado"— tanto más poderoso es el mundo extraño, objetivo que se crea frente a sí, y tanto más pobres son él mismo y su mundo interior, tanto menos dueño de sí mismo es ". [150] 2º) La alienación del trabajador respecto de su producto aparece, desde el punto de vista de la actividad del trabajador, como extrañamiento de la actividad productiva. No se trata, como en Hegel, de una manifestación esencial del hombre sino de un "trabajo forzado", determinado por las necesidades externas. El trabajo aparece así no como la satisfacción de las necesidades humanas sino como medio de subsistencia, lo cual conlleva a una profunda degeneración de la vida del hombre. "De esto resulta que el hombre (el trabajador) —dice Marx— sólo se siente libre en sus funciones animales, en el comer, beber, engendrar, y todo lo más en aquello que toca a la habitación y al atavío, y en cambio en sus funciones humanas se siente como animal. Lo animal se convierte en lo humano y lo humano en lo animar'. [151] 3º) Con el extrañamiento que sufre el trabajador en relación con la actividad productiva, llega también a extrañarse de su propio género. La perversión que invierte las funciones humanas en funciones animales y convierte a estas últimas en el propósito de la vida, comporta la pérdida del género humano. La vida aparece, entonces, no como el resultado de la conciente actividad de los hombres, sino como medio de subsistencia : la vida se transforma en medio de vida, al punto que el hombre termina por perder su objetividad real específica y cambia su primacía frente a los animales, ya que su cuerpo inorgánico, la naturaleza, le es sustraída: "sólo en la elaboración del mundo objetivo —dice el autor— el hombre se afirma realmente como un ser genérico. Mediante ella aparece la naturaleza como su obra y su realidad. El objeto de trabajo es la objetivación de la vida genérica de! hombre, pues este se desdobla no sólo intelectualmente, como en la conciencia, sino activa y realmente, y se contempla a sí mismo en un mundo creado por él. Por esto el trabajo enajenado, al arrancar al hombre el objeto de su producción, le arranca su vida genérica, su real objetividad genérica y transforma su ventaja respecto del animal en desventaja, pues se ve privado de su cuerpo inorgánico, de la naturaleza". 152 4°) Consecuencia de este

extrañamiento es la creación del ser otro, esto es,
de un ser ajeno al hombre, que aleja al hombre
del hombre mismo. El hombre sufre así su total
desgarramiento, cuya manifestación más
tangible es la relación obrero-capitalista: "El ser
extraño —observa Marx— al que pertenecen el
trabajo y el producto del trabajo, a cuyo servicio
está aquél y para cuyo placer sirve éste,
solamente puede ser el hombre mismo". Pero:
"si el producto del trabajo no pertenece al
trabajador, si es frente a él un poder extraño,
esto sólo es posible porque pertenece a otro
hombre que no es el trabajador, si su actividad
es para él dolor, he de ser goce y alegría vital al
otro. Ni los dioses, ni la naturaleza, sino sólo el
hombre mismo, puede ser este poder extraño
sobre los hombres". [153] Marx logra corroborar el
punto de partida: el trabajo asalariado es un
trabajo extrañado.

3) La superación (total) del esplritualismo y
(parcial) del materialismo'. Si en la Differenz
Marx, aún asumiendo una posición crítica, aún
asumiendo una posición crítica, se hallaba bajo
la influencia de la filosofía de la autoconciencia
hegeliana de Bauer; y si en la Kritik del '43, a
través de la denuncia de los presupuestos de la

concepción del derecho de Hegel, puede apreciarse una clara influencia de los principales puntos de vista de Feuerbach sobre sus reflexiones de entonces; con los Manuscritos del '44 viene a ponerse de relieve la progresiva superación hecha por Marx del punto de vista hegeliano en su totalidad así como el creciente desprendimiento de las tesis antropológico-naturalistas del autor de la Esencia del Cristianismo y de La filosofía del futuro. Si es verdad que la *filosofía de la praxis* es pues la radical superación de toda la filosofía precedente, ello le debe en gran medida al hecho de que su fundador expresara ya desde sus primeros ensayos frente al hegelismo y frente a Feuerbach una posición cualitativamente novedosa, cuya consecuencia teórica más relevante es la de haber producido una verdadera resolución en el modo de concebir la filosofía.

En cierto sentido, Marx parece más influenciado por Feuerbach que por Hegel (al cual se debe la primera gran formulación filosófica del concepto de alienación después de la aparición, en 1807, de la Fenomenología del Espíritu). Efectivamente, Marx retoma el esquema feuerbachiano de la alienación religiosa en su

estudio y comprensión de la situación del obrero
en la sociedad capitalista. El obrero produce
objetos, pero, mientras más produce menos
posee, al punto de manifestarse estos, el
resultado de su creación, como entes extraños
que lo denominan, en vez de ser él quien los
posea y los domina. En última instancia, puede
apreciarse como ambas posiciones presentan un
movimiento y estructura identificables entre sí:
en la sociedad moderna, el sujeto real deviene en
predicado del predicado real. Por otra parte,
Marx acepta la valoración feuerbachiana de la
filosofía especulativa como una alienación del
hombre: "Abstraer -habría dicho Feuerbach en
La esencia del cristianismo- quiere decir poner
la creencia de la naturaleza fuera de la
naturaleza, la esencia del hombre fuera del
hombre, la esencia del pensamiento fuera del
acto del pensamiento. La filosofía del Hegel ha
extrañado al hombre de sí mismo al sustentar
todo su sistema sobre este acto de abstracción".
Marx acepta esta valoración de la filosofía de
Hegel: "La gran contribución de Feuerbach -
escribe-, consiste en haber demostrado que la
filosofía no es sino la Religión puesta en ideas y
desarrollada discursivamente; que es, por tanto,
tan condenable como aquella y no representa
sino otra forma, otro modo de existencia de la

enajenación del ser humano". [154] Pero Marx no se limitaba a retomar y hacer propio el punto de vista de Feuerbach respecto a Hegel, esto es, a considerar su concepción de la dialéctica como pura extrañación del ente humano. Para Marx el concepto hegeliano de alienación tiene dos efectos capitales, resultado de su presupuesto idealista: 1º) la deshistorización y 2º) el positivismo acrítico. La primera, por identificar la objetivación de la conciencia con la alienación, de lo cual resulta una identificación de la alienación con el trabajo, prescindiendo de las condiciones materiales y espirituales específicas de los hombres en cada tiempo histórico, haciendo de la relación alienación-trabajo el paradigma universal de la relación sujeto- objeto y hombre-naturaleza. La segunda, porque siendo para Hegel la conciencia en su ser-otro un hecho de sí, que se reconoce en aquello que pone su propio ser superando la alienación, acepta y justifica la alienación como manifestación necesaria. De modo que Hegel, habiendo criticado la alienación, reconduce ese proceso al reconocimiento de su necesidad, transformando así la alienación en la vida verdadera del hombre. Y sin embargo, Marx está permanentemente conciente no sólo de su deuda con Feuerbach sino también con Hegel. Su intento es el de fundir la gran "revolución teórica" de Hegel con la de Feuerbach, por un lado, hace propia la posición de Feuerbach en relación con la filosofía especulativa. Por el otro toma de Hegel sus descubrimientos y aportes en la crítica de la alienación social y política, vale decir, en su comprensión de la escisión propia de la sociedad moderna entre individuo y sociedad. De hecho Marx supera, a través de esta fusión, por una parte, el espiritualismo derivado del pensamiento de Hegel y, por la otra la posición naturalista de Feuerbach al cual Marx, por cierto, critica la falta de un momento del proceso dialéctico, a saber: la así llamada "negación de la negación": "Si para Feuerbach - observa Núñez Tenorio— el tercer momento es un simple reestablecimiento del primero por negación del segundo (la teología como principio y fin mediado por la filosofía), para Marx no es así. Marx le critica a Feuerbach esta concepción de la "negación de la negación". El aspecto negativo es concebido por Feuerbach como "una posición no segura de sí misma", dudosa, que "no se prueba a sí misma mediante su existencia. Feuerbach prefiere la posición sensorialmente cierta, fundamentada en sí misma. Es manifiesta la crítica de Marx: la no aceptación por parte de Feuerbach del auténtico sentido del tercer momento de la dialéctica". [155] Mérito de Hegel es pues, concebir la historia como devenir colectivo de los hombres mediante la objetivación, mediante el trabajo, así como el haber puesto de relieve que en este devenir se manifiesta, bajo ciertas circunstancias, una época en la cual la objetivación del hombre es, al mismo tiempo, su negación, su alienación. A partir de la toma de conciencia de este momento escisivo se impone la necesidad de superar la alienación, esto es, realizar la "negación de la negación". Estructura dialéctica, de máxima importancia para Marx, "lo grandioso de la fenomenología hegeliana y de su resultado final -escribe Marx- (la dialéctica de la negatividad como principio motor y generador) es, en primer lugar, que Hegel concibe la autogeneración del hombre como un proceso, la objetivación como desobjetivación, como enajenación y como supresión de esta enajenación; que capta la esencia del trabajo y al hombre objetivo, real, como resultado de su propio trabajo". [156]

Rechazo total del espiritualismo hegeliano y de su desenfrenado actualismo; rechazo parcial de Feuerbach en cuanto que Marx recupera el tema

de la alienación religiosa desarrollado por
Feuerbach y lo traduce al interior de proceso
productivo, negando, a la vez, las insuficiencias
del materialista en lo relativo a su posición
frente a lo histórico y lo dialéctico; finalmente,
asunción de la estructura dialéctica e histórica
hegeliana rechazando, al mismo tiempo su
interpretación de la alienación histórica como
objetivación absoluta. Tal es el programa
realizado por Marx en los Manuscritos, un
programa encaminado hacia la consideración
dialéctica de los problemas sociales y
económicos de la historia en general y de la
sociedad burguesa en particular. Una dialéctica
situada por encima de las posiciones abstractas y
de los rígidos puntos de vista. De ahí su actitud
crítica hacia el esplritualismo y el materialismo:
"Se ve pues, como subjetivismo y objetivismo,
esplritualismo y materialismo, actividad y
pasividad son contrarios en el estado social, y
pierden con ello su existencia como tales; se ve
cómo la solución de las mismas oposiciones
teóricas sólo es posible mediante la energía
práctica del hombre y que, por ello, esta
solución no es, en modo alguno, tarea exclusiva
del conocimiento, sino una verdadera tarea vital
que la Filosofía no pudo resolver precisamente
porque la entendía únicamente como tarea

teórica". [157] Espiritualismo y materialismo son para Marx puntos de vista unilaterales y, por ello mismo, falsos: el primero por concebir al hombre en su pura negatividad, como puro espíritu, prescindiendo de sus aspectos sensibles. Una posición que es el resultado de la escisión entre hombre y naturaleza que la sociedad moderna ha producido. El segundo porque lo concibe como un puro entre objetivo-natural, resultado del mundo natural, con lo cual descuida sus aspectos activos, su energía práctico-crítica, su carácter social. Error que es consecuencia de la división real del hombre con el hombre y que se halla opuesto a la colectividad. Si ciertamente el hombre es un ente natural, no menos cierto es que la naturaleza es un aspecto indispensable del entramado social. Y si es la naturaleza efectivamente el producto del hombre, no menos cierto es que él mismo es el producto de la naturaleza.

Con la crítica de la abstracción inmanente a los puntos de vista, Marx abonaba el terreno para el surgimiento de la nueva concepción crítica de la historia. Para dar lugar a su cabal surgimiento sólo quedaba por explicitar las diferencias con

los "falsos" herederos de Hegel como escribe
Marx en la *Differenz* con la "familia" de los
Bauer, con la "Sagrada Familia".

Crítica e inversión de la Escuela de Hegel en "La Sagrada Familia"

Fue este el primer trabajo que Marx y Engels
escribieron conjuntamente. En estrecha
vinculación y continuidad con la Differenz y con
los Manuscritos, el motivo central de *la Sagrada
Familia* es una crítica contundente contra la
dialéctica idealista desde el punto de vista lógico
y gnoseológico. Cabe sin embargo destacar la
importancia que en sus páginas recibe la
problemática inherente a la historia del
materialismo así como el tema de la revolución
proletaria.

En todo caso, dos son los aspectos más
importantes de la Heilige Familie. El primero de
ellos es la denuncia de la esterilidad científica y
cognoscitiva del idealismo abstracto. El segundo
de ellos es la crítica al materialismo del siglo
XIX, suerte de contrapartida del idealismo
abstracto. En el primer aspecto, sus autores

subrayan el hecho de que el idealismo trasciende
lo empírico en su especificidad material
sustituyéndola por lo abstracto; la especie es
pues sustituida por el género "se manifiesta" en
lo empírico originalmente trascendido que ahora
aparece como su necesario resultado. Suerte de
platonismo moderno cuyo "misterio" develado
atraviesa los siguientes momentos: de las
singulares especies empíricas (manzanas, peras,
fresas, etc.) a la representación de las mismas
(esto es: "la fruta") y de dicha representación
abstracta a su concepción como "esencia"
situada en el "más allá" y cuya verdad
consistiría en ser la "verdadera" esencia de las
siguientes especies, simples modos de ella. Con
esta caracterización, se trata de poner al
descubierto la subvaloración hecha por el
idealismo abstracto de las singulares diferencias
empíricas y, por tanto, su desconocimiento de
las diferencias específicas de los objetos de los
que se ocupa, al tiempo de enfatizar en aquellos
aspectos generales o comunes a ellos. Con ello
el idealismo retorna a una posición prehegeliana
y, precisamente, a aquél "pistoletazo"— ya
denunciado por Hegel en la Fenomenología
cuyo universal recuerda —al decir del filósofo
de Sttutgart— a una "noche en la que —como
suele decirse- todos las vacas son

negras". [158] Por cierto que cabe señalar aquí que la ejemplificación hecha por Marx contra "Bauer y consortes" es tomada al pie de la letra de Hegel. En efecto, en el parágrafo 13 de la Enciclopedia de las Ciencias Filosóficas, Hegel escribe: "lo universal, tomado formalmente, es puesto junto a lo particular, y se convierte él mismo en algo particular. Dicha posición en los objetos de la vida ordinaria se muestra extraña a sí misma e impropia, como si, por ejemplo, una persona pidiese fruta y rechazase ciruelas, peras, uvas, etc., porque son ciruelas, peras, pero no fruta —como si las ciruelas no fuesen fruta— ...". [159]

Así, para los jóvenes hegelianos, lo esencial no sería la existencia real de la cosa sino la 'esencia' abstraída de ella concebida como punto de partida de su existencia. Procedimiento, a fin de cuentas, estéril: "El mineralogista —escribe Marx— cuya ciencia se limita a saber que todos los minerales son, en rigor, el mineral, sería un mineralogista en su imaginación ". [160] Sin embargo, ésta es sólo la primera parte del procedimiento especulativo, que no se limita a substituir lo concreto por lo abstracto sino que, más allá, debe recuperar la riqueza de las determinaciones, vale decir, explicar la multiplicidad que contradice la unidad. Para alcanzar este procedimiento concibe al género no como una esencia muerta, fija, sino como una esencia viviente, productora de la multiplicidad. De ahí que las "extrinsicaciones" del "único" fruto no sean más —según esta concepción— que cristalizaciones —o en otros términos— "alienaciones 5 que la viva esencia ha fraguado. He aquí, según Marx, el positivismo acrítico de la "ideología alemana", es decir, su inevitable tendencia a presentar las determinaciones empíricas como manifestaciones de una sustancia. Con tales señalamientos Marx parece reivindicar la crítica aristotélica a Platón. Tal es el hilo conductor de j L a Sagrada Familia. Reivindicación de lo concreto frente a lo abstracto, de lo particular frente a lo general. Marx nuevamente, salda sus deuda con Feuerbach. Mientras los Bauer y los Strauss permanecen presos en las ahora ya vaciadas formas hegelianas y representan, cada uno, un lado del sistema, Feuerbach resuelve la especulación del espíritu en el hombre real, cuyo fundamento está en la naturaleza. Ha sido Feuerbach, en primera instancia, quien ha revelado "el misterio del sistema" y reivindicado el significado del hombre real y viviente: "Pero

—se pregunta Marx— ¿quién ha descubierto el misterio del "sistema"? —para responder— Feuerbach. ¿Quién —insiste— ha destruido la dialéctica de los conceptos, la guerra de los dioses, la única que los filósofos conocían? Feuerbach. ¿Quien ha puesto —prosigue el crítico de la 'crítica- crítica—, no ciertamente "la significación del hombre" (¡como si el hombre pudiera tener otra significación, además de la de ser hombre!), [161] sino "al hombre " en lugar del viejo baratillo, incluso de la autoconciencia infinita? Feuerbach y solamente Feuerbach. Y ha dicho más. Ha destruido desde hace tiempo las mismas categorías que ahora agita en torno suyo la 'crítica', la riqueza real de las relaciones humanas, el inmenso contenido de la Historia, la lucha de la Historia, la lucha de la masa contra el espíritu, etc." Y sin embargo, a pesar de recuperar para la nueva filosofía el aporte del materialismo y de subrayar sus estrechos vínculos con el socialismo, éste, en su forma abstracta —apunta Marx— termina por hacerse unilateral: "Hobbes —escribe— es el sistematizador del materialismo *baconiano*. La sensoriedad pierde su perfume, para convertirse en sensoriedad abstracta del geómetra. El movimiento físico se sacrifica al movimiento mecánico o matemático; la geometría es proclamada como ciencia fundamental. El materialismo se torna misántropo, tiene que matar su propia carne y hacerse asceta". [162] Así, pues, a diferencia de quienes mezquinamente negaban la decisiva importancia del pensamiento materialista, Marx y Engels comprenden su significado para el desarrollo y concrecimiento de un discurso filosófico que pretende ser la expresión de su época. Más allá de las fórmulas vaciadas de contenido, la reflexión materialista muestra, frente al 'actus purus' tipificante del espiritualismo, la necesidad de dirigir la mirada, precisamente, hacia la "impureza" de la vida, ya que sólo por medio de ella la filosofía conquista su más elevada forma de verdad, vale decir: ser la conciencia "del presente y de lo real", esto es, ser —al decir de Hegel— "el propio tiempo aprehendido con el pensamiento».

Sólo después de esta labor de superación y 'conservación' (*Aufheben*), puede la nueva concepción traspasar las insuficiencias de una y otra tendencia y delinear la dialéctica de sus estrechos vínculos, en aras de la definición del movimiento de sus oposiciones internas, a saber: en la relación dialéctica entre proletariado y riqueza: precisamente, es aquí donde se ponen de manifiesto los resultados alcanzados en los

Manuscritos del '44: "Proletariado y riqueza —
escribe Marx— son términos opuestos. Forman,
en cuanto tales, un todo. Ambas son
modalidades del mundo de la propiedad privada.
De lo que se trata es de la oposición determinada
que una y otra ocupan en la antítesis. No basta
—como dicen los jóvenes hegelianos— con
decir que se trata de los dos lados de un
todo". [163] Por encima de las abstracciones
materialistas o idealistas, Marx asume el estudio
de la realidad efectiva de la sociedad moderna a
la luz del desarrollo inmanente de su propia
dialéctica. Ni, pues, la simple visión inmediata
de los hechos, ni, tampoco, una "dialéctica"
impuesta, porque externa a la "cosa misma",
sino el estudio del desarrollo necesario
"condicionado por la naturaleza de la cosa"
(durch die Natur der Saché). "La nueva
dialéctica crítica —dice Nuñez Tenorio—
tendría que no ser ni idealista, ni empirista, ni
acrítica: lo real, lo humano, lo histórico se
impone". [164] "La propiedad privada —prosigue
Marx— se halla obligada a mantener su propia
existencia, y con ella la de su antítesis, el
proletariado. Es éste el lado positivo de la
antítesis, la propiedad privada que se satisface a
sí misma. A la inversa, el proletariado en cuanto
tal está obligado a obstruirse a sí mismo y con él

a su antítesis condicionante, la que lo hace ser tal proletariado, es decir, a la propiedad privada. Tal es el lado negativo de la antítesis, su inquietud en sí, la propiedad privada disuelta y que se disuelve". [165]

Riqueza y proletariado son, en tal sentido, "la misma autoenajenación humana. Pero la primera clase se siente bien y se afirma y confirma en esta autoenajenación, sabe que la enajenación, sabe que la enajenación es su propio poder y posee en él la apariencia de una existencia humana; la segunda, en cambio —continua diciéndo se siente destruida en la enajenación, ve en ella su impotencia y la realidad de una existencia inhumana. Para decirlo con Hegel, es en la reprobación, la sublevación contra la reprobación, una sublevación contra la reprobación, una sublevación a que se ve empujada necesariamente por la contradicción (Widerspruch) entre la naturaleza humana y su situación de vida, que es la negación franca y abierta de esta naturaleza misma". [166] La propiedad privada es el lado conservador; el proletariado el lado destructivo. El proletariado debe terminar por liberarse a sí mismo, pero no puede hacerlo sin suprimir las condiciones de vida dentro de las cuales ha surgido. Marx ha delineado la dialéctica del propio tiempo. 1º) En

primer lugar, concibe la relación entre propiedad
privada y proletariado como una relación de
oposición. 2º) En segundo lugar, considera dicho
proceso como proceso absolutamente necesario
que no depende de elecciones subjetivas ni del
mero debe ser sino de la propia realidad, esto es,
de su lógica interna. 3º) En tercer lugar,
comprende la desaparición del proletariado no
como su imposición sobre el otro lado, sino
como una separación total, ya que su triunfo
sólo puede darse negándose a sí y a su opuesto.
De modo que la síntesis dialéctica es la
superación no de un sólo lado sino de los dos
lados de la antitesis. A la luz de este recorrido,
Marx ha logrado superar no sólo sus primeras
posiciones al concretarlas, sino que, al hacerlo
logra superar la abstracción idealista y
materialista. La nueva concepción crítica de la
historia es ya un hecho.

Crítica de la interpretación hegeliana del Derecho y del Estado

En el "Prólogo" a la Contribución a la Crítica de la economía política, de 1859, Marx, al hacer un "breve esbozo sobre la trayectoria de sus estudios", afirmaba que su primer trabajo en esta dirección fue una revisión crítica de la filosofía hegeliana del derecho. Su propósito era el de mostrar analíticamente la trama de las relaciones jurídicas y de las formas políticas o formas del Estado en el interior de la sociedad moderna. La conclusión a la que sus estudios llegaban era el hecho de que tales relaciones, así como sus correspondientes categorías no podían comprenderse por sí mismas, "ni por la evolución general del espíritu", sino por medio de las relaciones materiales de vida, resumidas por Hegel bajo el término de "sociedad civil" (bürgerlichen Gesellschaft) y cuya anatomía se encuentra en la economía política". [167] Años más tarde, en el Postfacio a la segunda edición de *El Capital*, de 1873, Marx insistía sobre esta aun inicial aproximación crítica a la filosofía hegeliana del Derecho: "Hace casi treinta años -

dice— sometí a la crítica el aspecto mistificador de la dialéctica hegeliana, en tiempos en que todavía estaba de moda". [168] Y en efecto, después de su renuncia a la redacción de la Rheinische Zeitung, Marx retomó su propósito, concebido un año antes, de escribir una crítica de la Filosofía del Derecho y del Estado hegeliano a la que se dedicó entre Marzo y Agosto de 1843. A diferencia de la Introducción, publicada por Marx un año después, en los Anales Franco Alemanes, el manuscrito de la *Kritik* solo fue publicado mucho tiempo después, en la edición crítica de las Obras de Marx y Engels, en Moscú, en 1927. Sin embargo, hay razones de peso para pensar en la posible revisión y reelaboración hecha por el autor del texto introductorio, publicado en el '44, en relación con el texto de la *Kritik*, escrito, como se sabe, bajo la penetrante influencia de las tesis capitales de Feuerbach en su implacable crítica de la dialéctica hegeliana. Pero no menos relevante es el que tanto la nota autobiográfica del '59 como el señalamiento explícito hecho por Marx en el postfacio de El Capital muestren la importancia y efectividad que Marx siempre atribuyó al texto de la *Kritik*. De ahí que no resulte fácil dar una cabal revisión de ambos textos sin tener en cuenta esta problemática interna al propio texto; problemática que, por lo demás, ha dividido durante años las inclinaciones de la hermenéutica marxista. [169] En todo caso, el propósito de las siguientes páginas consiste, precisamente, en mostrar, en la medida de lo posible: 1º) Los lineamientos fundamentales de la Kritik del '43; 2º) las tesis centrales expuestas por Marx en la *Einleitung* del '44; y, 3º) finalmente, la relación, así como las posibles diferencias, entre uno y otro texto.

Lineamientos fundamentales de la "Kritik" de 1843

Tema central de la Kritik es la desinversión y la desmitificación de la dialéctica hegeliana, cuyas consecuencias implicaban una redefinición del derecho y del Estado moderno: respecto del punto de vista de la concepción de Hegel expuesta en los Grundlinien "la desmitificación de la especulación filosófica hegeliana llevada a cabo por Marx en la Kritik -apunta Núñez Tenorio- se sitúa en el espacio teórico de búsqueda de una nueva dialéctica, intuida ya, pero sin configurar en sus perfiles concretos. Registra la destrucción de la dialéctica especulativa abstracta -la desinversión- y formula tesis genéricas opuestas que son todavía insuficientes para producir nuevos conocimientos concretos. La filosofía crítica —concluye Núñez - potenciada a partir de esta liquidación de la filosofía especulativa, se apoya, pues, en la demostración de la "total carencia crítica de la filosofía del derecho hegeliana". [170] Y sin embargo, a pesar de la contundente crítica hecha en la Kritik a la concepción hegeliana del derecho en la búsqueda de la "Lógica específica del objeto específico", Marx, sabe conservar los certeros aportes de Hegel en esta dirección. Un estudio más detenido muestra la 'doble' actitud de Marx —doble en sentido dialéctico— hacia el pensamiento del gran filósofo. Por un lado, la Kritik desarrolla, en primera instancia, un análisis del método hegeliano y expone detalladamente los defectos contenidos en la filosofía política de Hegel toda vez que logra desmontar el mecanismo lógico que la sustenta. Tal mecanismo halla su funcionamiento en el hecho de que Hegel trasciende lo finito, lo material y específico y sustantifica lo general, lo ideal y abstracto para transformarlo en el "verdadero" sujeto; de modo que lo finito aparece como un efecto, como un predicado del "sujeto" sustantificado, de aquello que es el predicado real. Para Marx todo el pensamiento de Hegel tiene su origen en el "misticismo lógico-panteísta". Así, las relaciones reales, la familia y la sociedad civil son presentadas como manifestaciones de la mediación que la idea real realiza consigo misma. "La idea -dice Marx— es convertida en sujeto y la relación real de la familia y en la sociedad civil con el Estado es concebida como su actividad imaginaria interna. La realidad no es expresada como ella misma sino como otra realidad. La empiria habitual tiene como ley, no su propio espíritu, sino un espíritu extraño; por el contrario, la idea real tiene como existencia empírica no una realidad desarrollada desde ella misma, sino a la empiria habitual". [171]

El Estado es, pues, transformado en sujeto y el sujeto real —la sociedad civil y la familia— en predicado. Marx se propone desinvertir esta inversión hecha por Hegel: "La desinversión llevada a cabo por Hegel —apunta Núñez Tenorio— sitúa a la sociedad como el sujeto real y al Estado como predicado". [172] Se trata pues de superar esta dialéctica abstracta y de darle un carácter determinante a lo que en Hegel adquiere un carácter determinado. Una "operación crítica al proceso dialéctico de la idea mediante el cual ésta produce su propia determinación". [173] La desmitificación del sistema hegeliano en general —y de su concepción del Estado en particular— que se apoya en la desinversión propuesta por Marx de la vieja dialéctica, consiste en el "actuar de la idea carente de todo contenido". La persona real es convertida en voluntad con sentido teleológico, en sujeto místico. Posteriormente esta idea pura se convierte en individuo como por acto de magia, sin los medios necesarios para su realización y, lo que es peor, sin finalidades específicas, particulares. Movimiento de una idea de la voluntad que carece de sujeto actuante determinado.

La consecuencia tiene que ser —para Marx— el misticismo que separa el contenido de la forma ya que este existe en formas que le son ajenas y éstas se presentan como el contenido vacío, o, más bien, vaciado. Se hace evidente, en esta crítica de Marx a la inversión y mistificación hegeliana, la influencia de Feuerbach sobre su pensamiento. Debe recordarse que, también para el Feuerbach de *La filosofía del Futuro*, de 1842, "la filosofía especulativa invierte el finito y el infinito. Mas una filosofía que deduce el finito del infinito, lo determinado de lo indeterminado nunca conducirá a una verdadera posición ni de lo finito ni de lo determinado". [174] Marx, pues, con Feuerbach, condivide la crítica a la especulación hegeliana y, al mismo tiempo, reivindica la especificidad de lo finito y de lo determinado, su irreductibilidad a lo abstracto. Marx logra así concretar, en el plano de la crítica a la concepción hegeliana del Estado, lo que en Feuerbach sólo tenía un valor de crítica de principios y enunciados generales o, en última instancia relativos a la crítica teológica. Más aún, con ello pone de relieve el que para Hegel, también lo que respecta al concepto de Estado, lo más importante sea la confirmación de su lógica especulativa. Hegel ha obviado las determinaciones. Su único interés consiste en encontrar la idea pura, tanto en la naturaleza como de la sociedad: "pero —dice Marx— una explicación que no aporta diferencias específicas no es una explicación". [175]

En su empeño lógico, Hegel abandona lo finito y determinado, dejándolo "tal como él es", lo que, por otra parte, conduce a un empirismo vicioso, a un "craso positivismo". La posición de Hegel se escinde para devenir —como lo habían señalado la izquierda hegeliana y Feuerbach— en un Hegel esotérico y un Hegel exotérico: "La adjudicación del material del Estado a lo individual por las circunstancias, el arbitrio y la propia elección de la determinación, escribe Marx, no es expresada simplemente como lo verdadero, lo necesario, lo justificado en sí y para sí; no son considerados como tales como lo racional; pero, sin embargo, son considerados, por otra parte, solamente como una mediación aparente y son dejados como ellos son; pero, a la vez, adquieren la significación de una determinación de la idea, de un resultado, de un producto de la idea. La diferencia no reside en el contenido, sino en el modo de considerar o en el modo de hablar. Es una historia doble: una historia esotérica y una historia exotérica. El contenido yace en la parte exotérica. El interés de la parte esotérica consiste en volver a encontrar siempre la historia del concepto lógico en el estado. Pero en la parte exotérica es donde* transcurre el desarrollo verdadero". [176]

De allí que, en su crítica al parágrafo 278 de la *Filosofía del Derecho*, Marx considere el hecho de que, para Hegel, no sean los sujetos reales, las personas, las que generan el Estado, sino que el Estado, a través del monarca, se transforme en persona real: el Estado, por lo tanto, no es la suprema realidad de la persona, sino que a la inversa, es un hombre, un individuo singular, la suprema realidad.

Inversión de lo subjetivo y de lo objetivo;
mistificación de la idea en detrimento de la
realidad en cuanto la realidad es una deducción
de la idea: Hegel recuerda a Platón. La
conclusión de Marx es, en consecuencia,
enfática: Hegel ha hecho trascender lo empírico
de la especificidad material o real e interpola, en
él, lo lógico, lo abstracto. Pero, lo abstracto,
transformado en sujeto efectivo, termina después
encarnándose en lo empírico.

Hasta aquí, a grande rasgos, las diferencias entre
la posición de Hegel y la de Marx. Pero, quizá,
sería en extremo unilateral considerar que la
posición de Marx, al igual que la de Feuerbach,
no pasan de ser una simple vuelta a la filosofía
pre-hegeliana, y, más explícitamente, al
materialismo tout-court. En efecto, el texto
marciano va más allá de semejante
reductivismo. Al lado de su áspera revisión de la
especulación hegeliana se puede encontrar un
importante reconocimiento: Hegel ha
comenzado por la oposición de las
determinaciones, lo que, para Marx, resulta ser
cosa no solo significativa, sino profunda e
importante: Un principio conceptual que permite
comprender la naturaleza interior de los Estados
modernos. Hegel tiene, para Marx, el mérito de
haber descubierto la escisión (Trennung) que

tipifica a la sociedad burguesa, así como el de
haberla desarrollado conscientemente, a saber: la
relación opositiva entre Estado y sociedad civil.
La sociedad burguesa ha creado, por primera vez
en la historia, una esfera pública-universal en la
que todos los hombres son iguales y en la que
sustenta los mismos derechos: se trata de la
sociedad política. Dentro de ella, se es libre,
pero sólo dentro de ella. Lo político es escindido
de lo social. El individuo debe salir de su
entorno económico-social, prescindir de su vida
auténtica, para poder adquirir sus derechos como
ciudadano. Esto trae como consecuencia el
hecho de que en la sociedad burguesa también
los individuos estén escindidos en sí mismos,
que lo individual adquiera la forma de la
duplicidad, es decir, la de citoyen, en la sociedad
política y la de bourgeois, en la sociedad civil.
Idealista del Estado, por una parte; materialista
de la sociedad, por la otra: Lo más profundo en
Hegel, dice Marx, consiste en que él siente la
separación de la sociedad civil y de la sociedad
política como una contradicción [177] Su error
estriba en creer poder superar tal escisión con
medios especulativos, por un lado, y con
instrumentos políticos pre-burgueses, por el
otro, como es el caso de las corporaciones, la
cámara alta de casta, el organicismo estatual,

etc. Soluciones puramente ilusorias, ya que la única posibilidad de superar la escisión es mediante la destrucción *del bellum omnium contra omnes*.

Empero, soluciones como las de Hegel no son imputables —como escribe Núñez Tenorio— al propio Hegel, sino a las condiciones históricas que caracterizan a su tiempo. [178] Y sin embargo, en última instancia, el reconocimiento de Marx a los aportes de Hegel no debe pasar desapercibido. Los conceptos de oposición, escisión, contradicción, son fundamentales para la elaboración de la nueva filosofía crítica. En efecto, Marx distingue entre dos tipos de oposición: Extremos reales —dice— no pueden ser mediados entre sí, precisamente porque son extremos reales. Pero tampoco necesitan ninguna mediación, pues son de esencia opuesta. Nada tienen de común entre sí; no se reclaman ni se complementan entre sí. El uno no tiene en su propio seno el anhelo, las necesidades, la anticipación del otro. A. esto parece oponerse —prosigue Marx—: *Les extremes se touchent*. Polo norte y polo sur se atraen; sexo femenino y sexo masculino se atraen igualmente, y sólo mediante la unión de sus diferencias llega a ser el hombre . [179]

Marx se hace eco, en este pasaje, de la vieja
discusión kantiana del tema de la oposición. En
efecto, el autor de la Critica de la rascón pura
distinguía entre oposición lógica u oposición por
contradicción y oposición real o sin
contradicción. La primera consistía en negar y
afirmar contemporáneamente el predicado de
algo: llueve y no llueve, por ejemplo. El
resultado, obviamente, es la contradicción
lógica. La segunda, en cambio, apunta hacia la
presencia, igualmente simultánea, de dos fuerzas
de igual intensidad pero de sentido contrario: el
resultado es la quietud, lo que no solo es real
sino perfectamente representable. En la primera
parte del texto de Marx está presente esta
distinción entre los dos tipos de oposición. Pero,
en la segunda parte del párrafo, la situación es
otra: en ella Marx delinea un tipo de oposición
en la cual los opuestos, aun negándose
recíprocamente, no pueden estar el uno sin el
otro, ya que el uno implica la presencia del otro
y su común atracción: polo norte y polo sur, son,
pues, "polo" ya que su esencia, en ambos casos,
es la misma. Así, mientras en el primer caso los
opuestos no tienen nada en común, en el
segundo, en cambio, mantienen una relación de
interdependencia: son "la esencia diferenciada",
porque "cada extremo es su otro extremo". [180]

El primer tipo de oposición es una oposición sin contradicción; el segundo es una oposición contradictoria. Es evidente que a Marx le interesa este segundo tipo de oposición, no el puro contraste, sino la oposición por contradicción. La confirmación de esta línea logico- dialéctica está claramente representada por la posición de Marx frente a la escisión entre el Estado y la sociedad civil. Una escisión que golpea su esencia y hace del hombre un ser opuesto en sí mismo, en ciudadano y burgués, que le asigna una "existencia separada". La sociedad civil, en tanto que lucha del hombre con el hombre, lacera íntimamente su esencia, lo que genera un Estado como esfera separada, tipificado por una ilusoria universalidad. Un término genera al otro y al mismo tiempo, lo niega, se le contrapone.

Esta será, por cierto, la trama del ensayo de Marx titulado // cuestión judía, publicado en los Anales franco-alemanes, en 1844: la escisión entre Estado político y sociedad civil, genera la contradicción entre el ciudadano y el burgués, una escisión que es una descomposición di la esencia humana. Pero, mas aun, esta deuda de Marx con Hegel, se expresa también en su acusación de los "puntos de vista" —es decir, el partido político "práctico" y el "teórico"— en la *Einleitung* de 1844: entre ellos, en efecto, se repite el problema de la oposición contradictoria, tal y como Marx la define en la Kritik : "cada extremo es su otro extremo. El espiritualismo abstracto es materialismo abstracto ; el materialismo abstracto es espiritualismo abstracto de la materia". [181] En tal sentido, a pesar de su intento de superar a Hegel, siguiendo para ello los trazos de Feuerbach, Marx ha sabido conservar tanto la profundidad de su comprensión dialéctica como la fuerza de su diagnosis del Estado moderno. El programa expuesto en la *Einleitung* del '44, como se verá, prosigue el eco de esta "doble actitud" de Marx hacia el gran historicista alemán.

Tesis centrales de la Einleitung de 1844

La conocida Introducción a la Crítica de la Filosofía del Derecho de Hegel, contiene, en lo fundamental, el tránsito de la crítica de la religión a la crítica de la política mediante la filosofía. Precisamente, el texto publicado en los Anales Franco-Alemanes en 1844, como ya se ha dicho, comienza por hacer el siguiente señalamiento: Fa crítica a la religión es el supuesto previo de toda crítica . [182] Feuerbach había cumplido con el primer paso hacia la desinversión y la desmitificación del sistema dialéctica hegeliano: la religión no hace al hombre, el hombre es quien hace la religión. En esto consistía, en sustancia, el gran aporte de Feuerbach, el te los de su "revolución teórica". Pero, más allá de Feuerbach, Marx va fraguando el camino de la crítica de la filosofía hacia la construcción de su propia filosofía crítica e histórica. Es por ello que, por encima del antropologismo esencialista feuerbachiano, Marx concentra su planteamiento en la reconsideración histórica del hombre: Pero el hombre —sostiene Marx— no es un ser abstracto, agazapado fuera del mundo. El hombre es el mundo de los hombres, el Estado, la sociedad. Este Estado, esta sociedad, produce la religión, una conciencia invertida del mundo, porque ellos son un mundo invertido, [183] La religión es la teoría general de este mundo, su compendio enciclopédico, su lógica en forma popular... Es la realización fantástica de la esencia humana, porque la esencia humana carece de verdadera realidad. La lucha contra la religión es, por tanto, indirectamente, la lucha contra aquél mundo cuyo aroma espiritual es la religión.[184]

El programa propuesto por la nueva filosofía implicaba no sólo la superación del idealismo espiritualista, sino también del materialismo antropologísta. Con ello la crítica del cielo se convierte —dice Marx— en la crítica de la tierra, la crítica de la religión en la crítica del derecho, la crítica de la teología en la crítica de la política. Obviamente, la fundamentación teórica de la *Einleitung* hallaba su origen en la Kritik de 1843. Los resultados de la crítica a la *Filosofía del Derecho* apuntaban hacia el reconocimiento del gran pensador como la más elevada manifestación de la conciencia de su época; pero, precisamente por ello, a la necesidad de superar sus puntos de vista en la lucha consciente, práctica y revolucionaria. Marx lograba articular, a la luz del planteamiento de la Introducción, la teoría con la praxis. De hecho, para Marx, si bien la violencia material no podía ser derrocada sino por la violencia material, si bien el arma de la crítica no podía sustituir a la crítica de las armas, no menos cierto era que la teoría necesariamente tenía que convertirse en fuerza material, una vez que se hubiera prendido de las masas. [185]

El propósito d Marx es, pues, el de rescatar la unidad humana que la sociedad burguesa ha escindido y que la filosofía especulativa pretendía recuperar en el plano ideal. Pero rescatarla implicaba una doble labor: superar, en primer término, el sensualismo antropológico a través de la identificación consciente del problema religioso como problema social: en otros términos, ubicar la fractura, el desgarramiento del hombre en su real y efectivo lugar de origen. Esta es —para Marx la fuerza real de la teoría comprometida con su tiempo: la crítica —dice— no arranca de las cadenas las flores imaginarias para que el hombre soporte las cadenas sin fantasía y sin consuelo, sino para que las sacuda y coja las flores vivas.[186] Doble labor, como se ha dicho; unidad de teoría y praxis, de sujeto y objeto, de crítica y revolución. Salto cualitativo que logra, a la vez, precisar el defecto capital del "partido teórico" y del "partido práctico": el uno, porque cree poder realizar la filosofía sin superarla es la crítica del esplritualismo. El otro, porque pretende superar la filosofía sin realizarla: es la crítica al materialismo. La estructura dialéctica de la oposición por contradicción es nuevamente puesta de manifiesto. Sólo esta radical superación de los abstractos puntos de vista, sólo

esta real capacidad dialéctica de comprensión y
transformación que Marx ha sabido encontrar en
Hegel —incluso, a pesar de Hegel—, contiene la
posibilidad, como dice Núñez Tenorio, de que el
mundo cobre consciencia de sí mismo, que
despierte de su sueño dogmático, que las
cuestiones religiosas y políticas se explique de
modo humano, consciente de sí. Porque: el
mundo tiene el sueño de algo futuro que si llega
a poseerlo en la consciencia podrá realizarlo. No
se trata —prosigue Núñez— de seguir trillando
la falsa antinomia entre el pasado y el porvenir ;
entre lo viejo y lo nuevo, sino de llevar a cabo,
en el presente, los pensamientos del pasado. Tal
es el programa y la táctica de la filosofía crítica.
Esta tarea sólo puede ser el producto de la
unidad de las fuerzas. [187] Progresivamente, la
influencia de Feuerbach sobre la nueva filosofía,
reducía sus contornos y daba paso a una
Weltanschauung que no podía prescindir de la
concepción de la dialéctica como
reconocimiento de los términos opuestos, esto
es, de la mediación como elemento decisivo de
la correlatividad e los términos. Resulta, pues,
indispensable canalizar el tema más de cerca.

Relación y —posible— diferencia entre la Kritik y la Einleitung

Eric Weil, en su célebre ensayo Hegel y el Estado, de 1950, ha observado, en el capítulo final, dedicado a Marx y la *Filosofía del Derecho*, que: contrariamente a lo ocurrido con la Introducción a la crítica de la *Filosofía del Derecho* de Hegel, del '44, la Kritik del año 43, no hizo gran ruido. No atrajo la atención del público, ni siquiera del público restringido, que se interesa por estos problemas. Esta reacción —continúa Weil— es comprensible, dado que el texto es incompleto, pesado y de difícil lectura, ya que la mayor parte del libro está dedicado a la crítica, sin preocuparse por la interpretación, suponiendo, por parte del público, un conocimiento de Hegel que era probable en 1843, pero que ya no existe. Hay que agregar que su pensamiento es, por así decir ; pre-marxista, si se define el pensamiento marxista por los principios enunciados en el Manifiesto comunista y elaborados por Marx y Engels durante todo el resto de su vida. Finalmente —concluye el crítico—, el manuscrito no está completo, no solamente porque la primera hoja se perdió sino porque, en varios sitios, Marx dejó páginas en blanco que quería llenar más tarde, anotando en varios sitios lo que había que precisar o agregar. Por eso no es esencial. [188]

A pesar de sus importantes aportes y de la justificada crítica a la monarquía hereditaria, exaltada por Hegel, entre otros aspectos, para Weil el texto de la Kritik no alcanza "nunca la profundidad de los puntos de vista ulteriores, que comienzan a anunciarse en la *Einleitung* (publicada) a esta Kritik (no publicada). Todos los conceptos fundamentales —prosigue Weil—, la alienación real del hombre, la clase privada de toda participación en la comunidad histórica, hasta el concepto de capital, no aparecen allí. El lenguaje es el de Feuerbach, el término "la crítica", característico de la influencia del grupo de Bauer, figura allí con bastante frecuencia, y la actitud fundamental es exactamente la que un poco más tarde Marx criticará hablando de la "refutación" de la religión por parte de Feuerbach".

En consecuencia, con relación a la *Einleitung*, Weil piensa que "la importancia doctrinal del manuscrito es limitada". [189] Muy diversa es su opinión en lo que concierne a la *Einleitung*. "Aquí —argumenta el intérprete de Marx— la crítica es más detallada, pero también es claro el reconocimiento de Hegel como el filósofo, la conciencia del Estado moderno. No se trata —continúa diciendo Weil— de corregir una determinada tesis o de refutar una deducción. Por el contrario, "los alemanes... somos los contemporáneos filosóficos del presente sin ser sus contemporáneos históricos... La filosofía alemana del Derecho y del Estado es la única historia alemana que está al pari con el moderno presente oficial... Los alemanes han pensado —prosigue la cita de Marx hecha por Weil— en política lo que otros pueblos han hecho... Es en la cabeza del filósofo donde se origina la revolución". [190]

La *Einleitung*, pues, para Weil, más que la propia Kritik, es un homenaje a Hegel, que deja atrás las tendencias y las abstracciones del grupo de los Bauer y de Feuerbach, todavía no del todo logradas en la Kritik. Como puede observarse, Weil distingue rigurosamente entre uno y otro texto, restringiendo la importancia de la Kritik para los especialistas, "los biógrafos de Marx y los historiadores el hegelismo", y resaltando los comentarios de Marx en su deuda con Hegel quien, como dice, es el filósofo, "la conciencia del Estado moderno".

Opinión, a todas luces, diversa de la de Galvano Della Volpe, quien ha sido uno de los primeros en difundir el texto de la Kritik, así como en precisar en ella el lugar de origen de la 'nueva concepción del mundo' de Marx, cuya característica esencial sería la de abandonar la dialéctica de Hegel y, ayudado por Kant y por Feuerbach, construir una dialéctica materialista, que opere no por contradicciones, sino por reales y efectivas contradicciones materiales. Severo crítico del hegelo-marxismo, Della Volpe subraya la crítica "a-priori" del hegelismo y del idealismo, así como la novedad teórica de la dialéctica entendida en el plano materialista, la cual vislumbra los presupuestos conceptuales del sucesivo socialismo científico. Hegel, para Della Volpe, ha sido denunciado por Marx en su inversión de la relación sujeto-objeto; muestra que la *Filosofía del Derecho* no es más que la lógica traducida al plano político, y, más aún, sobre la base de la inversión que ha realizado, termina por justificar el orden social de su tiempo. Un discurso, a fin de cuentas, que, bajo su místico ropaje, esconde sus reaccionarias tendencias políticas: Hegel es, en opinión de Della Volpe, el teórico del Estado prusiano. [191] "Marx —observa Della Volpe— opone positivamente su método filosóficohistórico al tan insuficiente de Hegel, filosófico (especulativo o dialéctico) a priori: al proceder así, convierte en género al Estado histórico de aquel tiempo: hace de él una esencia generalísima, poniéndose en situación de no verlo en cuanto tiene de específico, de no criticarlo. Se comprende cómo fue posible la bien conocida exaltación, idealización, hegeliana de la monarquía prusiana". [192]

No muy disímil de la opinión de Della Volpe es la de Eduardo Vásquez, uno de los traductores de la Kritik al castellano, para el cual: "la unidad entre ser y pensar se realiza en Hegel de tal modo que lo sensible y finito es absorbido en lo infinito. Lo infinito —sostiene Vásquez- abraza a lo finito de tal modo que lo ahoga". Para el traductor e intérprete criollo de Hegel, Marx muestra que Hegel es un apriorísta y que para superarlo debe aplicarse detalladamente la crítica que Feuerbach hiciera de su lógica-teológica. [193]

En una carta de Engels a Marx, citada por Eric Weil, puede, sin embargo, encontrarse el argumento que permite sopesar objetivamente el punto de vista desarrollado por Galvano Della Volpe y por su versión caribeña. Cuenta Weil que, en 1870, Engels publicó en una revista, un artículo sobre Hegel, en la época en la que el autor de la *filosofía del Derecho* se había convertido en un desconocido, es decir, en "perro muerto" —para citar la conocida frase de Marx—. Precisamente, por tal motivo, el editor, Wilhelm Liebnecht, creyó conveniente colocar una nota a pie de página, para recordar al público lector que Hegel era el "glorificador del Estado prusiano". Al leer aquella nota, Engels escribió la siguiente carta a Marx: "Este animal se permite agregarle, sin ninguna mención de autor, notas marginales que son puras vacuidades, y que sin duda alguien me las atribuirá. Las estupideces son tan grandes que< es imposible continuar así... Este asno, este ignorante, tiene la desfachatez de liquidar a Hegel con la palabra prusiano... es suficiente... vale más no ser publicado a ser presentado como un asno". [194] En respuesta a la carta de Engels, Marx escribió las siguientes líneas: "Le he escrito, diciéndole que si no sabe hacer otra cosa que< repetir viejas estupideces, más le vale quedarse callado; el individuo es, en verdad, demasiado estúpido". [195]

En todo caso, y a pesar del antagonismo mostrado por los críticos, sería cuando menos parcial no reconocer el que las categorías dialécticas hegelianas, aun invertidas, hayan sido para Marx de extrema utilidad, al punto de formular el tema del desgarramiento (Trennung) que tipifica a la sociedad burguesa, en cuanto que problema opositivo (Gegensatz) y contradictorio (Wiederspruch), en virtud de su confrontación directa con Hegel. Confrontación que tiene como objetivo primordial la denuncia del uso especulativo que la dialéctica "sufre" en manos del gran pensador, lo que, si bien permite aprehender la contradicción entre Estado y sociedad civil, por otra parte, al convertir la realidad en puro pensamiento, Hegel termina dando por solución una unidad especulativa ideal.

Marx, pues, utiliza el principio dialéctico descubierto por Hegel liberándolo de su "ropaje" idealista y especulativo, hasta hacerlo adquirir connotaciones específicas, históricamente determinadas para el estudio y comprensión de su sociedad y de su tiempo, y cuya consecuencia, por tanto, no puede ser el de la conciliación ideal de los términos de la oposición, sino una conciliación material que impone la necesidad de su destrucción efectiva a través del acto revolucionario. Ser y saber, objeto y sujeto, realidad y pensamiento, que se reconocen en indisoluble unidad y con un programa común.

La conciliación de los términos de la oposiciones, pues, un acto práctico que requiere de la energía crítica e histórica, 'práctica' y 'revolucionaria'. De ahí el "doble error" señalado por Marx en la *Einleitung*, a propósito del "partido teórico" y del "partido práctico". En este sentido, la *Einleitung* mantiene una honda coincidencia con el texto de la Kritik. De esta forma, cabe señalar, finalmente, el hecho de que, en última instancia, lo que diferencia a Marx de Hegel es precisamente lo que los vincula, a saber: que Hegel tiene el mérito de haber descubierto el principio dialéctico, la objetiva contradicción, de factura diversa al tipo de oposición de la cual se ocupan las ciencias empíricas, esto es, las oposiciones sin contradicción. Lo que Marx considera reprochable es la visión de esta contradicción objetiva como una contradicción puramente conceptual, destinada a resolverse en la "pureza" de los conceptos, a través de medios especulativos. Mientras que para Marx el significado último de la dialéctica es el de la revolución, para Hegel su significado último es el de la re-conciliación. El concepto de oposición por contradicción es, para Marx, un principio perfectamente válido en su análisis del complejo material de la sociedad burguesa y, especialmente, con relación a la economía y a la política. El objetivo de Marx es la construcción de una "lógica específica del objeto específico", para determinar el campo de su real transformación. Otra vez, la coincidencia entre el texto de la Kritik y el de la *Einleitung* parece evidente. Conocer y transformar, criticar y transformar. Tal es, de acuerdo con el texto de la *Einleitung*, el propósito de "una filosofía que se haya al servicio de la historia": "una vez que se ha desenmascarado la forma sacra del autoextrañamiento humano", debe "desenmascararse el autoextrañamiento en sus formas profanad. Hay que averiguar "la verdad del más acá", hasta hacer brotar de su inmanencia aquella "bóveda craneana" que culmina con la "positiva posibilidad de la emancipación". Una posibilidad —como se ha dicho— que sólo puede hallarse en la manifestación viviente de la contradicción opositiva o de la oposición contradictoria, cuya patentización objetiva es la de una "esfera que posee carácter universal por sus sufrimientos universales y que no reclama para sí ningún derecho especial, porque no se comete con ella un desafuero sino el desafuero puro y simple ; que no puede apelar a un título histórico sino, simplemente, al título humano; que no se halla

en contraposición unilateral, sino en una
contraposición unilateral con los presupuestos
del Estado; una esfera que no puede
emanciparse sin emancipar todas las demás
esferas de la sociedad; que es la pérdida total del
hombre y que sólo puede recuperarse a sí mismo
mediante la recuperación total del hombre. Esta
disolución de la sociedad como un estamento de
la sociedad —concluye Marx— es el
proletariado" [196]

La unidad de la teoría filosófica y de la acción
político-social es, por tanto, la unidad material
de la filosofía y la unidad espiritual de la acción,
la unidad de la nueva filosofía crítica con el
proletariado, en cuanto clase históricamente
representativa de la negatividad de la
contradicción interna de la sociedad burguesa-
capitalista. En coherencia con el diseño
programático de la reflexión de la Kritik
marxiana, el autor de la *Einleitung* ha señalado
cómo "la filosofía no puede realizarse sin la
abolición del proletariado, y el proletariado no
puede llegar a superarse sin la realización de la
filosofía". [197]

En esto consiste la posibilidad de la unidad, del
posible encuentro lógico e histórico de los dos
textos marxianos: más precisamente, en su

perspectiva dialéctica, en su planteamiento
crítico de la necesidad de una unidad orgánica
de las oposiciones correlativas entre la teoría y
la praxis, a pesar de Hegel o, en todo caso,
gracias a los aportes de Hegel, más allá —como
se ha dicho hasta aquí— de los puntos de vista
constitutivos de las abstracciones propias del
entendimiento abstracto, o, si se quiere,
justamente, en virtud de ellos.

La Concepción Materialista de la Historia

En el Prólogo a la Contribución a la crítica de la
economía política, de 1859, Marx cuenta que, al
encontrarse en Bruselas con Engels, acordaron
definir y poner conjuntamente en claro el perfil
y la posición de sus ideas con relación a las
teorías ideológicas de la filosofía alemana de
entonces: ...en el fondo —comenta Marx—
deseábamos liquidar nuestra conciencia
filosófica anterior. Este propósito fue realizado
bajo la forma de una crítica de la filosofía post-
hegeliana. Las conclusiones a las que por
entonces ambos autores habían llegado en dos
gruesos volúmenes en octavo, fueron enviadas a

una imprenta de Westfalia cuando —continúa el autor— *nos enteramos de que nuevas circunstancias imprevistas impedían su publicación*, a consecuencia de lo cual el manuscrito *fue entregado a la crítica roedora de los ratones*. [198]

En todo caso, en opinión de Marx, el objetivo principal de la obra —esto es: el esclarecimiento de las propias ideas— ya había sido alcanzado: el grueso manuscrito, titulado La Ideología alemana, contenía, en términos generales, la formulación de la nueva concepción crítica de la historia, fruto de las más elevadas expresiones espirituales de su tiempo: de la filosofía del idealismo clásico alemán, de la ideología y práctica política francesas y de la economía política inglesa.

El "materialismo histórico" —más bien, la *filosofía de la praxis*—, nacía entre 1845 y 1846, bajo la forma -—dice Marx— de una crítica a la filosofía post-hegeliana. Y sin embargo, a esta inicial formulación, el autor del Prólogo del '59, añade, además, la elaboración de algunos trabajos dispersos, en los que la nueva concepción filosófica era expuesta de manera aún más precisa y consciente de sí: la Miseria de la filosofía, de 1847, y el Manifiesto del Partido Comunista de 1848, así como las conferencias Sobre el libre cambio, inherentes a la crítica de la economía política. A estos ensayos, cabe agregar la redacción de unos breves aforismos en los que, tal vez, la nueva concepción de la historia era presentada, aún germinalmente, en su más fresca expresión más fresca, crítica y dialéctica. Se trata de las *Tesis sobre Feuerbach*, de 1845, escritas poco tiempo antes de la extensión de *la Ideología alemana*.

Efectivamente, en la "Nota preliminar" de su opúsculo sobre Ludwing Feuerbach, de 1888, Engels escribía: *Antes de mandar estas líneas a la imprenta, he vuelto a buscar y a repasar el viejo manuscrito de 1845- 46.. .Fa parte acabada se reduce a una exposición materialista de ¡a historia que sólo demuestra cuán incompletos eran todavía, por aquel entonces, nuestros conocimientos de historia económica... En cambio, he encontrado en un viejo cuaderno de Marx las Once Tesis sobre Feuerbach ... Se trata de notas tomadas para desarrollarlas más tarde, escritas a vuela pluma y no destinadas en modo alguno a su publicación, pero de un valor inapreciable, por ser el primer documento en el que se confirma el germen genial de la nueva concepción del mundo.*[199]

Desde *la Ideología alemana* y las *Tesis sobre Feuerbach* -escribe Núñez Tenorio—, se perfila esta original concepción materialista de la sociedad. Y en el célebre Prólogo a la Contribución a la crítica de la economía política (1859) —prosigue el estudioso de Marx—, se exponen las tesis fundamentales del materialismo histórico, como resultado de sus investigaciones científicas. [200]

Así pues, con las *Tesis sobre Feuerbach* y *la Ideología alemana*,Marx -y Engels- delinean los fundamentos generales de la concepción realista de la historia, los cuales sólo fueron desarrollados y convalidados más tarde con el estudio y la profundización crítica de la economía política capitalista, cuyas conclusiones —expuestas por Marx en El Capital en 1867— confirmaban la objetividad y el rigor de la nueva filosofía. Con ello surgía un pensamiento de carácter objetivo, realista e histórico, sustentado en una concepción efectivamente dialéctica e histórica, destinada a transformar el oficio investigativo de las ciencias sociales, en virtud de su inmanente flexión dialéctica, así como de su carácter específicamente histórico y social. [201]

La ciencia de la economía política capitalista, hacía de la nueva concepción realista de la historia una sólida concepción que exhortaba a comprender y a transformar el mundo, al tiempo de gestar el nuevo modo de asumir el trabajo filosófico y científico social, mediante la dialéctica de la historia.

Las siguientes líneas se proponen exponer los rasgos más resaltantes y las tesis fundamentales de la concepción realista de la historia, y, al mismo tiempo, esbozar —en sus determinaciones esenciales—, los elementos del pensamiento que los sustenta, para lo cual resulta imprescindible exponer las conclusiones más importantes obtenidas por Marx y Engels en: (1.) las *Tesis sobre Feuerbach*, (2.) *la Ideología alemana*, (3.) la Contribución a la crítica de la economía política.

1) Las Tesis sobre Feuerbach :

Las once Tesis de Marx sobre Feuerbach, escritas en 1845, son la crítica y superación hecha por Marx tanto del esplritualismo como del materialismo antropológico de Feuerbach.

Más allá de los puntos de vista y de las limitantes abstracciones a las que éstos conllevan, Marx logra, mediante la precisión del defecto capital de las doctrinas materialistas —incluyendo la de Feuerbach— retomar el lado activo desarrollado por el idealismo, incluso a pesar del propio idealismo, en pos de una visión del hombre y de la historia innovadora y realista. El hombre, para Marx, no es el individuo humano abstracto aislado, tal y como fue concebido por los filósofos franceses del siglo XVIII. Para Marx, el hombre es el *ser social* esto es, el conjunto de las condiciones en medio de las cuales y por las cuales, en una sociedad dada, se debe explicar la vida humana.[202] Fuera de la traumática e inevitable predeterminación de la vida de los hombres, Marx recupera su más profundo sentido dialéctico: es en la comprensión de la estrecha e inescindible correlatividad del pensamiento con el ser, de la libertad con la necesidad, de la filosofía con la historia, por medio de la actividad sensitiva humana,, como el hombre recupera su inmanencia social y puede superar las escisiones —presupuestas por los puntos de vista aislados— 'entre' espíritu práctico y espíritu teórico. Para Marx, la verdad del idealismo se encuentra en el materialismo, así como la verdad de éste se encuentra en aquél, toda vez que el conocimiento y la historia son comprendidos como el resultado de la permanente acción de los hombres: como una constante formación social. En última instancia, la clave de la nueva concepción esbozada en estas Tesis está en el concepto de praxis. *Verum et Factum convertuntur*, apuntaba Vico: La verdad se descubre haciéndola.

El hacer, la acción, es la condición impreterible del conocer. Toda verdad es el producto de la actividad creadora de los hombres, de su continua y progresiva praxis. Se trata de un concepto fundamentalmente crítico del materialismo decimonónico y pre kantiano, toda vez que esta concepción sólo concibe al término del pensamiento (Gegenstand), la realidad, lo sensible, bajo la forma de objeto (Objekt) o de intuición (Asnchauung), y no como actividad sensitiva humana (sinnlich menshliche tätikeit), como praxis, no subjetivamente (*Praxis; nicht subjetiv*) [203] Con ello, Marx, por una parte, retorna de Feuerbach a Hegel, hasta ver en el conocimiento una producción continua, un incesante hacer: un realismo que confirma lo mejor del idealismo. De hecho, para Marx, El

problema de si al pensamiento humano se le
puede atribuir una verdad objetiva, no es un
problema teórico sino un problema práctico. Es
en la práctica —insiste Marx— donde el hombre
tiene que demostrar la verdad, es decir, la
objetividad y la potencia, la terrenalidad de su
pensamiento. La discusión sobre la realidad o
irrealidad de un pensamiento aislado de la
práctica -concluye- es un problema puramente
escolástico. [204] Tal es el nuevo concepto
revolucionario. La sensibilidad humana es
conducida a su lugar de origen, esto es: al
"conjunto de las relaciones sociales". Pero, al
mismo tiempo, ella se diferencia del idealismo a
consecuencia de su desconocimiento de la
"actividad real-sensorial".

No se trata de interpretar el mundo (interpretiert)
sino de cambiarlo (verändern), puesto que nada
puede ser conocido si no se comprende, esto es,
si no se construye. Empero, con su construcción,
el objeto deja de ser algo simplemente dado, es
decir, un presupuesto, para devenir un
producido, un construido. Pero Engels dirá más
tarde: *la concepción materialista de la historia
parte de la tesis de que la producción es la base
de todo orden social; de que en todas las
sociedades que desfilan por la historia la
distribución de los productos y junto a ella la*

*división social de los hombres en clases es
determinada por lo que la sociedad produce y
cómo lo produce y por el modo de cambiar sus
productos.* [205] En consecuencia, también el
pensamiento es una producción continua, un
hecho, ya que los hombres sólo pueden conocer
aquello que son capaces de producir. Por lo cual,
producir es, para los hombres, la facultad de
pensar y de hacer pensando. El pensar es un
producir, así como el enseñar es un producir
reproduciendo.

También el conocimiento contiene dos términos:
quien conoce y la cosa que se conoce. Si la cosa
no es conocida por quien conoce, ella no es
conocida y, en consecuencia, no hay
conocimiento. De igual forma, si quien conoce
no conoce nada, entonces no conoce y, otra vez,
no se produce conocimiento alguno. Conocer es,
pues, la indefectible unidad de un sujeto
conocedor y de un objeto conocido, esto es, de
sujeto y objeto en su inescindible relación y en
su recíproca diferenciación opositiva. Estos
términos correlativos constituyen el entramado
de lo que, en las *Tesis sobre Feuerbach*, Marx,
dialéctica e históricamente, construía, a la luz de
su concepto de Praxis, vale decir, de la actividad
sensitiva humana, de la productividad
comprendida en su contexto social e histórico.

La praxis, pues, viene a ser comprendida por Marx como la síntesis originaria de sujeto y objeto, síntesis del hacer y del pensar del *ser social*, histórico. La metafísica quedaba, así, superada, porque era descubierta en su abstracta y reflexiva posición, es decir, en su pura otreidad de la otreidad, como un presupuesto que es fijado y que mantiene escindido al artífice de su propia construcción (el objeto, la materia socializada, historizada). Tras la abstracta disyunción de la primacía del objeto sobre el sujeto o de éste sobre aquél, se oculta la real y concreta correlación de los términos. Descubierta la necesidad de la íntima relación del sujeto y del objeto, la primacía perdía su razón de ser, toda vez que lo abstracto no puede recibir una determinación sin que se conciban las condiciones en las cuales y por las cuales es concreta, vale decir, sin negarse como abstracto.

Todo pensamiento logra objetivarse, hacerse real, al determinar su objeto, ya que si se piensa se hace. Pero, de igual modo, la realidad objetiva es producto de la actividad del pensamiento, que ha logrado conquistar realidad y objetividad, pues si se hace se piensa. La mediación real y efectiva, es decir, concreta entre los términos de la oposición, es la actividad, la Praxis. De ahí que Marx sostenga

que: El coincidir del variar del ambiente y de la actividad humana puede se concebido y entendido racionalmente sólo
como *praxis* subvertida (umwälzende Praxis) o como *praxis* revolucionaria (revolutionarie Praxis), [206] esto es, como una real negación de la negación.

La *praxis* es, por lo tanto, la realización humana en lo social e histórico: su propia confirmación en cuanto *ser social*. Realización que implica tanto las condiciones del vivir social como el continuo proceso de desarrollo de dichas condiciones. Pensamiento y realidad son una necesidad el uno para el otro. Esta necesidad, sin embargo, no puede ser considerada como un estático punto de partida, como un presupuesto 'natural' descubierto por la reflexión, sino como el resultado de la mancomunada acción —esto es: de la negación— del pensamiento y de la actividad que la sorprende en medio de la estrechez de sus vínculos externos. Esta es, a grandes rasgos, la médula de la nueva concepción realista de la historia, de la "nueva" dialéctica que denuncia el defecto capital de todo materialismo anterior, en tanto que concibe al objeto con independencia del sujeto y, a la vez, enjuicia al idealismo abstracto, por considerar al sujeto por encima del objeto, por oposición al materialismo. Oposición, la de ambas concepciones, de absoluta indiferencia recíproca, que esconde la radical unidad que, en realidad, fundamenta tal diferencia, en una suerte de abstracta y reflexiva identidad que separa los términos entre sí.

El profundo sentido dialéctico de la *praxis* está, pues, en el carácter comprensivo tanto del materialismo como del idealismo. Materialismo e idealismo terminan por concebir "forzosamente" a la sociedad "dividida en dos partes, una de las cuales, está por encima de la sociedad". No comprenden que "las circunstancias son cambiadas precisamente por los hombres", y que "la coincidencia de la modificación de las circunstancias y de la actividad humana sólo puede concebirse y entenderse racionalmente como *praxis* revolucionaria. [207] No es el ser, la materia (abstracta de Feuerbach), la que determina a la idea. Tampoco es la idea (la conciencia abstracta de los hegelingen) la que determina al ser. Es el *ser social*, la materia historizada, la verdadera síntesis activa, praxística, lo que determina, en última instancia, a la conciencia cristalizada, y no al revés. Se trata, de una negación de naturaleza dialéctica, que logra redimensionar y vivificar las estructuras lógicas del sistema hegeliano, liberándolo de su "platonismo" mediante su inserción en la realidad histórica. Para los discípulos de Hegel —pero, especialmente, para los llamados 'críticos- críticos'—, la idea, el espíritu, es la pura realidad. Para Marx, la verdad no está en un espíritu externo, sino en el cuerpo social, no en la idea, sino en la sensibilidad activa, histórica, en la satisfacción de las necesidades materiales, en el desarrollo progresivo del proceso histórico. Ser materialista no significa, en Marx, un retroceso, una vuelta a la filosofía pre-kantiana, y, menos aún, el abandono de las grandes conquistas hechas por la dialéctica de Hegel. Para el autor de las Tests, la historia no puede considerarse como un simple proceso empírico, sino como una construcción racional de factura inmanente.

Praxis significa inescindible relación de sujeto y objeto, el uno en necesaria relación con el otro; identidad de los opuestos. No educadores por un lado y educandos por el otro, sino "educadores que son educados y educados que son educadores". Radical negación del naturalismo, reivindicación de la actividad del idealismo. El pensamiento de Marx se va perfilando como un realismo crítico e histórico. Con las *Tesis sobre Feuerbach* del materialismo e idealismo

abstractos, la nueva concepción —la *filosofía de
la praxis*— lograba consolidar sus primeros
postulados: materialismo e idealismo
críticamente considerados, develaban la solidez
de aquel "germen genial".

2) *La Ideología alemana*:

Punto conclusivo de todo el desarrollo
precedente del pensamiento de Marx hasta
las *Tesis sobre Feuerbach* y, al mismo tiempo,
reflexión constitutivamente nueva y original, *la
Ideología alemana* contiene la primera
formulación orgánica del, así llamado,
materialismo histórico: Las premisas de que
partimos -escriben Marx y Engels- no tienen
nada de arbitrario, no son ninguna clase de
dogmas, sino premisas reales, de las que sólo es
posible abstraerse en la imaginación. Son los
individuos reales, su acción y sus condiciones
materiales de vida, tanto aquellas que se han
encontrado como las engendradas por su propia
acdón. Estas premisas —concluyen los
autores— pueden comprobarse,
consiguientemente, por la vía puramente
empírica. [208]

La exigencia de un saber real, positivo y empíricamente verificable, son llevadas a su término a través de una serie de indicaciones precisas que dan un significado igualmente preciso y diáfano al nuevo procedimiento de indagación que posibilita comprender la sociedad y la historia a la luz de sus presupuestos reales, constatables por la vía empírica. Según esta concepción, toda verdadera investigación histórica debe considerar en primera instancia, la base natural de la sociedad humana, así como las sucesivas modificaciones que sobre ellas ha hecho el hombre en el curso de la historia. Por lo tanto, deben ser tomadas en consideración las relaciones entre los hombres y la naturaleza y, conjuntamente, su organización. Lo que, por otra parte, implica un determinado complejo de relaciones entre los propios hombres. La producción material de la vida constituye, pues, la verdadera clave de la nueva concepción. Una clave que, como puede notarse, confirma la intuición ya expuesta en los fragmentos sobre Feuerbach del '45.

Es mediante el análisis determinado del estudio de la producción humana que resulta posible confirmar en qué medida los individuos están condicionados por la naturaleza y en qué medida la "dominan" y se la "apropian", al tiempo de entender las relaciones que imperan entre ellos: Podemos distinguir al hombre de los animales por la conciencia, por la religión o por lo que se quiera. Pero el hombre mismo se diferencia de los animales a partir del momento que comienza a producir sus medios de vida, pero éste se haya condicionado por su organización corporal. Al producir sus medios de vida, el hombre produce indirectamente su propia vida material. [209]

Así, como los individuos manifiestan su vida así son, lo que son coincide con su producción y tanto con lo que producen como el modo cómo producen. [210] La producción es, pues, comprendida por Marx y Engels como la unidad de economía y sociedad, de las relaciones materiales y de las relaciones sociales. Cierto tipo determinado de producción significa cierto desarrollo de las fuerzas productivas materiales, cierta organización del trabajo y cierto desarrollo tecnológico: mas, por ello mismo, cierto grado de desarrollo cultural y espiritual. La producción, en la medida en que presupone determinadas relaciones entre los individuos, condiciona a su vez la forma de las mismas. La novedad y complejidad del concepto marxiano de producción creaba una real revolución filosófica que lograba superar tanto al idealismo de los hegelianos como al materialismo de Feuerbach.

La producción de la vida aparece, ahora, como una doble relación: natural, por una parte, social, por la otra. La filosofía idealista había descuidado la base material de la vida y de la historia. Había separado y contrapuesto la naturaleza y la historia. Con ello, la relación del hombre con la naturaleza era excluida del proceso histórico. Lo que, a la vez, hacía del estudio y conocimiento de la historia un curso huero, porque meramente ideal. La base real de la historia —la producción— era excluida y considerada como un hecho marginal. De ahí se derivaba una visión de lo histórico-real dependiente de un concepto externo a sí mismo, diverso y extrínseco. Empero, con semejante inversión, la producción se presentaba como un concepto pre-histórico, mientras que lo histórico aparecía como una manifestación del más allá, como algo que dependía de lo sobre-mundanal. La relación hombre-naturaleza terminaba, necesariamente, presentándose como una relación extraña a la historia: el idealismo había separado, con ello, la naturaleza de la historia y la historia de la naturaleza.

Por su parte, la filosofía de Feuerbach llegaba, por oposición al idealismo, a las mismas conclusiones que éste. Feuerbach concebía al hombre como un ente natural-objetivo y subrayaba la estrecha relación del hombre con la naturaleza. Pero no llegaba a comprender que se trata, a la vez, de una relación del hombre con todos los hombres en la producción real de sus vidas, en su relación conjuntamente material y social, la cual modifica -porque produce- a la naturaleza. De modo que En la medida en que Feuerbach es materialista, no aparece en él la historia, y en la medida en que toma la historia en consideración no es materialista. Materialismo e historia aparecen completamente divorciados en él. [211] Feuerbach, pues, no logra entender, según Marx y Engels, que el mundo sensible que le circunda no es algo dado inmediatamente, algo siempre idéntico e inmutable, sino el producto de la industria y de las condiciones sociales: La famosísima unidad del hombre con la naturaleza ha consistido siempre en la industria, siendo de uno u otro modo según el menor o mayor desarrollo de la industria en cada época, lo mismo que la lucha del hombre con la naturaleza, hasta el desarrollo de sus fuerzas productivas sobre la base correspondiente. [212] Pero Feuerbach insiste en la ciencia de la naturaleza, sin comprender que incluso la ciencia natural está condicionada por la industria y el comercio, esto es, por la actividad práctica de los hombres. [213]

Lo que precisamente hace falta tanto a los idealistas como a Feuerbach es el concepto de energía práctico-crítica, ya expuesto en las *Tesis sobre Feuerbach*, esto es: el concepto de producción en su doble y correlativo sentido: producción respecto de la relación hombre-naturaleza; producción respecto de la relación hombre-hombre. Para los idealistas, la relación hombre-hombre se reduce a una relación independiente de la naturaleza y, con ello, convierten el devenir histórico en mero proceso ideal. Feuerbach, a su vez, no ve que la relación hombre-naturaleza es una relación social, su sensualismo contemplativo —más cercano a Schelling que a Hegel— no le permite captar la importancia de la actividad humana para la historia y la naturaleza. No comprenden —ni los idealistas ni Feuerbach—, a fin de cuentas, el peso decisivo que, para el desarrollo de las vidas y de las diversas formas de la conciencia, tienen las relaciones económico-sociales. Así, las ideas religiosas, prácticas, jurídicas, políticas y filosóficas, no pueden ser concebidas con independencia de la producción material de la vida, como sujetos hipostasiados que plasman y producen la vida social: *Los hombres son productores de sus representaciones, de sus ideas, etc., pero los hombres reales y actuantes tal y como se hallan condicionados por un determinado desarrollo de sus fuerzas productivas y por el intercambio que a él corresponde, hasta llegar a sus formaciones más amplias. La conciencia no puede ser nunca otra cosa que el ser conciente, y el ser de los hombres es un proceso de vida real... Al contrario de lo que ocurre en la filosofía alemana —prosigue Marx—, que desciende del cielo sobre la tierra, aquí se asciende de la tierra al cielo:* **no es la conciencia la que determina la vida, sino la vida la que determina la conciencia.** [214]

Marx no parte, en la formulación de la nueva concepción de la historia, de presupuestos imaginarios, de visiones preconcebidas, sino de las condiciones reales, y —dice— tan pronto como se expone este proceso activo de la vida, la historia deja de ser una colección de hechos muertos, como lo es para los empiristas, todavía abstractos, o una acción imaginaria de sujetos imaginarios, como para los idealistas. [215]

Retomando el sentido concreto de la historia y ubicando su centro en el desarrollo productivo de la vida, Marx logra precisar la dialéctica, precisamente, de las fuerzas productivas y de las relaciones de producción, como el movimiento fundamental de tal desarrollo de la historia. A causa de sus continuos crecimientos cuantitativos, las fuerzas productivas de una determinada sociedad entran en contraposición con las relaciones de producción, y ello determina una fase de revolución y el pasaje a un organismo económico-social cualitativamente diverso. Tal contraposición entre las fuerzas productivas y las "formas de relación" —según el lenguaje propio de *la Ideología alemana* -, que se ha manifestado constantemente en la historia humana hasta el presente, termina por manifestarse en un proceso revolucionario o de transformación radical de las anteriores formas sociales. [216]

A la luz de tal criterio de objetividad, desde el mundo oriental al mundo griego, desde el mundo feudal al burgués, Marx esboza en plan general la sucesión determinada de expresiones contradictorias presentes entre las fuerzas productivas y las relaciones sociales de producción, en una continua cadencia dialéctica que va de lo inferior a lo superior, aunque en forma no lineal, no mecánica, sino, más bien, en forma de espiral. La nueva sociedad es, pues, tendencialmente, superior a aquella que le precede —aunque no necesariamente siempre—, en virtud del mayor desarrollo que lleguen a alcanzar sus fuerzas productivas. Tal desarrollo tiende, necesariamente, a un cierto fin y propósito objetivo: al advenimiento de la sociedad comunista, que logrará superar y conservar [217] la propiedad y las clases sociales, con el fin de realizar una concreta —y no abstracta— unidad en la diversidad social.

El proceso histórico, movido por su vertiginoso desarrollo opositivo, dialéctico, logra así realizar su telos. El inmenso potencial de las fuerzas productivas obtenido en la sociedad capitalista es el presupuesto práctico necesario para el cumplimiento de tal fin, ya que sólo con este desarrollo general de las fuerzas productivas pueden conquistarse relaciones universales-concretas entre los hombres: No —dice Marx— individuos limitados y aislados, sino empíricamente universales. [218] La supuesta "unidad" de la sociedad burguesa —es decir— la "unidad" de su sociedad política y de su sociedad civil—, queda evidenciada como una unión ficticia, como una unión de la no-unión. En dicha formación social, los individuos, separados y contrapuestos entre sí, no se encuentran —porque no se reconocen— en grado de contraer conscientemente la suma de sus fuerzas productivas, las cuales se le presentan como fuerzas extrañas y enemigas, es decir, hostiles, y como un poder social que, aun siendo producto de los individuos, los domina. Esta sociedad, fundada sobre la escisión entre el interés particular y el interés social, basada en la división del trabajo, hace de la actividad humana, social, una actividad extraña que lo subyuga y condena a vivir sólo en función de satisfacer sus necesidades básicas, subordinadas.

Evidente resulta el eco de los más importantes pasajes escritos por Marx en París en 1844, precisamente, en los *Manuscritos de economía y filosofía*: la sociedad burguesa es la sociedad de la completa inversión, es el mundo invertido. Pero la superación (Aufhebung) de esta alienación es inevitable, porque la sociedad burguesa produce las propias condiciones materiales para su superación. La sociedad sin clases, la sociedad comunista es, por tanto, el resultado necesario y determinante de la superación de la alienación.

Estos términos, expuestos por Marx en los Manuscritos del '44, recobran aquí, en *la Ideología alemana*, toda su fuerza expresiva y todo su valor concreto, en virtud del paciente y fatigoso estudio de la realidad que, a partir de ella, Marx se propone llevar adelante. Pero, cabe agregar que este realismo de Marx, no sólo histórico sino dialéctico, encuentra su formulación más acabada y precisa en la Contribución a la economía política de 1859, y su sinopsis: el conocido "Prólogo" de aquella obra. Exposición que, en buena medida, anuncia los resultados a los que, más tarde, llegará Marx en El Capital.

3) El "Prólogo" a la Contribución del '59:

En una nota de los *Quaderni del carcere*, Gramsci sostiene que, en cierto sentido, la *filosofía de la praxis* es igual a Hegel más David Ricardo. [219] Con ello, Gramsci pretendía llamar la atención sobre el hecho de que la filosofía del "idealismo absoluto", así como los cánones metodológicos introducidos por Ricardo —como, por ejemplo, el de la "ley de la tendencia", que llega a definir, con criterio objetivo, conceptos fundamentales para la precisión del así llamado *homo economicus* —, han implicado, en más de un sentido, el hallazgo de lo que Gramsci denominaba la nueva inmanencia, por supuesto, conservada y superada por la concepción realista de la historia, al punto de insertarla en el estudio de lo histórico o, más precisamente, invirtiendo y desmistificando su ropaje formal y haciéndola brotar de la realidad. El señalamiento gramsciano resulta propicio para poder explicar no sólo el significado genérico de la nueva concepción, sino también para definir, en sentido estricto, lo que en las *Tesis sobre Feuerbach* sólo era un "germen genial", así como en *la Ideología alemana* una —todavía general— visión innovadora de la historia de la humanidad —que comprendía en su seno a la historia de la naturaleza—, mediante la fundamentación del concepto de producción y de su dialéctica interna entre las fuerzas productivas y las relaciones sociales de producción.

La desinversión y la desmitificación —ya proclamadas en la Kritik del '43— de la dialéctica hegeliana; la crítica al espiritualismo de la escuela de Hegel y del antropologismo naturalista de Feuerbach; el estudio de los acontecimientos políticos y sociales de la Francia post revolucionaria; el surgimiento efectivo, y cada vez más importante para aquel período histórico, del "comunismo primitivo" y del "socialismo utópico" (Saint-Simon, Fourier, Proudhon, Bakunin, Owen); y, finalmente, las investigaciones sobre la base de la economía inglesa, esto es: relativos al entendimiento de la actividad productiva material de la sociedad, es decir, el —como gustaba decir Marx— poner los pies sobre la tierra, eran, en buena medida, aspectos, etapas sustantivas, del largo y fatigoso origen y concreción de la nueva concepción crítica e histórica que, con el "Prólogo" a la Contribución a la crítica de la economía política de 1859, venía a ser expuesta de forma precisa y enfática, en virtud de su comprensión totalizante de los procesos sociales e históricos.

En efecto, en el *Prólogo* del 59, Marx resume los resultados de sus investigaciones de la siguiente manera: En *la producción social de su existencia, los hombres contraen determinadas relaciones necesarias e independientes de su voluntad, relaciones de producción que corresponden a una determinada fase de desarrollo de sus fuerzas materiales de producción. El conjunto de tales relaciones —prosigue Marx— constituye la estructura económica de la sociedad, o sea y la base real sobre la cual se levanta la sobrestructura (Uberbau) política y jurídica y a la cual corresponden determinadas formas de la conciencia. El modo de producción de la vida material determina (be dirigen), ante y sobre todo el proceso social, político e intelectual de la vida. No es la conciencia del hombre la que determina su ser sino, por el contrario, es su ser social el que determina su conciencia.* [220] Los hombres reales, de 'carne y sangre', están no sólo determinados por las condiciones naturales de la vida sino por las condiciones sociales de existencia, las cuales, en el decurso de la historia, conquistan un sentido y significado material, tan material como el de la naturaleza. Se trata de condiciones construidas por otros hombres, quienes han establecido sus principios y sus límites. Tales condiciones hallan su origen en el ámbito de la producción económica y éstas terminan por sustentar las formas políticas, religiosas, morales, artísticas, filosóficas y científicas de la historia.

Condiciones, pues, que dialécticamente nacen y perecen, dentro del zigzagueante proceso histórico, como conclusión de sus momentos "antitéticos" o de oposición, a través de los cuales llegan a desarrollarse máximamente las fuerzas productivas, dando paso a nuevas y "más adecuadas" relaciones materiales de existencia. En tal sentido, los resultados alcanzados por la nueva concepción, permiten comprender cómo, dentro del marco general de la historia: (1º) el *ser social* determina a la conciencia social, y no al revés; (2º) el modo de producción de una determinada sociedad se sustenta en la relación de oposición dialéctica presente entre las fuerzas productivas y las relaciones sociales de producción ; (3º) las formaciones sociales determinantes del decurso histórico fundamentan su peculiaridad mediante la tensión dialéctica presente entre su base económica y su sobrestructura jurídico-política.

Praxis y Theoría, sociedad civil y sociedad política, trabajo asalariado y capital: tal es, según Marx, el orden complejo y concreto que posibilita comprender el monumento inmanente de la historia. Los hombres producen la historia efectivamente, pero no según los impulsos de su albedrío individual, sino a partir de condiciones que les son previas, las cuales son el resultado de otras generaciones, de otros hombres, de otras sociedades históricamente existentes: el producto de la actividad histórica del pasado es positivamente la realidad que determina el presente, una realidad que los hombres se encuentran al nacer y que es independiente de su voluntad.

En estas tesis fundamentales de la concepción realista de la historia, expuestas en el Prólogo del '59, se conjuga, pues, el desarrollo concreto de la historia en relación con su base material, productiva, activa, práctica. En la primera de las tesis, anteriormente enumeradas, Marx hace referencia al momento unitario del movimiento histórico- social en forma general. Toma al *ser social*, es decir, a las fuerzas materiales objetivas y a la conciencia social, es decir, a la cristalización en el plano ideal, como los términos absolutos que posibilitan comprender el movimiento eterno de la historia en su totalidad. Evidentemente, se trata de la tesis más general. En cambio, en la segunda de ellas, expresa la articulación opositiva implícita al *ser social*, y precisa su factor determinante: se trata de la dialéctica propia del modo de producción, cuyos términos son las fuerzas productivas y las relaciones sociales de producción. Finalmente, en la tercera tesis el autor pone de relieve la concreta oposición existente entre la estructura económica y la sobrestructura político-jurídica, de acuerdo con la específica lógica de su

determinada formación social. Así, pues, es por medio de la productividad, de la acción consciente de los hombres, donde la síntesis de lo real y de lo racional tienen cabida: no hay racionalidad en la historia sin que
la *praxis* humana la construya, así como no hay realidad histórica que la *praxis* no haga racional: hacer y conocer en su más auténtica verdad y concreción, pues el ser es racional, esto es: consciente, y la conciencia es social, es decir: histórica.

Realidad de la razón, racionalidad de lo real es su viva y correlativa oposición dialéctica. Es en el *facere*, en el obrar, que puede explicarse la relación del pensamiento con la realidad y de la realidad con el pensamiento: *cuando* -dice Marx- *para salvar tanto los principios como la historia, se pregunta porqué tal principio se ha manifestado en los siglos XI o XVIII más que en cualquier otro, es forzoso examinar minuciosamente cuáles eran los hombres del siglo XI, quiénes eran los del siglo XVIII, cuáles eran sus respectivas necesidades, sus fuerzas productivas, su modo de producción, las primeras materias de su producción; finalmente, cuáles eran las relaciones del hombre con el hombre que resultaban de todas estas condiciones de existencia. Profundizar en todas estas cuestiones —concluye Marx— ¿no es escribir la historia real, profana de los hombres de cada siglo, representar estos hombres a la vez como autores y actores de su propio drama?.* [221]

La explicación de los hechos históricos mediante un "acto genial" del "Espíritu" —como pensaban los jóvenes hegelianos—, tocaba a su fin. Los "principios" no hacen la historia: es la historia de los hombres la que hace los principios. Es lo material, comprendido como lo histórico real, lo que condiciona y determina a la sociedad. Evidentemente, la conciencia decide sobre tales procesos, pero son las llamadas por Marx condiciones materiales de existencia las que, en última instancia, determinan el desarrollo consciente de la actividad humana. Totalidad histórica, modo de producción, formación soda!. Son estas las tesis fundamentales de la nueva concepción realista de la historia, las cuales superan con creces el aislamiento de los 'puntos de vista', las abstracciones del materialismo y del idealismo. Tal es, pues, en sus rasgos generales, el "punto de vista de la totalidad", que reclamaba para el marxismo Georg Lukács en *Historia y conciencia de clase*, es decir, la comprensión

dialéctica e histórica característica de
la *Filosofía de la Praxis*.

Se trata de una filosofía 'subjetiva-objetiva', de
acción recíproca y, por ello, capaz de dar rigor a
las ciencias sociales —y especialmente de la
economía política del capitalismo—, de las
cuales, a su vez, se nutre, para de esa forma
corroborar y confirmar sus principios. Pero, de
la nueva concepción surge también un nuevo
"método" —si es que, acaso, se puede llamar así
a la acción del seguir pensando— para las
ciencias sociales: de lo general a lo particular y
específico; de lo particular y específico a lo
general, en un "viaje de retorno" que logra
conquistar no *una representación caótica del
conjunto y, precisando cada vez más, llegaría
analíticamente a conceptos más simples.
Llegado a este punto, habría que reemprender el
viaje de retorno,..., pero esta vez no tendría una
representación caótica de un conjunto, sino una
rica totalidad con múltiples determinaciones y
relaciones: ...de las relaciones generales y
abstractas determinantes, una vez que sus
momentos esenciales han sido más o menos
fijados y aislados, a lo simple, para finalmente
retornar a lo complejo: lo concreto es concreto
porque es la síntesis de múltiples
determinaciones, por lo tanto, unidad de lo*

diverso. Aparece en el pensamiento como proceso de síntesis, como resultado, no como punto de partida y, en consecuencia, el punto de partida también de la intuición y de la representación. Mediante este procedimiento las determinaciones abstractas conducen a la reproducción de lo concreto por la vía del pensamiento. [222]

La concepción materialista del hombre y su nuevo "método" dialéctico-histórico, que resulta de ella, son la necesaria conclusión, el "remate" —como le gustaba decir a Engels— que la propia historia consciente de sí misma lograba alcanzar. Esta auto conciencia de la propia sociedad era el anuncio de su transformación radical y del final de la *prehistoria humana.*

Notas

1 Antonio Gramsci, *Il materialismo storico e la filosofía di Benedetto Croce*, Riuniti, Roma, 1975, pp. 100 y ss. El pensamiento de Marx es el resultado de todo un intenso proceso de desarrollo de la filosofía que concibe al sujeto como sustancia y que tiene sus orígenes en el Renacimiento italiano, más que en las filosofías antigua o medieval. Es a ese proceso que

culmina en Marx al cual denominamos "Filosofía de la Praxis". <<

2 Rara felicidad la de los tiempos en los que se puede pensar lo que se dice y decir lo que se piensa. <<

3 Es decir, relativa a la *Burgerlichegesellscbaft* o «sociedad civil», no a la «sociedad política». La sociedad civil es el lugar en el que se generan las fuerzas productivas de un determinado modo de producción, la base real que sustenta a la sobrestructura de una determinada formación social. <<

4 Cfr.: Georg Lukács, *Teoría de la Novela*, Grijalbo, Barcelona, 1975, p. 297. <<

5 Giambattista Vico (1668-1744), filósofo italiano, fundador de la filosofía de la historia,. Su concepción filosófica parte de la crítica del racionalismo cartesiano. En ella, Vico defiende el derecho de la fantasía y de la memoria como fuentes esenciales del conocimiento, sin las cuales el conocimiento mismo se vería frustrado. Desarrolló la teoría de los *corsi e ricorsi* en el desarrollo de la historia ideal y eterna. Su obra más importante es la *Setenta Nuova* o *En torno a la naturaleza común de las naciones*. <<

6 Cfr.: K Marx, *Tesis sobre Feuerbach, I.* <<

7 Estos tres momentos no deben ser confundidos, bajo ningún respecto, con la idea, según la cual, entre sujeto y objeto existiría un *tertium datur*, es decir, un tercer término, que posibilitaría la así llamada "síntesis" entre ellos. No se trata, como ya se ha indicado, de tres momentos distintos entre sí, como, por ejemplo, la Tesis, Antítesis y Síntesis, expuestas por Fichte. Se trata más bien, y conviene insistir en esto, de un sólo e idéntico acto que atraviesa por etapas diferentes, para, finalmente, reconocer que cada una de ellas le resulta esencial y, por tanto, ineludible, tal y como, por ejemplo, el anciano sólo puede comprender más y mejor su niñez y su madurez desde su condición de anciano. Más no por ello el anciano es alguien distinto del hombre maduro o del niño que fue. <<

8 En los *Quaderni del carcere*, Gramsci sostiene lo siguiente: *La estructura y las superestructuras forman un "bloque histórico", esto es: el conjunto complejo contradictorio y discorde de las sobrestructuras es el reflejo del conjunto de las relaciones sociales de producción... sólo un sistema de ideología totalista, refleja racionalmente la contradicción de la estructura y representa la existencia de las condiciones objetivas para la subversión de la*

praxis. Si se forma un grupo social homogéneo al 100% para la ideología, ello significa que existen al 100% las premisas para esta subversión, es decir, que "lo racional" es real activa y actualmente. El razonamiento se basa sobre la reciprocidad necesaria que existe entre la estructura y las superestructuras (reciprocidad que es, precisamente, el proceso dialéctico real). Cfr,: A. Gramsci, *Il materialismo storico e la filosofia di Benedetto Groce*, Riuniti, Roma, 1975, p46. <<

9 K. Rosenkranz, *Hegel's Leben*, Berlín (1844), reimpreso en 1969. Hemos utilizado la hemos utilizado la traducción italiana: *Vita di Hegel Mondadori*, Firenze, 1974, pp. 179 - 216. <<

10 G. W. F. Hegel, *Erste Druckscrijten*, p. 76. Cit. por G. Lukács en: *El joven Hegel*, Grijalbo, Barcelona, 1965, p. 278. <<

11 G. Lukács, *El joven Hegel*, cit., p. 301. <<

12 Op. cit ., p. 32. <<

13 Op. cit., p. 305 - 6. <<

14 G. W F. Hegel, *Schriften zur Politik und Rechtsphilosophie*, p. 3 - 4, cit. por H. Marcuse, *Razón y Revolución*, Alianza, Madrid, 1979, p. 55. <<

15 En vista de la publicación parcial hecha por Ripalda y publicada en 1978 por el F.C.E., seguiremos la siguiente traducción italiana: G. W F. Hegel, *Scritti Politici* (1798 -1831), a cargo de C. Cesa, Einaudi, Torino, 1974, p. 22-3. <<

[16] V. Herbert Marrase, *Razón y Revolución*, cit., p. 18-9. <<

17 G. W F. Hegel, Op. cit ., p. 54. <<

18 Cit. por: E. Negri, *Inlerprelazione di Hegel Sansoni*, Firenze, 1973, p. 232.<<

19 E. Gans, "Prefacio" a G . W F . Hegel, *Vorlesungen uber Rechts Pbilosophie*: 1818-1831, 4 vol, a cargo de K.H. *Ilting, Verlag Fomann-Holgbook*, 1975-4, Sttutgart, vol. I, p. 599. Cit. por M. Riedel, Hegel fra Tradizione e Rivoluzione, Laterza, Bari, 1975, p. 91. <<

20 M. Rossi, *Génesis del Materialismo Histórico*, vol. I: la Izquierda Hegeliana, Comunicación, Madrid, 1971, p. 40. <<

21 Cfr.: K. Marx, *Contribución a la crítica de la filosofía del derecho de Hegel* en: Analesfranco-alemanes, Martínez Roca, Barcelona, 1970, pp. 101-116. 21 Op. cit pp. 107 y ss. <<

22 Op. cit, pp 107 ss. <<

23 Ibid. <<

24 K. Marx, *Opere Filosofiche Giovanili*, trad. Galvano della Volpe, Riuniti, Roma, 1959, P-77. <<

25 "Presentación" a: *Crítica del Estado Hegeliano de K. Marx*, U.C. V., Caracas, 1980, esp. P. 12, en donde el autor sostiene textualmente: "La unidad entre Ser y Pensar... se realiza en él (en Hegel) de tal modo que lo sensible y finito es absorbido en lo infinito. Lo infinito abraza a lo finito de tal modo que lo ahoga". <<

26 Cfr.: José Rafael Herrera, Recensión a: Perry Anderson, *Las Antinomias de Antonio Gramsci*, Fontamara, Barcelona, 1978, 140 pp. En EPISTEME NS, EFH y E-UCV, Caracas, Enero-Diciembre. 1982, p. 316-8. <<

27 E.Weil, Hegely el Estado, cit., pp. 42-3. <<

28 En tal sentido, Cfr.: parágrafo 6, esp. *De la Obs. y La Adicción*. <<

29 Op. cit ., p. 67. <<

30 Op. cit., p. 69. <<

31 G.W F. Hegel, *Filosofía del Derecho*, cit., p. 52. 31 G.W.F. <<

32 Hegel, Ph R, par. 31, p. 82. <<

33 K.H. Ilting, *Hegel Diverso*, Laterza, Barí, 1978, pp. 5-32. <<

34 Hegel, Op. cit., p. 165. <<

35 Op. cit ., par. 140, p. 171-2. <<

36 Op. cit., par. 140, p. 175. <<

37 Op. cit ., par. 129, p. 161. <<

38 Op. cit ., par. 142, p. 185. <<

39 G.W.F. Hegel, *La Positivita della Religione Cristiana*, en: *Scritti Teologici Giovanili*, I, Guida, Napoli, 1977, p. 313. <<

40 G. W F. Hegel, *Filosofía del Derecho*, cit., par. 275, 287 y 298, pp. 257-322. <<

41 G.WF. Hegel, Ph R., par. 246, p. 249. Por fortuna, y gracias a la edición crítica de las *Lecciones sobre los fundamentos de la filosofía del Derecho*, cuidada por Karl-Heinz Ilting, hoy se sabe que lo que afirmaba Hegel en el texto de los *Principios de Filosofía del Derecho*, publicado en 1821, no coincide con lo afirmado durante sus Lecciones. Una circunstancia política de alarmantes proporciones, que podía poner en riesgo la presencia de toda la Escuela de Hegel en las universidades alemanas, motivó el cambio de perspectiva que Hegel, de modo imprevisto,se vio obligado a introducir en la publicación de la obra. Al respecto: Cfr.: K.-H. Ilting, *Hegel*

Diverso, Laterza, Bari, 1973, esp. pp.127-40. <<

42 K. Marx, *Diferencia entre la filosofía de la naturaleza según Demócrito y según Epicuro*, EBTJCV, Caracas, 1973, p. 49. <<

43 J.R. Nuñez Tenorio, *Marx y la Economía Política*, EBUCV, Caracas, 1969, p. 104. <<

44 W. Goethe, *Maximen und Reflexionen*, n. 899, cit. por Karl Lówith, *Da Hegel a Nietzsche*, Einaudi, Torino, 1949, p. 108. <<

45 H. Heine, Werke, ed. Elster, vol. IV, p. 148 y sig. Cit. por: Georg Lukács, *El Joven Hegel,* Grijalbo, Barcelona, 1975, pp. 450-1. <<

46 Cfr. Karl Lówith, *De Hegel a Nietzsche*, Einaudi, Torino, 1949, p. 116. <<

47 J. D'Hont, *Hegel Secret.* <<

48 K. Marx, *Diferencia entre la filosofía de la naturaleza según Demócrito y según Epicuro*, Ebuc., Caracas, 1973, p. 48-9. <<

[49] Op. cit., p. 199. <<

50 Op. cit., p. 52. <<

51 K. Marx, *"Carta al Padre",* en *Obras Fundamentales*, F.C.E., México, 1982, p. 5. <<

[52] K. Marx, *Crítica del Derecho del listado hegeliano*, UCV, Caracas, 1980, p. 131. <<

53 Cfr.: *Hegel filósofo de la historia viviente*, Amorrortu, Buenos Aires, 1966, p. 20. <<

54 F. Engels, *Ludwing Feuerbach y el fin de la filosofía clásica alemana*, Grijalbo, México, 1975, pp. 27-8. <<

55 M. Rossi, *Génesis del materialismo histórico*, en 3 vol. 1. vol: «la izquierda hegeliana», Comunicación, Madrid, 1971, p. 32. <<

56 En: Op. cit ., p. 37. 36   M. Rossi, GV., p. 40. <<

57 Cfr.: F. Engels, *Anti-Sckelling*, Laterza, Bari, 1972, p. 57. <<

58 Cfr.: E. Gans, *Vermischte Schriften* (Berlin, 1834) pp. 251 y ss. Cit. en D. McLellan, *Marx y los jóvenes hegelíanos*, Martínez Roca, Barcelona, 1969, p. 14. <<

59 F. Engels, *L. Feuerbach y el fin de la filosofía clásica alemana*, Grijalbo, México, 1970, p. 28. <<

60 Serán estos los puntos decisivos de la crítica de los teólogos al hegelismo, cuyo mayor exponente es Inmanuel Fichte. Sus ensayos más emblemáticos en este sentido, son "Neue Systeme und alte Schulé" de 1838 y "Die Idee der Persönlichkeit und der individuellen Fortdauer" de 1834. Cfr.: Pietro de

Vitis, *L'Aujbebung del Panteísmo hegeliano*, Benucci, Perugia, 1978, pp. 79 - 97. <<

61 G. W F. Hegel. <<

62 B. Bauer, "La tromba del giudilio universale contro Hegel ateo e anti-cristo" en K. Lowith, *De Hegel a Níetzsche*, Einaudi, 1973, p. 146. <<

63 Ibid. <<

64 D. Strauss, *Streitschriften*, Tubinga, 1841, III, p. 45. Cit. en D. McLellan, Op. cit. p. 16. <<

65 D. McLellan, Op. dt ., p. 16. <<

66 Op. dt. f   p. 26. <<

67 Cfr.: *Materialicen du Hegels Rechtsphilosophie*, 2 vol., Suhrkamp, Frankfurt, 1974, cit. por K. H. Ilting, *Hegel diverso*, Laterza, Bari, 1977, p. 200. <<

68 Ibid. Y 201. <<

69 Ibid. <<

70 Ibid. <<

71 Op. cit., p. 202. <<

72 Op. cit ., p. 202-3. <<

73 Cfr.: *Marx y los jóvenes hegelianos*, cit., pp. 44 y ss. <<

74 Cfr.: S. Hook, Op. cit. p. 123. <<

75 K. Marx - F. Engels, *La sagrada Familia*, Grijalbo, México, 1962, p. 125. <<

76 Cfr.: M. Rossi, Op. cit., p. 112 y 51 respect. (Ver también p. 96 y ss). <<

77 Cfr.: M. Rossi, Op. cit., p. 96. <<

78 En una carta escrita por Jung a Ruge se dice: "¿Ha visto ud. la Pousane contra Hegel? Si no la conoce todavía, yo puedo decirle en secreto, que es de Bauer y de Marx". No existen sin embargo, pruebas firmes de dicha colaboración; pero debe tomarse en cuenta que la relación de Marx con Bauer en 1841 -fecha de la publicación de la Pousane- era muy estrecha, lo que da a pensar, en opinión de McLellan, que, cuando menos, la obra fue pensada y diseñada por ambos (Cfr.: D. McLellan, Op. cit., pp. 85-8). Un ejemplo de la intensa colaboración que, por esta época mantenían los integrantes de la izquierda hegeliana, se pone de manifiesto en el hecho de que, cuando la obra salió de la imprenta, le fue atribuida a la sagaz e incisiva pluma de Ludwing Feuerback (Cfr.: D. McLellan, Op. cit., p. 109). <<

79 Op. cit ., p. 64. <<

80 M. Rossi, Op. cit., p. 123-4. <<

81 Ibid. <<

82 Cfr.: K, Marx - F. Engels, luí Sagrada Familia, Op. cit., p. 122-3. <<

83 Op. cit., p. 15-6. <<

84 Cfr.: S. Hook, Op. cit ., p. 137. <<

85 F. Engels, L Feuerbach y el fin de la filosofía clásica alemana, Grijalbo, México, 1970, p. 29-30. Cabe señalar, sin embargo que, en opinión de McLellan, la declaración de Engels está "en total desacuerdo con los hechos". La opinión de los jóvenes hegelianos, en realidad es -según McLellan- que el libro de Feuerbach era la continuación necesaria del pensamiento de Hegel. El propio Engels escribió un artículo en aquellos años elogiando el hegelismo del autor de la Esencia del cristianismo. El comentario del autor concluye señalando que, en realidad, las obras de Feuerbach que más influencia tuvieron en Marx, fueron las tesis para la reforma de la filosofía y los Principios de la filosofía delfuturo de 1843 (Cfr.: Op. cit, pp. 108-129). <<

86 F. Engels, Op. cit., p. 36. <<

87 Cfr.: G.WF. Hegel, *Fenomenología del Espíritu*, F.C.E., México, 1978, pp. 219 – 42. <<

88 L. Feuerbach, *La esencia del cristianismo*, Claridad, Buenos Aires, 1963, p. 10. <<

89 L. Feuerbach, *Das Wesen Christentums*, 2 ed., 1843, pp. XIX — XX. Cit. por McLellan, Op. cit., p. 103. <<

90 Ibid. <<

91 L. Feuerback, Op. cit., p.176. 92 <<

92 L. Feuerback, Op. cit., p.251. <<

93 K. Marx, *Manuscritos de economía y filosofía*, Alianza, Madrid, 1974, pp. 48 y 49. <<

94 Ibid. <<

95 L. Feuerback, Tesis para la reforma de la filosofía, en Textos escogidos, UCV, Caracas, 1974, Par. I, p. 47. <<

96 Op. cit.,   p. 49. <<

97 Op. cit.,   p. 65. <<

98 Ibid. <<

99 L. Feuerbach, Principios de la filosofía del porvenir, en. Aportes para la crítica de Hegel, La Pléyade, Buenos Aires, 1974, pp. 89 – 90. <<

100 Ibid. <<

101 Op. cit, parg. 9, p. 99. <<

102 Op. cit, parg. 21, p. 122. <<

103 Op. cit, parg. 31, p. 142-3. <<

104 Op. cit, parg. 50, p. 163. <<

105 Op. cit, parg. 59, p. 169. <<

106 Cfr.: L. Feuerback, *Apuntes pura la crítica de la filosofía de Hegel* en Op. cit, p. 33. <<

107 Cfr.: D. McLellan, Op. cit., p. 119. <<

108 E Feuerbach, *Kleine Schriften*, p. 139, cit. por K. H. Ilting, *Hegel Diverso*, La terza, Barí, 1977. n. 225. <<

109 F. Engels, Op. cit ., p. 44-5. <<

110 K. Marx, *Manuscritos...*, Op. di., p. 181. <<

111 L. Feuerbach, *Principios*, Op. di., parg. 21, p. 124. <<

112 K. Marx, *Manuscritti economic-filosofici*, Trad. a cargo de Norbcrto Bobbio, Einaudi, Torino, 1980, p. 162. <<

113 Ibid. <<

114 J. R. Núñez Tenorio, *De la crítica de la filosofía a una filosofía crítica*, ed. mecanografiada, Caracas, 1988, p. 11. <<

115 Ibid. <<

116 Ibid. <<

117 Hegel, pensador de lo concreto, se preguntaba en 1807: "¿Quien piensa abstractamente? y afirmaba: "llámase pensar abstractamente no ver en el asesino nada más que lo abstracto de un asesino, de forma que,

debido a esta cualidad simple, se extirpa en él todo lo que resta de naturaleza humana". Hegel prosigue su afirmación con otro ejemplo no menos revelador de abstracciones: "Vieja, los huevos están podridos" —dijo la compradora a la tendera. "¿Que mis huevos están podridos?" —respondió—: "¡Decirme que están podridos! ¿Qué puede decir usted de mis huevos?, ¡Usted! ¿No se ha comido su padre los codos de hambre, no se ha escapado su madre con los franceses y no se ha muerto su abuela en el hospital? Se ha comprado una camisa completa para su pañuelo del cuello, ¡quién sabe de dónde ha sacado esa pañoleta y el sombrero! ¡Si no fuera por los oficiales muchas no andarían tan bien vestidas y si los señores atendiesen más sus casas, algunas se sentarían en el suelo! ¡Remiéndese por lo menos los agujeros de las medias! —En resumen, la despelleja. La tendera piensa abstractamente y subsume todo, las pañoletas, los gorros, las camisas, así como los dedos y otras partes, incluido el padre y toda la *pedigrée*, únicamente bajo el delito de encontrar podridos los huevos; para ella todo está coloreado, de cabo a rabo, por esos huevos podridos; en cambio, aquellos oficiales de los que hablaba la tendera, dando por supuesto, lo cual es muy discutible, que haya algo de verdad en ello, podrían ver a la dama de una manera completamente distinta" (Cfr. G.WF. Hegel, *La esencia de la filosofía y otros escritos*, Aguilar, Madrid, 1980, pp.29-36). <<

118 Con esto, dice Engels, la propia dialéctica del concepto se convertía simplemente en el refugio consciente del movimiento dialéctico del mundo real, lo que equivalía a convertir la dialéctica hegeliana en producto de la cabeza; o mejor dicho, a invertir la dialéctica, que estaba cabera abajo, poniéndola de pie Cfr.: Federico Engels, *L. Feuerbach*, Grijalbo, México, 1970, pp.57-8. A este propósito, conviene hacer algún comentario relativo a dos experiencias ilustrativas. En los *Quadeni del carcere* Gramsci, en el parágrafo titulado "Marx y Hegel", sostiene que En el estudio hegeliano de Marx debe recordarse (dado especialmente el carácter práctico-crítico de Marx) que Marx participó en la vida universitaria poco después de la muerte de Hegel, cuando todavía debía ser vivísimo el recuerdo de la ensenan%a "oral" de Hegel y de las apasionadas discucioties, en relación a la historia concreta, que tal enseñanza ciertamente suscitó, y en las cuales la concreción histórica del pensamiento de Hegel debía resultar mucho más evidente que cuanto resultase de los escritos sistemáticos. Me parece

—continúa diciendo Gramsci- que algunas afirmaciones de Marx hay que considerarlas especialmente ligadas a esta vivacidad "conversadora";por ejemplo, la afirmación de que Hegel "hace caminar a los hombres con la cabera ", Hegel se sirve verdaderamente de esta imagen hablando de la Revolución francesa; él escribe que, en un cierto momento de la Revolución, "parecía " que el mundo caminara de cabera. Croce se pregunta —termina diciendo Gramsci— de dónde Marx ha tomado esta imagen:y ciertamente es de Hegel (talvez la *Filosofía del Derecho*, no recuerdo), pero ella parece salida de una conversación fresca, espontánea y poco "libresca ". En efecto -y ésta es la segunda experiencia ilustrativa—, en las Lecciones sobre la Filosofía de la Historia Universal\ en el tercer período, dedicado al Mundo Germánico, titulado: "La Edad Moderna", Hegel escribe una de sus más contundentes críticas de la sociedad ilustrada-burguesa, la cual, posada sobre la razón, pretendía liquidar de un plumazo la realidad efectiva, supeditando la vida al entendimiento e imponiendo verticalmente la desaparición de la 'segunda naturaleza'. Con ironía, no exenta de malicia, y a la vez sorprendido ante la abstracta veracidad del mundo burgués, sistematizado por

el viejo Kant, Hegel afirma: *Desde que el sol
está en el firmamento y los planetas giran en
torno a él, no se había visto que el hombre se
apoyase sobre su cabera, esto es, sobre el
pensamiento,y edificase la realidad conforme al
pensamiento*. Un texto éste que, al parecer,
Engels ha interpretado y fijado para el
entendimiento de manera muy peculiar. Y que
ha entorpecido, en cierto sentido, su
comprensión —al decir de Gramsci- "no
libresca". <<

119 G.WF. Hegel, *Scritti di Filosofía del
Diritto* (1802-3), Laterza, Bari, 1962, p.95. (Cit.
por Giuseppe Bedeschi en: Introduzjone a Marx,
Laterza, Bari, 1981, p.26). <<

120 Cfr.: G.W.F. Hegel, *Escritos de juventud*,
FCE, México, 1978, pp.73-161 y 419-33. <<

121 A. Gramsci: «*Notas críticas sobre un
intento de Ensayo popular de sociología*», en *Il
materialismo storico e la filosofía di Benedetto
Croce*, Riuniti, Roma, 1975, esp. p. 189-90. <<

122 G. Bedeschi, Op. cit., p.72. <<

123 Marx, *Diferencia entre la filosofía de la
naturaleza según Demócrito y según Epicuro*,
Caracas, 1973, p.48-9. <<

124 G. Lukács, *Teoría de la Novela*, Grijalbo,
Barcelona, 1971, p. 297. <<

125 G.WF. Hegel, *Fenomenología*, F.C.E., México,1978, p. 478. <<

126 K. Marx, *Obras fundamentales, I, Escritos de Juventud*, F.C.E., México, 1882, p.169. <<

[127] K. Marx, *Difierenz,* p. 48-9. <<

128 K. Marx, F. Engels, *Opere*, 7, Riuniti, Roma, 1980, p. 15. Cfr. D. McLellan, *Kart Marx, vida e ideas*, Grijalbo, Barcelona, 1977, p.40. <<

129 M. Dal Pra, *La dialéctica de Marx*, Martínez Roca, Barcelona, 1971, p. 35. <<

130 Ibid. <<

131 Karl Marx, *Differenz* cit., p. 61. <<

[132] G. Lukács, *II Giovane Marx*, Riuniti, Roma, 1978, pp. 34-5 <<.

133 Karl Mar x y Differenz cit. p. 208. <<

134 Cit. por M. del Pra, cit., p. 42. <<

135 Cfr.: D. McLellan, *Marx y los jóvenes hegelianos*, Martínez Roca, Barcelona, 1971, p. 86. <<

[136] Ibid. <<

137 Ibid. <<

138 Cit,.y p. 88. <<

[139] Ibid. <<

140 K, Marx, *Manuscritos...*, Alianza, Madrid, 1974, p. 49. <<

141 J.R. Núñez Tenorio, *El Joven Marx*, Caracas, UCV, Material mimeografiado, p. 1-02. Ahora en: Categorías Fundamentales I (1836-1844), EBUCV, Caracas, 1991. <<

142 H. Marcuse, *Razón y Revolución*, Alianza, Madrid, 1979, p. 254. <<

143 K. Marx, *Manuscritos...*, cit., p., p 103-4. <<

144 cit. (ibid).. <<

145 Ibid. <<

146 p. 123. <<

147 p. 68-9. <<

148 p. 131. <<

149 Cfr. *Manuscritos ...*, p. 130-1. <<

150 Op. cit. p. 106. <<

151 *Manuscritos*, di., p. 109. <<

152 *Manuscritos*, cit., p. 112-3. <<

153 *Manuscritos*, cit., p. 114. <<

154 *Manuscritos*, p. 184. <<

155 Núñez, cit. p. 10. <<

156 *Manuscritos*, p. 190. <<

157 *Manuscritos*, p. 151. <<

158   G.W.F. Hegel, *Fenomenología*, F.C.E, México, 1978, "Introducción". <<

159 G.WF. Hegel, *Enciclopedia*. Juan Pablos, México, 1974, p.23. <<

160 K. Marx - F. Engels, *La Sagrada Familia*, Grijalbo, México, 1962, p.123. <<

161 K. Marx, S. F., p. 158-9. <<

162 Op. cit., p. 195. <<

163 S. F., p. 100. <<

164 Núñez Tenorio, *El joven Marx*, p. 54. 1 <<

165 S. F., p.100. <<

166 Op. cit ., p. 101 <<

167 K. Marx, *Contribución a la crítica de la economía política*, Pasado y Presente, Córdoba, 1974, p.76. <<

[168] Op. cit., p. 93. <<

169 Muestra de ello es el texto de Galvano della Volpe, *Umanisimo positivo ed emancipazione marxista*; así como el ya clásico ensayo de Marcuse, *Razón y Revolución*. Más contemporáneamente ejemplos de este registro pueden considerarse: Mario Rossi, *Marx y la Dialéctica hegeliana* y Mario dal Pra, *La dialettica de Marx*. En nuestro medio, estas diferencias pueden hallarse en E. Vásquez

"*Introducción*" a *Crítica del Derecho del Estado Hegeliano* y L. Silva, *La Alienación como sistema*. Una contribución en sentido de síntesis en: J. R. Núñez Tenorio, *Introducción* a: *K. MARX y F. Engels*.Categorías fundamentales I, EBUCV, Caracas, 1996. <<

170 J.R.Núñez Tenorio, Op. cit., p.46. <<

171 K. Marx, Critica del Derecho del Estado hegeliano, UCV, Caracas, 1980, p. 24. <<

172 Núñez Tenorio, Op. cit ., p.35 <<

173 Op y cit. p. 46. <<

174 L. Feuerbach, *Aportes para la critica de Hegel*, La Pléyade, Buenos Aires, 1974, p.l 27 y ss. <<

175 K. Marx, Op. cit., p. 30. <<

176 Op. cit.y p. 25. <<

177 K. Marx, Op. cit., p.114. <<

178 J. R. Núñez Tenorio, Op. cit., p.45. <<

179 K. Marx, Op. cit., p.130-1. <<

180 Op. cit., p.131. <<

181 Ibid. <<

[182] K. Marx, *Introducción a la crítica de la Filosofía del Derecho de Hegel*, en: *Escritos de Juventud*, Caracas, EBUCV, 1965, p.71. <<

183 Ibid. <<

184 Op. cit., p. 72. <<

185 Op. cit., p.75. <<

186 Op. cit., p.75. <<

187 J.R. Núñez Tenorio, Op. cit ., p.33. <<

188 E. Weil, *Hegel y el Estado*, Nagelcop, Córdoba, 1970, pp.143-5. <<

189 Op. cit., p.145. <<

190 Op. cit., pp. 145-6. <<

191 G. Della Volpe, *Rousseau y Marx*, Martínez Roca, Barcelona, 1974, p.127. <<

192 Op. cit. p.127 <<

193 Cfr.: E. Vásquez: "*Presentación*" a: K. Marx, *Crítica del Derecho del Estado hegeliano*, UCV, Caracas 1980, pp. 7-20. <<

194 E. Weil, Op. Cit., pp. 17-20. <<

195 Ibid <<

196 K. Marx, *Introducción*, Op. cit., p.72 y ss. <<

197 Ibid. <<

198 Cfr. K. Marx, *Contribución a la crítica de la economía política*, Pasado y Presente, Córdoba, 1974, p.78. <<

199 Cfr .Federico Engels, *Ludwig Feuerbach y el fin de la filosofía clásica alemana*, Grijalbo, México, 1970,p. 16-7. <<

200 Cfr. J. R. Núñez Tenorio, *Marx y la economía política*, Caracas, U CV, 1969, p. 115. <<

201 Cfr. J.R. Núñez Tenorio, *Metodología de las ciencias sociales*, Alfadil, Caracas, 1989. <<

202 Cfr. Giovanni Gentile, *La filosofa di Marx*, Sansoni, Firenze, 1974, p.26. <<

203 Cfr. Karl Marx, *Tesis sobre Feuerbach*, traducción de José Rafael Herrera, en: *Cuadernos de Praxis*, Escuela de Filosofía, UCV, 2004, p. 41. <<

204 Cfr. Ibid. <<

205 Cfr.: F. Engels, *Del socialismo utópico al socialismo científico*, Progreso, Moscú, 1974, p.141. <<

206 Giovanni Gentile y Antonio Gramsci, quienes desconocían la versión original escrita por Marx de las *Thesen*, el cual utiliza la expresión *revolutionarie Praxis*, traducen la expresión *umwälzende Praxis*, acuñada por Engels en su versión de 1888, como *subversión de la praxis y como praxis subvertida*, respectivamente. <<

207 Cfr.: K. Marx, Op. di., p.42. <<

208 K. Marx-F. Engels, *la Ideología alemana*, Pueblos Unidos, Buenos Aires, 1975, p.19. <<

209 Ibid. <<

210 Cfr.: Ibid. <<

211 Cfr.: Op. cit., p.49. <<

212 Cfr.: Op. cit., p.47. <<

213 Ibid. <<

214 Cfr.: Op. cit ., p.26. <<

215 Cfr.: Op. cit ., p.26. <<

216 Cuando nace en los hombres la conciencia de que las instituciones sociales vigentes son irracionales e injustas, de que la razón se ha tornado en sin razón y la bendición en plaga, esto no es más que un indicio de que en los métodos de producción y en las formas de cambio se han producido calladamente transformaciones con las que ya no concuerda el orden social {Cfr.: F. Engels, *Del socialismo utópico al socialismo científico*, Progreso, Moscú, 1974, p.141). <<

217 Como dice Marx en el *Manifiesto del Partido Comunista. Aufhebung des Privateigentums, zusammenfassen*. El término *Aufhebung*, es de origen hegeliano. En

la *Ciencia de la Lógica*, Hegel señala: El eliminar [*Aufheben*] y lo eliminado (esto es, lo ideal) representa uno de los conceptos más importantes de la filosofía, una determinación fundamental, que vuelve a presentarse absolutamente en todas partes, y cuyo significado tiene que comprenderse de manera determinada, y distinguirse especialmente de la nada. Lo que se elimina no se convierte por esto en la nada. La nada es lo inmediato; un eliminado, en cambio, es un mediato, es lo no existente, pero como resultado, salido de un ser. Tiene por lo tanto la determinación, de la cual procede todavía en sí. Y Agrega Hegel: ha palabra *Aufheben* [eliminar] tiene en el idioma [alemán] un doble sentido: significa tanto la idea de conservar, mantener, como, al mismo tiempo, la de hacer cesar, poner fin. El mismo conservar ya incluye en sí el aspecto negativo, en cuanto se saca algo de su inmediación y por lo tanto de una existencia abierta, a las acciones exteriores, a fin de mantenerlo. -De este modo lo que se ha eliminado es a la vez algo conservado, que ha perdido sólo su inmediación, pero que no por esto se halla anulado-. Las mencionadas dos determinaciones del *Aufheben* [eliminar-conservar] pueden ser aducidas lexicológicamente como dos significados de esta palabra. Su traducción al idioma español corre el riesgo de hacerle perder la riqueza de su doble significación. (Cfr. G.W.F. Hegel, Op. cit., Hachette, Buenos Aires, 1968, p.97-98). Conviene señalar, además, el hecho de que, dada la complejidad de su significado, J.D. García Bacca ha sugerido traducirla por transubstanciación, que, en su opinión, es equivalente al término alemán. No obstante, hemos preferido mantener su significado original: superar (en el sentido de negar algo, en este caso, la propiedad privada) y, a la vez, conservar (en el sentido de afirmar algo, en este caso, la misma propiedad privada), como dice Marx, "simultáneamente comprendidas". De manera tal que no se trata de eliminar o de "abolir" la propiedad privada en los términos gratos al mecanicismo, sino de negar la forma como la sociedad burguesa la entiende y, simultáneamente, afirmarla, pero dándole un uso absolutamente justo: no entendiéndola (*Verstehen*) sino comprendiéndola (*Begreifen*), porque, como afirmaba el mismo Hegel, comprender quiere decir, precisamente, superar (*Aufheben*). <<

218 Cfr.: Op. cit ., p.118. <<

219 A. Gramsci, *II materialismo storico e la filosofía di Benedetto Croce*, Riuniti, Roma, 1975, p.105. <<

220 K. Marx, Op. cit, p.76. <<

221 K. Marx, *Miseria de la filosofía*, Cóndor, Buenos Aires, 1947, p.124 (cit. Por J.R. Núñez Tenorio en: *Marx y la economía política*, UCV, Caracas, 1969, p.1 20). <<

222   Karl Marx, *Elementos fundamentales para la crítica de la economía política* (Grundrisse),1857-1858, T.I, Siglo XXI, Barcelona, 1982, p.21. <<

Microfilosofia.com

BIBLIOGRAFÍA

AA. W., *Perfiles del Marxismo I*, Alfadil,
Caracas, 1986

T.W. Adorno, *Dialéctica Negativa*, Taurus,
Madrid, 1978.

----------, *Tres estudios sobre Hegel*, Taurus,
Madrid, 1974.

Louis Althusser, *Eléments d'auto critique*,
Hachette, 1974.

Perry Anderson, *Las antinomias de Antonio
Gramsci*, Fontamara,Barcelona, 1978.

Giuseppe Bedeschi, *Introdufione a Marx*,
Laterza, Barí, 1981.

Ernst Bloch, *Sujeto-Objeto*, FCE, México, 1983.

Norberto Bobbio, *La teoría de las formas de
gobierno en la historia del pensamiento político*,
FCE, México, 2001.

Benedetto Croce, *La historia como hazaña de la
libertad*, FCE, México,1986.

Jacques D'Hont, *Hegel filósofo de la historia viviente*, Amorrortu, Buenos Aires, 1966.

__________, *De Hegel a Marx*, Amorrortu, Buenos Aires, 1968.

__________, *Hegel*, Tusquets, Madrid, 2002.

Mario Dal Para, *La dialéctica en Marx*, Martínez Roca, Barcelona, 1971.

Friedrich Engels, *Anti-Schelling*, Laterza, Bari, 1972.

__________, *Del socialismo utópico al socialismo científico*, Progreso, Moscú, 1974.

__________, *Ludwig Feuerbach y el fin de la filosofía clásica alemana*, Grijalbo, México, 1975.

__________ y '*Elementos fundamentales para la critica de la economía política*, 3 vols., Siglo XXI, Barcelona, 1982.

__________, *Escritos de juventud*, EBUCV, Caracas, 1965.

__________, *Manifiesto del Partido Comunista*, trad. José Rafael Herrera, Los Libros de El Nacional, Caracas, 2007.

__________ 5 *Manuscritos de economía y filosofía*, Alianza, Madrid, 1974.

__________, *Miseria de la filosofía*, Cóndor, Buenos Aires, 1974. __________, Obras Fundamentales, FCE, México, 1982.

__________, *Opere Filosofiche Giovanili*, trad. Galvano della Volpe, Riuniti, Roma, 1959.

__________, *Tesis sobre Feuerbach*, trad. José Rafael Herrera, en Apéndice a: Génesis y estructura de la filosofía de Hegel, Cuadernos de Praxis, 2, Escuela de Filosofía - UCV, Caracas, 2004.

Karl Marx - Friedrich Engels, *La ideología alemana*, Pueblos Unidos, Buenos Aires, 1975.

__________, *La Sagrada Familia*, Grijalbo, México, 1962.

Werke, 20 vols., Dietz - Verlag, Berlin, 1961.

David McLellan, *Karl Marx: su vida y sus ideas*, Grijalbo, Barcelona, 1977.

__________, *Marx y los jóvenes hegelianos*, Martínez Roca, Barcelona, 1969.

Rodolfo Mondolfo, *El humanismo de Marx*, FCE, México, 1973. _______________ _ Marx y Marxismo, FCE, México, 1975.

Antonio Negri, *Marx oltre Marx*, Feltrinelli, Milano, 1979.

Enrico De Negri, *Interpretacione di Hegel*, Sansoni, Firenze, 1973. J.R. Núñez Tenorio, "Introducción" a: K. Marx — F. Engels, Categorías fundamentales I, EBUCV, Caracas, 1991.

_______________, *Marx y la Economía Política*, EBUCV, Caracas, 1969. J.R. Núñez Tenorio, Metodología de las ciencias sociales, Alfadil, Caracas,1989.

_______________, *Teoría y método de la economía política marxista*, EBUCV, Caracas, 1976.

_______________, *Introducción a la ciencia, Panapo, Caracas*, 1985. Manfred Riedel, Hegel fra Tradicione e Rivoluzione, Laterza, Bari, 1975.

Karl Rosenkranz, *Hegels Teben*, Sunkarp — Verlag, Berlin, 1844.

Mario Rossi, *Génesis del Materialismo Histórico*, 3 vols., Comunicación, Madrid, 1971.

Ludovico Silva, *anti-Manual para uso de marxistas*, marxólogos y marxianos, Monte Avila, Caracas, 1975.

La Alienación como sistema, Alfadil, Caracas, 1983.

Baruch Spinoza, *Obras completas*, Acervo Cultural, Buenos Aires, 1977.

Giambattista Vico, *Ciencia Nueva*, 2 vols., Orbis, Madrid, 1989.

Pietro de Vitis, *L'Aufhebung del Panteísmo hegeliano*, Benucci, Perugia, 1978.

Galvano della Volpe, *Rousseau y Marx*, Martínez Roca, Barcelona, 1974.

Erik Weil, *Hegel y el Estado*, Nagelkop, Córdoba, 1970.